KB073165

조명애의

한권으로
끝내는
프랑스어
회화

조명애 저

일진사

머리말

이 책은 프랑스를 비롯한 프랑스어권 지역이나 국가를 관광, 여행, 사업 등의 목적으로 방문할 때, 또는 유학생, 주재원 및 교민으로서 현지에서 생활나갈 때 현지인들과 효율적 의사소통을 하기 위해 필수적인 프랑스어 표현들을 담고 있다.

실생활에서 사용되는 기본적 표현은 물론, 구체적이고 다양한 상황에 대처하는데 필요한 상황별 표현을 포괄함으로써 생활회화를 총망라하고 있다. 특히 경우에 따라서는 같은 한국어 표현에 대해 약간의 뉘앙스 차이가 있는 프랑스어 표현들을 여럿 소개하여 독자의 선택의 폭을 넓혔다.

또한 한글로 발음을 달아놓아 프랑스어를 전혀 모르는 문외한이라 할지라도 한글만 알면 사용하기 쉽도록 실용적으로 구성되어 있으며, 비단 초급자뿐 아니라 중·고급 단계에 있는 학습자라도 자신의 프랑스어 구사능력을 심화시키고 강화하는데 도움이 되도록 내용을 충실하게 꾸몄다.

외국어 능력 향상을 위해선 시간과 노력의 꾸준한 투자 이외엔 달리 왕도가 없다. 하지만 이 책의 내용과 특징을 파악하여 수시로 참고하면서 꾸준히 학습해 나간다면, 틀림없이 프랑스어 회화를 쉽게 마스터할 수 있는 지름길로 인도해 주는 좋은 안내자를 만난 느낌을 받게 될 것이다.

부디 이 책에 실려 있는 모든 표현들을 충분히 이해하고 완전히 자기 것으로 만들려는 노력을 통해, 와인과 패션산업의 메카라는 피상적 이미지로서가 아닌 EU통합의 주축이자 여전히 국제사회에서 정치·경제적으로 무시할 수 없는 영향력을 행사하고 있는 문화선진국으로서의 프랑스에 대한 좀 더 넓고 깊은 이해로 나아가는 언어적 초석을 확실하게 다지기 바란다.

마지막으로 이 책은 프랑스어 회화를 배우려는 한국인뿐만 아니라, 한국어 회화를 배우고자 하는 프랑스어권의 한국학 연구학도에게도 역으로 활용이 가능한 양방향 교재로서의 장점도 지니고 있음을 밝혀둔다.

조명애

TABLE DES MATIÈRES

PARTIE Ⅰ 기본적 의사소통

PARTIE Ⅱ 상황별 의사소통

01 _ 도착까지 …………………………………… 52

02 _ 숙 박 ……………………………………… 82

03 _ 교 통 ……………………………………… 109

발음상 유의사항

1. [p], [t], [k] 다음에 [R] 발음이 오면 '쁘'가 아닌 [프], '뜨'가 아닌 [트], '끄'가 아닌 [크]로 발음된다. 불어 전공자들조차 잘 모르거나 틀리는 발음법칙이므로 특히 유의할 것.

printemps	프렝땅(O)	←	쁘렝땅(×)
trouver	트루베(O)	←	뜨루베(×)
crêpe	크레쁘(O)	←	끄레쁘(×)
kraft	크라프트(O)	←	끄라프트(×)

2. 이 책에선 [R] 발음을 경우에 따라 편의상 [르] 또는 [흐]로 표기했지만, 사실상 목구멍 깊은 곳으로부터 끌어올려서 소리 내는 [흐르]에 가까운 발음으로 생각하면 됨.

Merci.	메르씨 (→ 메흐르씨)
réception	레쎕씨용 (→ **흐**레쎕씨용)
parking	빠흐낑 (→ 빠**흐르**낑)
perdu	뻬흐뒤 (→ 뻬**흐르**뒤)

3. [ga] 발음은 일반적으로 [갸]로 많이 발음하지만 속된 발음으로 간주되므로, 이 책에선 원래의 정확한 발음인 [가]로 발음표기를 했음.

garçon	가르쏭(O)	←	갸르쏭(×)
cigarette	씨가레뜨(O)	←	씨갸레뜨(×)
gare	가르(O)	←	갸르(×)
magazine	마가진느(O)	←	마갸진느(×)

4. 철자 h는 항상 발음하지 않는다.

hôtel	오뗄(O)	←	호뗄(×)
hôpital	오삐딸(O)	←	호삐딸(×)
habiter	아비떼(O)	←	하비떼(×)
héro	에로(O)	←	헤로(×)
hiver	이베르(O)	←	히베르(×)
humanité	위마니떼(O)	←	휘마니떼(×)

5. 위아래 입술을 마주쳐서 내는 **양순음** [p]는 [**ㅃ**]로, 윗니를 아랫입술에 갖다댄 상태에서 살짝 스치며 내는 **순치음** [f]는 [프]로 표기했음. 단, 상기(上記)한 1번의 경우에 해당되는 [p]는 [프]로 발음 표기했지만 [f]와는 전혀 상이한 발음임을 명심할 것. 한편, [f]가 순치음이란 사실을 상기시키기 위해 [프]가 아닌 다른 발음으로 표기한 경우도 있음.

parents	**빠**랑
peut-être	**뾔**떼트르
pour	**뿌**르
fille	피이으
enfant	앙**팡**
flash	플라쓔
portefeuille	**뽀**르뜨**푀**이으

[비교] faim 횡 ← 펭(×) / favoris 화보리 ← 파보리(×) / femme 홤므 ← 팜므(×) / facile 화씰 ← 파씰(×) / faire 훼르 ← 페르(×) / facture 확뛰르 ← 팍뛰르(×)

6. [v]와 [b]의 경우는 둘 다 [브]로 표기했지만, [v]는 **순치음**이고 [b]는 **양순음**으로 전혀 상이한 발음임을 명심할 것.

livre	리**브**르
voiture	**브**와뛰르
arbre	아르**브**르
broche	**브**로쓔

7. **연음**(liaison) : 단어 어미의 자음은 거의 발음하지 않지만, 그 뒤에 모음으로 시작하는 단어가 따라오면 연결시켜 발음함.

petit enfant	쁘띠 **땅팡**
vous allez	부 **잘**레
un arbre	엉 **나**르브르

8. **앙쉔느망**(enchaînement) : 단어 어미의 발음하는 자음이라도, 그 뒤에 모음으로 시작하는 단어가 따라올 때 연결해서 발음하는 일이 있음.

une étudiante	윈 네뛰디양뜨
une enveloppe	윈 **낭**블로쁘

기타 유의사항

1. 의문문 만드는 방법은 3가지로 동사를 주어와 도치시켜 문장 앞에 놓는
   것, 평서문의 첫머리에 est-ce que를 붙이는 것, 그리고 평서문 끝부분에
   의문부호만 붙이는 것이 있음. 특히 세 번째 경우는 회화에서 반드시 문장
   끝부분의 억양을 올려줘야 평서문과 구분된다는 점에 유의할 것.

   당신은 차를 한 대 가지고 있습니다. (평서문)

   Vous avez une voiture.

   부　자베　쥔느　브와뛰르

   당신은 차를 한 대 가지고 있습니까? (의문문)

   ① **Avez-vous une voiture?**

   아베　부　쥔느　브와뛰르?

   ② **Est-ce que vous avez une voiture?**

   에　스　끄　부　자베　쥔느　브와뛰르?

   ③ **Vous avez une voiture? (↗)**

   부　자베　쥔느　브와뛰르?

2. 부정문은 동사를 ne…pas 사이에 넣어 만듦. 이때 직접 목적어에 붙는
   부정관사(un/une/des)나 부정관사(du/de la/des)는 de로 바뀜. pas 대
   신에 rien, plus, personne, jamais도 쓰임. 또한 회화에서는 ne를 생략
   하기도 함.

   나는 당신을 사랑하지 않습니다.

   Je ne vous aime pas.

   쥬　느　부　젬므　빠

   나는 담배를 가지고 있지 않습니다.

   Je n'ai pas de cigarettes.

   쥬　네　빠　드　씨가레뜨

당신은 **아무 것도** 먹지 **않습니다.**

Vous _ne_ mangez _rien_.

부 느 망줴 리엥

그녀는 **더 이상** 울지 **않습니다.**

Elle _ne_ pleure _plus_.

엘르 느 쁠뢰르 쁠뤼

방안에 **아무도 없습니다.**

Il _n'_y a _personne_ dans la chambre.

일 니 아 뻬르쏜느 당 라 샹브르

그는 **절대로** 노래하지 **않습니다.**

Il _ne_ chante _jamais_.

일 느 샹뜨 좌메

그건 내 잘못이 아닙니다.

C'est _pas_ ma faute.

쎄 빠 마 포뜨 (*회화에선 ne를 생략하기도 함)

3. 프랑스어로 건물 층수에 있어 1층은 rez-de-chaussée(레 드 쇼쎄)라고 함. 그 다음엔 2층을 1er[premier] étage(프르미예 에따쥬), 3층을 2e[deuxième] étage(되지옘므 에따쥬)라고 하기 때문에, 결과적으로 한국식 층수에 비해 숫자상 하나씩 작게 됨. 참고로 지하는 sous-sol(쑤쏠), 반지하는 rez-de-jardin(레 드 좌르뎅 : 1층으로도 사용됨).

4. 명사의 경우 남성명사는 (m.), 여성명사는 (f.), 복수는 (pl.)로 표시했음. 명사나 형용사의 남·여성형을 동시에 표기할 경우 남성형을 먼저 쓰고 끝부분에 여성형어미를 괄호 속에 넣어 표시했음.

 유용한 단어 & 숙어

간단히 말해, 요컨대	**Bref** 브레프
게다가, 그 위에, 그리고 또	**Et puis** 에 쀠
그러나	**Mais** 메
그러므로, 따라서	**Donc / En conséquence** 동끄 / 앙 꽁쎄깡쓰
그렇게	**Ainsi / Comme ça** 엥씨 / 꼼므 싸
그리고	**Et** 에
다시, 또다시	**Encore / De nouveau** 앙꼬르 / 드 누보
다행히	**Heureusement** 외뢰즈망
달리 말하면, 바꿔 말하면	**Autrement dit / En d'autres termes** 오트르망 디 / 앙 도트르 떼름므
만일	**Si** 씨
(제일) 먼저, (최)우선	**(Tout) D'abord** (뚜) 다보르
불행히도, 공교롭게	**Malheureusement** 말뢰뢰즈망
사실은, 실상	**À vrai dire** 아 브레 디르
솔직히 말하면	**Franchement parlant** 프랑슈망 빠흘랑
어쨌든, 하여간	**En tout cas / De toute façon** 앙 뚜 까 / 드 뚜뜨 화쏭
예를 들면	**Par exemple** 빠흐 에그장쁠르
자 그럼	**Eh bien** 에 비엥
즉, 다시 말하면	**C'est-à-dire** 쎄 따 디르

PARTIE I
기본적 의사소통

기본적 의사소통

● 자기 소개 · 인사 · 안부

당신의 이름은 무엇입니까?	**Quel est votre nom?** 껠 레 보트르 농? **Comment vous appelez-vous?** 꼬망 부 자쁠레 부? **Vous vous appelez comment?** 부 부 자쁠레 꼬망? **Puis-je vous demander votre nom?** 쀠 쥬 부 드망데 보트르 농? (*좀 더 정중한 표현) **Votre nom, s'il vous plaît?** 보트르 농, 씰 부 쁠레?
제 이름은 김일수 / 김수지 입니다.	**Je m'appelle Il-Soo Kim / Soo-Ji Kim.** 쥬 마뻴르 일수 낌 / 수지 낌 **Mon nom est Il-Soo Kim / Soo-Ji Kim.** 몽 농 에 일수 낌 / 수지 낌
저는 한국인(남자/여자)입니다.	**Je suis Coréen/Coréenne.** 쥬 쒸이 꼬레엥/꼬레엔느
한국[대한민국]에서 왔습니다.	**Je viens de la Corée du Sud[de la République de Corée].** 쥬 비엥 들 라 꼬레 뒤 쒸드[들 라 레쀠블리끄 드 꼬레]

* 우리나라와 북한의 공식 국가 명칭이 프랑스어로 비
슷하므로 유의할 것 : 대한민국 ↔ 조선인민공화국 la
République de Corée(라 레쀠블리끄 드 꼬레) ↔
la République populaire de Corée(라 레쀠블리
끄 뽀쀨레르 드 꼬레)/남한 ↔ 북한 la Corée du Sud
(라 꼬레 뒤 쒸드) ↔ la Corée du Nord(라 꼬레 뒤
노르)

당신은 몇 살입니까?

Quel âge avez-vous?
껠 라쥬 아베 부?

저는 23살입니다.

J'ai 23[vingt-trois] ans.
줴 벵 트르와 장

… 씨/여사/양을 소개해 드
립니다.

Je vous présente Monsieur/
Madame/Mademoiselle ….
쥬 부 프레장뜨 므씨외/마담므/마드므와젤르 …

처음 뵙겠습니다.[만나서
반갑습니다.]
(*첫 대면 인사)

Enchanté(e).
앙샹떼

Heureux(se) de vous connaître.
외뢰(즈) 드 부 꼬네트르 (*앙샹떼보다 정중한 표현)

Ravi(e) de vous rencontrer.
라비 드 부 랑꽁트레 (*앙샹떼보다 정중한 표현)

* 앙샹떼는 Je suis enchanté(e) de faire votre
connaissance.(쥬 쒸이 장샹떼 드 훼르 보트르 꼬네
쌍쓰)의 줄임말. 이상의 표현들 뒤에 상대방의 성에 따
라 Monsieur 므씨외(남성)/Madame 마담므(기혼여
성)/Mademoiselle 마드므와젤르(미혼여성)를 뒤에
붙여주면 더욱 정중한 인사가 됨.

뵙게 되서 영광입니다.

Très honoré(e).
트레 조노레

* 이 뒤에 상대방의 성에 따라 Monsieur 므씨외(남
성)/Madame 마담므(기혼여성)/Mademoiselle 마
드므와젤르(미혼여성)를 붙여주면 좀 더 정중한 인사
가 됨.

저 역시 그렇습니다.
(*상대가 건네는 첫 대면 인사
에 대한 응답)

Moi aussi.
므와 오씨
Enchanté(e).
앙샹떼

안녕하십니까?

Bonjour!
봉쥬르! (*아침과 오후)
Bonsoir!
봉쓰와르! (*저녁)
Bonne nuit!
본느 뉘이! (*밤 인사 또는 '잘 자요' 라는 인사)

*이상의 세 가지 표현 뒤에 상대방의 성에 따라
Monsieur 므씨외 (남성)/Madame 마담므 (기혼여성)/
Mademoiselle 마드므와젤르 (미혼여성)를 붙여주면
좀 더 정중한 인사가 됨. 또한 봉쥬르와 봉쓰와르의 경
우는 상점과 레스토랑 등에서 '어서 오십시오'라는 인
사로도 사용됨.

Salut!
쌀뤼! (*안녕! : 친한 사람끼리 하루 중 어느 때나)

어떻게 지내십니까?
(* '안녕하십니까?' 다음에 오는
인사)

Comment allez-vous?
꼬망 딸레 부?
Comment ça va?
꼬망 싸 바?

잘 지냅니다. 감사합니다.
당신은 어떻습니까?

Je vais bien, merci. Et vous?
쥬 베 비엥, 메르씨. 에 부?
Ça va, merci. Et vous?
싸 바, 메르씨. 에 부?
Très bien, merci. Et vous?
트레 비엥, 메르씨. 에 부? (*아주 잘 지낸다는 뜻)
Pas mal, merci. Et vous?
빠 말, 메르씨. 에 부?

그럭저럭 지냅니다. 당신은
어떻습니까?

Comme ci comme ça. Et vous?
꼼므 씨 꼼므 싸. 에 부?

어디 편찮으십니까? [무슨 일이십니까?] (*상대의 안색이 안 좋거나 괴로워할 때)	**Qu'est-ce qu'il y a?** 께 스 낄 리 야? **Qu'est-ce que vous avez?** 께 스 끄 부 자베?
이젠 좀 괜찮으십니까?	**Ça va mieux maintenant?** 싸 바 미외 멩뜨낭? **Vous allez mieux maintenant?** 부 잘레 미외 멩뜨낭?
네, 좀 좋아졌습니다. 감사합니다.	**Oui, ça va mieux. Merci.** 위, 싸 바 미외. 메르씨 **Oui, je vais mieux. Merci.** 위, 쥬 베 미외. 메르씨
잘 오셨습니다.[어서 오십시오.]	**Soyez le(la) bienvenu(e).** 스와이예 르(라) 비엥브뉘 *상대가 남성인지 여성인지에 따라 Soyez le bienvenu.(남성) Soyez la bienvenue.(여성)로 사용함.
안녕히 가십시오[계십시오].	**Au revoir!** 오 흐브와르! **À bientôt!** 아 비엥또! (*가까운 장래에 다시 만날 가능성이 있을 때) **À tout à l'heure!** 아 뚜 따 뢰르! (*잠시 후 곧 다시 만날 가능성이 있을 때) **Adieu!** 아디외! (*안녕히! : 다시 만날 가능성이 거의 희박할 때) **Ciao!** 챠오! (*안녕! : 원래 이태리어이지만 친한 사람끼리 작별인사 할 때 흔히 사용) **Salut!** 쌀뤼! (*안녕! : 친한 사람끼리 만났거나 헤어질 때 모두 사용)

19

좋은 하루 되라[되세요]!	**Bonne journée!** 본느 쥬르네!
오늘 오후/저녁에 봐[봐요]!	**À cet après-midi/ce soir!** 아 쎄 따프레 미디/쓰 쓰와르!
내일 봐[봐요]!	**À demain!** 아 드멩!
수요일에 봐[봐요]!	**À mercredi!** 아 메흐크르디! (*요일만 바꿔 넣어주면 됨)
몸조심 해!/하세요! (*헤어질 때)	**Sois prudent!/Soyez prudent!** 스와 프뤼당!/스와이예 프뤼당!
건강에 유의해!/하십시오!	**Prend soins de toi!/Prenez soins de vous!** 프랑 스웽 드 뜨와!/프르네 스웽 드 부!
몸조리 잘해!/하십시오!	**Soigne-toi bien!/Soignez-vous bien!** 스와니으 뜨와 비옝!/스와니예 부 비옝!
잘 다녀와[오세요]!	**Bon retour!** 봉 르뚜르!
좋은 여행되라[되십시오]!	**Bon voyage!** 봉 브와이야쥬!
행운을 빌어[빕니다]!	**Bonne chance!** 본느 샹쓰!
힘내라[힘내세요]!	**Courage!** 꾸라쥬! **Du courage!** 뒤 꾸라쥬!

감사합니다. (*정중한 표현)

Je vous remercie.
쥬 부 르메르씨

Merci beaucoup.
메르씨 보꾸

*Merci(상대가 뭔가를 해줬을 때 가볍게 미소 지으면서 고마움을 표시)보다 좀 더 정중하게 말할 때 beaucoup를 붙이고, 더욱 정중히 말할 때는 뒤에 상대방의 성에 따라 Monsieur 므씨외(남성)/Madame 마담므(기혼여성)/Mademoiselle 마드므와젤르(미혼여성)를 붙여주면 됨.
Merci beaucoup, Monsieur/Madame/Mademoiselle.
메르씨 복꾸, 므씨외/마담므/마드므와젤르

… 에 대해 감사드립니다.

Merci de[pour]….
메르씨 드[뿌르] …

Je vous remercie de[pour]….
쥬 부 르메르씨 드[뿌르] …

예 당신의 친절에 감사드립니다.
Merci de[pour] votre gentillesse.
메르씨 드[뿌르] 보트르 쟝띠예쓰

Je vous remercie de[pour] votre gentillesse.
쥬 부 르메르씨 드[뿌르] 보트르 쟝띠예쓰

천만에요.

Je vous en prie.
쥬 부 장 프리

De rien.
드 리엥

Ce n'est rien.
쓰 네 리엥

(Il n'y a) Pas de quoi.
(일 니 아) 빠 드 끄와

저야말로 감사합니다.

C'est moi qui vous remercie.
쎄 므와 끼 부 르메르씨

21

사과 · 유감 표명과 응답

죄송합니다.[실례했습니다.]

Pardon.
빠르동 (*다른 사람과 어깨를 서로 스치게 되었을 때나 남의 발을 밟게 되었을 때)

Je vous demande pardon.
쥬 부 드망드 빠르동 (*남을 기다리게 했든지, 약속을 어겼든지, 손해를 끼쳤을 때 '드릴 말씀이 없습니다.' 라는 뜻의 사죄. 간단히 'Pardon'으로 말하는 경우가 많음)

Excusez-moi.
엑쓰뀌제 므아 (*남 앞에서 기침 · 재채기 · 하품 · 딸꾹 질 등을 했을 때. 또한 대화 중에 상대와 동시에 말을 하게 되었을 때 '자, 먼저 말씀하시죠' 라는 의미로도 사용)

Je m'excuse.
쥬 멕쓰뀌즈 (*남의 부탁을 들어줄 수 없을 때 '정말 죄송하지만' 의 의미로 사용. 이 표현은 별로 사용되지 않고 간단히 'Excusez-moi'를 사용함)

그 점에 대해 정말로 죄송합 니다[유감입니다].

Je suis vraiment désolé(e).
쥬 쒸이 브레망 데졸레

J'en suis vraiment désolé(e).
쌍 쒸이 브레망 데졸레

괜찮습니다.

Ça ne fait rien.
싸 느 훼 리엥

Ce n'est rien.
쓰 네 리엥

Pas du tout.
빠 뒤 뚜

Il n'y a pas de mal.
일 니 아 빠 드 말

Ça n'a pas d'importance.
싸 나 빠 뎅뽀르땅쓰

| 유감천만입니다! | **C'est dommage!**
쎄 도마쥬!
Quel dommage!
껠 도마쥬!
Dommage!
도마쥬! |

● 긍정과 부정

| 네 [예]. | **Oui.**
위
Mais oui.
메 위 (*강한 긍정) |

＊긍정의문에 대한 긍정의 대답은 oui로 하고, 부정의문에 대한 긍정문형식의 대답은 oui가 아닌 si로 함.

예 이 여자를 사랑하십니까? (긍정의문)
Aimez-vous cette femme?
엠메 부 쎄뜨 홤므?

네, 이 여자를 사랑합니다. (긍정의 대답)
Oui, j'aime cette femme.
위, 쥄므 쎄뜨 홤므

이 여자를 사랑하지 않습니까? (부정의문)
N'aimez-vous pas cette femme?
넴메 부 빠 쎄뜨 홤므?

아니오, 나는 이 여자를 사랑합니다. (긍정문형식의 대답)
Si, j'aime cette femme.
씨, 쥄므 쎄뜨 홤므

네, 나는 이 여자를 사랑하지 않습니다. (부정문형식의 대답)
Non, je n'aime pas cette femme.
농, 쥬 넴므 빠 쎄뜨 홤므

| 아니오. | **Non.**
농 |

Mais non.
메 농 (*강한 부정)

＊긍정의 oui든 부정의 non이든 상대방의 성에 따라
Monsieur 므씨외(남성)/Madame 마담므(기혼여성)
/Mademoiselle 마드므와젤르(미혼여성)를 뒤에 붙여
주면 좀 더 정중한 대답이 됨.

📻 **Mais oui**, Monsieur.
메 위, 므씨외 (*강한 긍정)

Mais si, Madame.
메 씨, 마담므 (*부정의문에 대한 긍정문 형식의 대답
에서 강한 긍정)

Mais non, Mademoiselle.
메 농, 마드므와젤르 (*강한 부정)

● 상대의 말에 동의 · 이의

좋습니다![알았습니다!]

D'accord!
다꼬르!

Bon!
봉!

Très bien!
트레 비옝!

O.K.!
오께! (*영어 표현이지만 흔히 사용됨)

Ça va!
싸 빠!

옳으신 말씀입니다.

Vous avez raison.
부 자베 레종

(바로) 그렇습니다!

C'est (justement) cela!
쎄 (쥐스뜨망) 쓸라!

C'est exact!
쎄 떼그작뜨!

물론이지요!

Bien sûr!
비엉 쒸르!

Mais oui!
메 위!

Bien entendu!
비엥 앙땅뒤!

그렇고 말구요.
(*상대의 말에 맞장구칠 때 사
용되며, 약간 속된 표현임)

Je vous (le) crois!
쥬 부 (르) 크르와!

Je (le) crois bien!
쥬 (르) 크르와 비엥!

아, 그렇습니까?
(*대화 중 상대의 말에 맞장구
칠 때)

Vraiment?
브레망?

C'est vrai?
쎄 브레?

그렇게 생각합니다.
(*대화 중 '그렇군요' 라며 상대
에게 동감을 표현)

Je le pense.
쥴 르 빵쓰

알겠습니다. (*대화 중에 상대
의 말에 맞장구칠 때)

Je comprends.
쥬 꽁프랑

그거 참 좋은 생각[일]이네요!

C'est excellent!
쎄 떽쎌랑!

당신과 의견이 같습니다[동
감입니다].

Je suis de votre avis.
쥬 쒸이 드 보트르 아비

왜 그렇게 생각하십니까?

**Pourquoi pensez-vous comme
ça?**
뿌르끄와 빵쎄 부 꼼므 싸?

(아니오,) 전 그렇게 생각지
않습니다.

(Non,) Je ne le pense pas.
(농,) 쥬 늘 르 빵쓰 빠

(Non,) Je ne crois pas.
(농,) 쥬 느 크르와 빠

(Non,) Je ne suis pas d'accord.
(농,) 쥬 느 쒸이 빠 다꼬르

그렇지 않을 겁니다[전 확실
히 모르겠습니다].

Je ne suis pas sûr.
쥬 느 쒸이 빠 쒸르

● 사양 · 거절

감사하지만, 됐습니다.
(*상대의 호의나 권하는 것을
거절시)

Non, merci.
농, 메르씨

그러시지 않아도 됩니다.

Ce n'est pas la peine.
쓰 네 빠 라 뻰느

*구어에서는 ne를 생략하고 'C'est pas la peine.
(쎄 빠 라 뻰느)'라고 하기도 함.

감사하지만, 이것으로 충분
히 됐습니다.
(*상대가 권하는 것을 이미 충
분히 취해 사양시)

Ça me suffit, merci bien.
싸 므 쒸피, 메르씨 비엥

C'est suffisant, merci.
쎄 쒸피장, 메르씨

J'ai assez mangé/bu, merci.
줴 아쎄 망줴(*음식)/뷔(*음료), 메르씨

감사하지만, 더 이상 아무
것도 필요 없습니다[이젠 충
분합니다].

Rien de plus, merci.
리엥 드 쁠뤼쓰, 메르씨

(사물) ··· 을 원치 않습니다,
(행동) ··· 을 하고 싶지 않습
니다. (*사양이나 거절의 뜻을

Je ne veux pas ···.
쥬 느 뵈 빠 ···

Je n'aime pas ···.
쥬 넴므 빠 ···

전할 때)

Je n'ai pas envie de ….
쥬 네 빠 장비 드 …

Je déteste ….
쥬 데떼스뜨 … (*강한 혐오의 감정이 들어감에 유의할 것)

 나는 소음을 원치 않습니다.
Je ne veux pas[Je n'aime pas/Je déteste] le bruit.
쥬 느 뵈 빠[쥬 넴므 빠/쥬 데떼스뜨] 르 브뤼

나는 설탕을 원치 않습니다.
Je n'ai pas envie de sucre.
쥬 네 빠 장비 드 쒸크르

나는 춤을 추고 싶지 않습니다.
Je ne veux pas[Je n'aime pas/Je n'ai pas envie de/Je déteste] danser.
쥬 느 뵈 빠[쥬 넴므 빠/쥬 네 빠 장비 드/쥬 데떼스 뜨] 당쎄

못합니다.[할 수 없습니다.]

Je ne peux pas.
쥬 느 쁘 빠 (*뭔가를 실제로 할 줄 모르거나, 용납할 수 없는 제안을 거부 시)

● 양보

먼저 가시지요.
(*교통수단·엘리베이터·계단·건물·방 등의 출입구에서 앞을 양보시)

Après vous, je vous en prie.
아프레 부, 쥬 부 장 프리

Passez, s'il vous plaît!
빠쎄, 씰 부 쁠레!

Passez devant.
빠쎄 드방 (*약간 스스럼 없는 표현으로 '자, 먼저 가'의 뜻)

*보통은 남성이 여성에게 양보하지만 여성이라도 노약자에게 먼저 양보하는 수가 있음. 더욱 정중히 말할 때는 뒤에 상대방의 성에 따라 Monsieur 므씨외(남성) /Madame 마담므(기혼여성)/Mademoiselle 마드므와젤르(미혼여성)를 붙여주면 됨.

27

감사합니다.	**Merci.**
	메르씨
	*상대가 먼저 가라는 말과 함께 앞을 양보하면 이렇게 대답하고 먼저 출입이나 승하차를 하면 됨.
당신이 선택하십시오. [당신 선택에 따르겠습니다.] (*원가에 대한 선택·결정시에)	**Je vous laisse le choix.**
	쥬 불 레쓰 르 슈와
당신이 원하시는 대로 하십시오.	**Faites comme vous voulez, s'il vous plaît!**
	훼뜨 꼼므 부 불레, 씰 부 쁠레!

● 불어를 (잘) 못한다는 표현

저는 불어를 (잘) 못합니다.	**Je ne parle pas (bien) francais.**
	쥬 느 빠흘르 빠 (비엥) 프랑쎄
저는 불어를 (아주 조금) 합니다.	**Je parle français (juste un peu).**
	쥬 빠흘르 프랑쎄 (쥐스뜨 엉 쁴)
	* 'Juste un peu.(아주 조금)'는 뭔가를 아주 조금만 달라고 할 때 사용하는 말인데, 이처럼 뭔가를 아주 조금 할 줄 안다고 할 때도 사용.

● 영어/한국어를 말할 줄 아느냐고 묻는 표현

영어/한국어를 말할 줄 아십니까?	**Parlez-vous anglais/coréen?**
	빠흘레 부 장글레/꼬레엥?
여기에 영어/한국어를 말할 줄 아는 분계십니까?	**Y a-t-il quelqu'un qui parle anglais/coréen ici?**
	이 아 띨 껠껑 끼 빠흘르 앙글레/꼬레엥 이씨?

저는 영어를 (조금) 합니다.	**Je parle anglais (un peu).** 쥬 빠흘르 앙글레 (엉 뾔)

● 반문

네? [뭐라고 말씀하셨습니까?]	**Pardon?** 빠르동? (*／ 반드시 끝을 올려 발음해야 함. 내리면 '죄송합니다[실례했습니다]' 가 됨) **Comment (dites-vous)?** 꼬망 (디뜨 뿌)? (* 'Pardon?' 보다 약간 속된 표현으로 친한 사람끼리나 상점 점원이나 택시기사 등에 사용)
다시 한 번 말씀해 주시겠습니까?	**Pourriez-vous répéter, s'il vous plaît?** 뿌리예 부 레뻬떼, 씰 부 쁠레?

● 물어보기 · 이해 여부 확인

이것은 무엇입니까?	**Qu'est-ce que c'est?** 께 스 끄 쎄? **C'est quoi (ça)?** 쎄 끄와 (싸)?
이 사람은 누구입니까?	**Qui est cette personne?** 끼 에 쎄뜨 뻬르쏜느?
누구십니까?[누구세요?]	**Qui est-ce?** 끼 에 쓰? (*누군가가 방문이나 문을 노크하거나 초인종을 울릴 때) **Qui êtes-vous?** 끼 에뜨 부?

무슨 일입니까?	**Qu'est-ce qui s'est passé?** 께 스 끼 쎄 빠쎄? **Qu'est-ce qu'il y a?** 께 스 낄 리 야?

*무슨 일이 일어났을 때 그 원인을 묻는 말로, 상대가 안색이 안 좋거나 괴로워할 때 묻는 '어디 편찮으십니까?[무슨 일이십니까?]' Qu'est-ce qu'il y a?(께 스 낄 리 야?), Qu'est-ce que vous avez?(께 스 끄 부 자베?)와는 구분할 것.

누구에게 물어보면 됩니까?	**À qui faut-il s'adresser?** 아 끼 포 띨 싸드레쎄?
그것은 무슨 뜻입니까?	**Qu'est-ce que ça veut dire?** 께 스 끄 싸 뵈 디르? **Que signifie-ça?** 끄 씨니피 싸?
불어로 그것을 뭐라고 말합니까?	**Comment dit-on ça en français?** 꼬망 디 똥 싸 앙 프랑쎄? **C'est quoi en français?** 쎄 끄와 앙 프랑쎄?
좀 더 크게/천천히 말씀해 주십시오.	**Veuillez parlez plus fort/lentement, s'il vous plaît.** 뵈이예 빠흘레 쁠뤼 포르/랑뜨망, 씰 부 쁠레
말씀이 잘 안 들립니다.	**Je ne vous entends pas.** 쥬 느 부 장땅 빠
그것을 여기에 써 주십시오.	**Écrivez ça ici, s'il vous plaît!** 에크리베 싸 이씨, 씰 부 쁠레! **Veuillez l'écrire ici, s'il vous plaît.** 뵈이예 레크리르 이씨, 씰 부 쁠레

그 철자를 불러 주시겠습니까?

Pourriez-vous me l'épeler?

뿌리예 부 므 레쁠레?

그것을 영어/한국어로 번역해 주시겠습니까?

Pourriez-vous me traduire ça en anglais/coréen?

뿌리예 부 므 트라뒤르 싸 앙 낭글레/꼬레엥?

이 책에서 그 단어/표현/문장을 지적해 주십시오.

Montrez-moi le mot/l'expression /la phrase dans ce livre, s'il vous plaît!

몽트레 므와 르 모/렉스프레씨용/라 프라즈 당 쓸 리브르, 씰 부 쁠레!

잠시만요. 그 단어/표현/문장이 이 책에 있는지 보겠습니다.

Un instant. Je vais voir si je trouve le mot/l'expression/la phrase dans ce livre.

엉 넹스땅. 쥬 베 브와르 씨 쥬 트루브 르 모/렉스프레씨용/라 프라즈 당 쓸 리브르

으음…[저어…] (*대화 중 생각이 안 나거나 해서 말이 막혔을 때)

Voyons…

브와이용

제 말씀 이해하시겠습니까?

(Me) Comprenez-vous?

(므) 꽁프르네 부?

Vous (me) comprenez?

부 (므) 꽁프르네?

Vous comprenez ce que je dis?

부 꽁프르네 스 끄 쥬 디?

(아니오,) 이해가 안 됩니다.

(Non,) Je ne comprends pas.

(농,) 쥬 느 꽁프랑 빠

(아니오,) 무슨 말씀인지 모르겠습니다.

(Non,) Je ne comprends pas ce que vous dites.

(농,) 쥬 느 꽁프랑 빠 스 끄 부 디뜨

죄송하지만, 이해가 안 됩니다.	**Excusez-moi, je ne comprends pas.** 엑쓰뀌제 므와, 쥬 느 꽁프랑 빠
정확히 이해가 안 됩니다. [잘 모르겠습니다.]	**Je ne comprends pas exctement.** 쥬 느 꽁프랑 빠 에그작뜨망
전혀 이해가 안 됩니다.[전혀 모르겠습니다.] (*언급되는 것에 대해)	**Je n'y comprends rien.** 쥬 니 꽁프랑 리엥
(이젠) 알겠습니다. (*이해가 된다는 뜻)	**(Maintenant,) Je comprends.** (멩뜨낭) 쥬 꽁프랑 **(Maintenant,) Je vois.** (멩뜨낭) 쥬 브와
알아들었습니다.	**J'ai compris.** 줴 꽁프리 **Entendu.** 앙땅뒤
모릅니다.	**Je ne sais pas.** 쥬 느 쎄빠 (*이야기 내용은 이해하는데 그것에 대해 아는 바가 없을 때) **Je ne peux pas vous dire.** 쥬 느 뾔 빠 부 디르 (*그것에 대해 알지만 말해 줄 수 없을 때)
잘 모릅니다.	**Je ne sais pas exactement.** 쥬 느 쎄 빠 에그작뜨망 (*잘 모를 때)
전혀 모릅니다.	**Je n'en sais rien.** 쥬 낭 쎄 리엥 (*언급되는 것에 대해 전혀 아는 바가 없을 때)
당신은 모르십니까?	**Vous ne savez pas?** 부 느 싸베 빠?

아니오, 압니다. (*이상의 모르냐고 묻는 부정의문에 대한 긍정문형식의 대답)

Si, je sais.
씨, 쥬 쎄

네, 모릅니다. (*이상의 모르냐고 묻는 부정의문에 대한 부정문형식의 대답)

Non, je ne sais pas.
농, 쥬 느 쎄 빠

● 사실 여부 확인

그게 정말입니까?

Est-ce la vérité?
에 슬 라 베리떼?

Est-ce bien vrai?
에 스 비엥 브레?

C'est vrai?
쎄 브레?

Vraiment?
브레망?

농담이신가요?

Vous plaisantez?
부 쁠레장떼?

● 시간이 없을 때

(매우) 급합니다.

C'est (très) urgent.
쎄 (트레) 위르쟝 (*어떤 일이 다급할 때)

Je suis (très) pressé(e).
쥬 쒸이 (트레) 프레쎄 (*본인이 급하고 바쁠 때)

Je n'ai pas de temps.
쥬 네 빠 드 땅 (*본인이 시간이 없이 급하고 바쁠 때)

33

서둘러 주십시오.	**Dépêchez-vous, s'il vous plaît!** 데뻬쒜 부, 씰 부 쁠레! **Faites vite, s'il vous plaît!** 훼뜨 비뜨, 씰 부 쁠레! **Allez, plus vite, s'il vous plaît!** 알레, 쁠뤼 비뜨, 씰 부 쁠레! * '서둘러 주십시오'라고 한 후 '우린 시간이 없습니다! (Nous n'avons pas le temps! 누 나봉 빠 르 땅)'를 덧붙여주면 더 표현이 삶.
잠깐만 기다려 주십시오. (*상대의 재촉의 말에 대한 대답으로)	**Un moment, s'il vous plaît!** 엉 모망, 씰 부 쁠레! **Un instant, s'il vous plaît!** 엉 넹스땅, 씰 부 쁠레! **Une minute, s'il vous plaît!** 윈느 미뉘뜨, 씰 부 쁠레! **Une seconde, s'il vous plaît!** 윈느 쓰공드, 씰 부 쁠레! * 전화상으로 '잠깐만 기다려주십시오'라고 할 때는 'Ne quittez pas.(느 끼떼 빠)'를 사용하기도 함.
얼마 동안 기다려야 합니까?	**Combien de temps dois-je attendre?** 꽁비엥 드 땅 드와 쥬 아땅드르?

● 사람을 부르거나 말을 걸 때

여보세요! (*사람을 부를 때)	**S'il vous plaît!** 씰 부 쁠레! **Excusez-moi!** 엑쓰뀌제 므와! *더욱 정중히 말할 때는 앞이나 뒤에 상대방의 성에 따라 Monsieur 므씨외(남성)/Madame 마담므(기혼여성)/Mademoiselle 마드므와젤르(미혼여성)를 붙여주면 됨.

34

여기요! (*웨이터 부를 때)	**Garçon[Monsieur], s'il vous plaît!** 가르쏭[므씨외], 씰 부 쁠레!
여보세요! (*전화를 걸 때)	**Allô!** 알로
실례하지만[죄송하지만], … (*말을 걸 때)	**S'il vous plaît/Excusez-moi/ Pardon, …** 씰 부 쁠레/엑쓰뀌제 므와/빠르동, … **예** 실례지만[죄송하지만], (공중)화장실이 어디에 있습니까? S'il vous plaît/Excusez-moi/Pardon, où sont les toilettes (publiques)? 씰 부 쁠레/엑쓰뀌제 므와/빠르동, 우 쏭 레 뜨왈레뜨 (쀠블리끄)?
네?[왜 그러십니까?] (*남이 부르거나 이야기를 걸어왔을 때 끝을 올리는 느낌으로)	**Oui?** 위?

● 부탁 · 도움 요청

| (사물 · 행동을) 부탁합니다. | **…, s'il vous plaît.**
…, 씰 부 쁠레

예 에스프레쏘 한 잔 부탁합니다.
Un express, s'il vous plaît.
엉 넥쓰프레쓰, 씰 부 쁠레

연필을 빌려 주십시오.
Prêtez-moi votre crayon, s'il vous plaît.
프레떼 므와 보트르 크레이용, 씰 부 쁠레 |
| (지금 말고,) 나중에 부탁합니다. (*상대가 뭔가를 권하거나 주겠다고 할 때) | **(Pas maintenant,) Plus tard, s'il vous plaît.**
(빠 멩뜨낭) 쁠뤼 따르, 씰 부 쁠레 |

부탁드릴 것이 있습니다.	**J'ai une chose à vous demander.** 쥬 윈느 쇼즈 아 부 드망데
뭐 좀 부탁 좀 드려도 될까요?	**Puis-je vous demander quelque chose?** 쀠 쥬 부 드망데 껠끄 쇼즈? **Pourrais-je vous demander une faveur?** 뿌레 쥬 부 드망데 윈느 화뵈르? **Pourriez-vous me rendre un service?** 뿌리예 부 므 랑드르 엉 쎄르비쓰?
죄송하지만 …해 주시겠습니까?	**Pourriez-vous …?** 뿌리예 부 …? **Voudriez-vous …?** 부드리예 부 …? **예** 죄송하지만 창문을 닫아 주시겠습니까? Pourriez[Voudriez]-vous fermer la fenêtre? 뿌리예[부드리예] 부 훼르메 라 프네트르?
제게 곤란한 문제가 생겼습니다.	**J'ai un problème.** 제 엉 프로블렘므
절 좀 도와주시겠습니까?	**Pourriez-vous m'aider?** 뿌리예 부 메데?
절 좀 도와주십시오.	**Aidez-moi, s'il vous plaît.** 에데 므와, 씰 부 쁠레
제가 도와 드릴까요?	**Puis-je vous aider?** 쀠 쥬 부 제데? **Est-ce que je peux vous aider?** 에 스 끄 쥬 쀠 부 제데?
뭘 도와 드릴까요?	**Que puis-je vous aider?** 끄 쀠 쥬 부 제데?

기꺼이 (해드리겠습니다).	**Avec plaisir.** 아베끄 쁠레지르 **Volontiers.** 볼롱띠예

● 수단 · 방법 묻기

어떻게 …할 수 있습니까?

Comment peut-on + 동사(구) …?
꼬망 뾔 똥 …?
예 어떻게 비행기편 재확인을 할 수 있습니까?
Comment peut-on reconfirmer un vol?
꼬망 뾔 똥 르꽁피르메 엉 볼?

어떻게 … 하는 건지 가르쳐
주시겠습니까?

**Pourriez[Voudriez]-vous me dire
comment on + 동사(구) …?**
뿌리예[부드리예] 부 므 디르 꼬망 똥 …?
예 어떻게 역에 갈 수 있는지 가르쳐 주시겠습니까?
Pourriez[Voudriez]-vous me dire comment on
va à la gare?
뿌리예[부드리예] 므 디르 꼬망 옹 바 알 라 가르?

이건 어떻게 합니까?

Comment faire ça?
꼬망 훼르 싸?

이건 어떻게 사용합니까?

Comment utiliser ça?
꼬망 위띨리제 싸?

어떻게 하는/사용하는 건지
가르쳐 주십시오.

**Dites-moi comment faire/utiliser
ça, s'il vous plaît.**
디뜨 므와 꼬망 훼르/위띨리제 싸, 씰 부 쁠레

이렇게 하면 됩니까?

Comme ça? Ça va?
꼼므 싸? 싸 바?
Ça va comme ça?
싸 바 꼼므 싸?

…을 좀 주시겠습니까?	**Pourriez[Voudriez]-vous me donner …?**
	뿌리예[부드리예] 부 므 돈네 …?
	Puis[Pourrais]-je avoir …?
	쀠[뿌레] 쥐 아브와르 …?

(사물) …을 원합니다.	**Je voudrais + 사물.**
(*레스토랑 · 상점 등에서 음식이나 물건을 선택 · 구매시 유용한 표현)	쥬 부드레 …
	예 이것을/저것을 원합니다.
	Je voudrais ceci/ça.
	쥬 부드레 쓰씨/싸

(행동) …을 하고 싶습니다.	**Je voudrais[J'aimerais] + 동사(구).**
	쥬 부드레[쥄므레] …
	예 이것을 가지고 싶습니다.
	Je voudrais avoir ça.
	쥬 부드레 자브와르 싸
	샤워하고 싶습니다.
	J'aimerais prendre une douche.
	쥄므레 프랑드르 윈느 두슈

…이 있습니까?	**Avez-vous …?**
(*보유 여부 : 상점 · 호텔 · 레스토랑 등에서 자기가 원하는 것이 있는지 물어볼 때)	아베 부 …?
	Y a-t-il …?
	이 아 틸 …?
	예 흰 스커트 있습니까?
	Avez-vous des jupes blanches?
	아베 부 데 쥐쁘 블랑슈?
	빈 객실이 있습니까?
	Y a-t-il des chambres disponibles?
	이 아 띨 데 샹브르 디스뽀니블르?

…이 있습니까? (*존재 유무 : 단순히 어떤 사물 · 사람의 존재 여부를 물어볼 때)	# Y a-t-il …? 이 아 틸 …? **예** 이 근처에 파출소가 있습니까? Y a-t-il un poste de police près d'ici? 이 아 틸 엉 뽀스뜨 드 뽈리쓰 프레 디씨? **이곳에 의사 분 계십니까?** Y a-t-il un docteur ici? 이 아 띨 엉 독뙤르 이씨?
품절입니다.	# Le stock est épuisé. 르 스똑 에 떼쀠제 # Tout est réservé. 뚜 떼 레제르베 (*표 · 좌석 등이 전부 예약 완료 시) # Il n'y en a plus. 일 니 앙 나 쁠뤼 (*더 이상 없다는 의미)
만원(滿員)입니다. (*극장 · 호텔 · 레스토랑 · 비행기 · 열차 · 버스 · 배 등이 만원일 때)	# C'est complet. 쎄 꽁쁠레 # Tout est complet. 뚜 떼 꽁쁠레 # Tout est rempli. 뚜 떼 랑쁠리 # Plus de place. 쁠뤼 드 쁠라쓰 (*남은 좌석이 없습니다.)

● 가격 묻기

(전부) 얼마입니까?	# Combien ça coûte (en tout)? 꽁비엥 싸 꾸뜨 (앙 뚜)? # C'est combien (en tout)? 쎄 꽁비엥 (앙 뚜)? # Ça fait combien (en tout)? 싸 훼 꽁비엥 (앙 뚜)?

Combien est-ce que ça fait (en tout)?
꽁비엥 에 스 끄 싸 훼 (앙 뚜)?

Combien est-ce que je vous dois (en tout)?
꽁비엥 에 스 끄 쥬 부 드와 (앙 뚜)?

Je vous dois combien (en tout)?
쥬 부 드와 꽁비엥 (앙 뚜)?

● 장소 묻기

어디에 …이 있습니까?

Où est/sont …?
우 에/쏭 … (*주어의 수(數)에 따라)

Où se trouve/se trouvent …?
우 스 트루브/스 트루브 … (*주어의 수(數)에 따라)

Où puis-je trouver …?
우 쀠 쥬 트루베 …?

Où peut-on trouver …?
우 쀠 통 트루베 …?

예 대한민국 대사관은 어디에 있나요?
Où est l'Ambassade de la République de Corée?
우 엘 랑바싸드 들 라 레쀠블리끄 드 꼬레? (단수주어)

당신 친구들은 어디에 있나요?
Où sont vos amis?
우 쏭 보 자미? (복수주어)

에펠탑은 어디에 있나요?
Où se trouve la Tour Eiffel?
우 스 트루브 라 뚜르 에펠? (단수주어)

한국어 책들은 어디에 있나요?
Où se trouvent des livres coréens?
우 스 트루브 델 리브르 꼬레엥? (복수주어)

어디에 택시가 있나요?
Où puis-je[peut-on] trouver un taxi?
우 쀠 쥬[쀠 똥] 트루베 엉 딱씨?

어디에서 …할 수 있습니까?	**Où puis-je + 동사(구)?** 우 쀠 쥬 …? **Où peut-on + 동사(구)?** 우 쀠 똥 …? 어디에서 모자를 살 수 있나요? Où puis-je acheter un chapeau? 우 쀠 쥬 아슈떼 엉 샤뽀? 어디에서 **차를 임대**할 수 있나요? Où peut-on louer une voiture? 우 쀠 똥 루에 윈느 브와뛰르?

● 길 안내

이쪽으로 오십시오. (*상점·호텔·레스토랑 등에서 종업원이 매장·방·테이블로 안내해줄 때도 사용)	**Par ici, s'il vous plaît.** 빠르 이씨, 씰 부 쁠레 **Suivez-moi, s'il vous plaît.** 쒸베 므와, 씰 부 쁠레 **Je vous montrerai le chemin.** 쥬 부 몽트르레 르 슈멩
발밑을 주의하십쇼.	**Attention à la marche.** 아땅씨옹 알 라 마르슈 (*표지판에 쓰인 경우엔 '보행 주의')
머리 위를 주의하십쇼.	**Prenez garde à votre tête.** 프르네 가르드 아 보트르 떼뜨 **Attention, le plafond est bas.** 아땅씨옹, 르 쁠라퐁 에 바 (*천장이 낮으니 주의하라 는 뜻)

거리·시간 묻기

…는 (여기에서) 얼마나 멉니까?[거리가 얼마나 됩니까?]	**À quelle distance (d'ici) est …?** 아 껠르 디스땅쓰 (디씨) 에 …? **예** 박물관은 얼마나 멉니까? À quelle distance est le musée? 아 껠르 디스땅쓰 엘 르 뮈제?
저는 …로부터 얼마나 멀리 있습니까?	**À quelle distance suis-je de …?** 아 껠르 디스땅쓰 쒸이 쥬 드 …? **예** 저는 시내중심가로부터 얼마나 멀리 있습니까? À quelle distance suis-je du centre ville? 아 껠르 디스땅스 쒸 쥬 뒤 쌍트르 빌르?
여기서 (아주) 먼가요?	**Est-ce (très) loin d'ici?** 에 스 (트레) 르웽 디씨?
(지금) 몇 십니까?	**Quelle heure est-il (maintenant)?** 껠 뢰르 에 띨 (멩뜨낭)?
그것은 몇 시에 시작합니까?	**À quelle heure commence-t-il?** 아 껠 뢰르 꼬망쓰 띨?
그것은 몇 시에 끝납니까?	**À quelle heure finit-il?** 아 껠 뢰르 피니 띨? **À quelle heure se termine-t-il?** 아 껠 뢰르 쓰 떼르민느 띨?
당신은 얼마 동안 이곳에 체류하십니까? (*시간의 길이)	**Combien de temps restez-vous ici?** 꽁비엥 드 땅 레스떼 부 이씨?
그것은 몇 시간 동안 진행[계속] 됩니까? (*영화·공연·경기·관광 등)	**Combien de temps dure-t-il?** 꽁비엥 드 땅 뒤르 띨 ?

…은 몇 시에 개장/폐장합니까? (*상점 · 음식점 · 박물관 등)

À quelle heure ouvre/ferme …?
아 껠 뢰르 우브르/훼름므 …?

(…에서) …까지 가는데 시간이 얼마나 걸립니까?

Combien de temps faut-il pour aller (de …) à …?
꽁비엥 드 땅 포 띨 뿌르 알레 (드 …) 아 …?

● 높이 · 깊이 · 넓이 · 속도 묻기

…은 얼마나 높습니까?

Quelle est la hauteur de …?
껠 렐 라 오뙤르 드 …?

…은 얼마나 깊습니까?

Quelle est la profondeur de …?
껠 렐 라 프로퐁되르 드 …?

…은 얼마나 넓습니까?

Quelle est la largeur de …?
껠 렐 라 라흐죄르 드 …?

어느 정도 속도로 (우리는 지금 비행 중입니까)?

À quelle vitesse (volons-nous maintenant)?
아 껠르 비떼쓰 (볼롱 누 멩뜨낭)?

● 허가 · 양해 구하기

괜찮으시겠습니까?
(*합석 · 흡연 등 자신이 하려는 행동에 대해 상대에게 양해를 구할 때)

Vous permettez?
부 뻬흐메떼?

제가 …해도 괜찮겠습니까?

Pourrais-je …?
뿌레 쥬 …?

Puis-je …?
뛰 쥬 …?

Ça vous dérange que je …?
싸 부 데랑쥬 끄 쥬 …?

Permettez-vous que je …?
뻬흐메떼 부 끄 쥬 …?

예 창문을 열어 / 닫아도 되겠습니까?
Pourrais-je ouvrir / fermer la fenêtre?
뿌레 쥬 우브리르 / 훼르메 라 프네트르?

여기 앉아도 괜찮습니까?
Puis-je m'asseoir ici?
뛰 쥬 마쓰와르 이씨?

담배 피워도 괜찮겠습니까?
Ça vous dérange que je fume?
싸 부 데랑쥬 끄 쥬 휨므?

노래해도 되겠습니까?
Permettez-vous que je chante?
뻬흐메떼 부 끄 쥬 샹뜨?

실례지만, 좀 지나가겠습니다.
(*상대에게 길이나 통로를 비켜
달라고 할 때)

Excusez-moi (, je voudrais passer).
엑쓰뀌제 므와 (, 쥬 부드레 빠쎄)

Pardon (, puis-je passer?).
빠르동 (, 뛰 쥬 빠쎄?)

Excusez-moi (, laissez-moi passer, s'il vous plaît).
엑쓰뀌제 므와 (, 레쎄 므와 빠쎄, 씰 부 쁠레)

이것 하나 집어도 [먹어 봐
도] 괜찮겠습니까?

Puis-je en prendre un(e)?
뛰 쥬 앙 프랑드르 엉(윈느)?

Puis-je essayer ceci?
뛰 쥬 에쎄이예 쓰씨?

마음대로 집으[드]십시오.
(*물건·음식 등을 권할 때 흔
히 사용하는 문구)

Servez-vous.
쎄르베 부

편안히 하십시오.

Faites comme chez vous.
훼뜨 꼼므 쉐 부 (* '당신 집에 있는 것과 같은 기분으로 있어 주십시오' 라는 뜻)

앉으십시오.

Asseyez-vous, s'il vous plaît.
아쎄이예 부, 씰 부 쁠레

Donnez-vous donc la peine de vous asseoir.
돈네 부 동 라 뻰느 드 부 자쓰와르 (*정중한 표현)

● 금지

(이곳에선) 그것이 금지되어 있습니다. (*어떤 행동에 대해)

C'est interdit (ici).
쎄 뗑떼르디 (이씨)

C'est défendu (ici).
쎄 데팡뒤 (이씨)

Ce n'est pas permis (ici).
쓰 네 빠 뻬흐미 (이씨)

아니오, 여기서는 안 됩니다. (*상대가 어떤 행동에 대한 허가나 양해를 구할 때 대답으로)

Non, pas ici.
농, 빠 이씨

● 고장 · 수리

이것은 고장이 났습니다[작동이 안 됩니다].

C'est en panne.
쎄 땅 빤느

Ça ne marche pas.
싸 느 마르슈 빠

이것은 제대로 작동합니까?

Est-ce que ça marche?
에 스 끄 싸 마르슈?

기본적 의사소통

45

| 이것을 수리해 주시겠습니까? | **Pourriez-vous me réparer ceci?**
뿌리예 부 므 레빠레 쓰씨?
Pourriez-vous me dépanner?
뿌리예 부 므 데빠네? (*자동차 응급수리 부탁시) |

● 생리 현상

배가 고픕니다[시장합니다].	**J'ai faim.** 줴 휑
맛있게 드십시오!	**Bon appétit!** 봉 나뻬띠!
목이 마릅니다[갈증이 납니다].	**J'ai soif.** 줴 스와프
건배!	**À votre santé!** 아 보트르 쌍떼!
피곤합니다.	**Je suis fatigué(e).** 쥬 쒸이 화띠게
(공중)화장실이 어디에 있습니까?	**Où sont les toilettes (publiques)?** 우 쏭 레 뜨왈레뜨 (쀠블리끄)?
대변/소변을 보다	**faire ses besoins/ses petits besoins** 훼르 쎄 브즈웽/쎄 쁘띠 브즈웽 **faire caca/pipi** (*속어) 훼르 까까/삐삐
방귀를 뀌다	**se lâcher** (*속어) 스 라쉐 **lâcher un pet[un vent]** (*속어) 라쉐 엉 뻬[엉 방]

당신을 좋아합니다.

Je vous aime bien.
쥬 부 젬므 비엥

당신을 (매우) 사랑합니다.

Je vous aime (beaucoup).
쥬 부 젬므 (보꾸)

기쁨 · 놀라움 · 감탄 · 동정과 연민 · 만족 · 실망 · 불쾌감 · 비웃음 등 다양하고 상이한 감정을 모두 다 나타낼 수 있는 만능 표현 두 가지

Oh là là!
올 랄 라!

Ça alors!
싸 알로! (*주의 : 상욕인 'Salaud!(쌀로!)'와 반드시 구별해서 발음할 것)

저는 매우 만족합니다.

Je suis bien content(e).
쥬 쒸이 비엥 꽁땅(뜨)

저는 그것이 기쁩니다.

J'en suis heureux(se).
쟝 쒸이 죄뢰(즈)

정말 놀랍군요!

C'est étonnant!
쎄 떼또낭!

Quelle surprise!
껠르 쒸흐프리즈!

그럴 리가요!

Pas possible!
빠 뽀씨블르!

믿을 수 없군요!

C'est incroyable!
쎄 뗑크르와야블르!

참 잘 됐군(요)![다행이군(요)!]

Tant mieux!
땅 미외!

할 수 없군(요)![낭패로군(요)!]

Tant pis!
땅 삐!

| 인생이란 게 뭐 다 그런 거죠! | **C' est la vie!**
쎄 라 비!
Ainsi va la vie!
엥씨 바 라 비! |

제기랄[빌어먹을]!	**Zut!** 쥣! **Merde!** 메흐드!
더러운[치사한] 놈!	**Salaud!** 쌀로! **Salopard!** 쌀로빠흐!
더러운[잡] 년!	**Putain!** 쀠뗑! **Saloparde!** 쌀로빠흐드!

| 언제? | **Quand?**
깡? (*막연한 때)
⑩ 언제 그는 오나요?
Quand vient-il?
깡 비엥 띨? |
| 몇 시에? | **À quelle heure?**
아 껠 뢰르? (*구체적인 시간) |

예 몇 시에 떠나시나요?
À quelle heure partez-vous?
아 껠 뢰르 빠르떼 부?

어디에?

Où?
우?

예 어디에 신문가판대가 있나요?
Où est le kiosque à journaux?
우 엘 르 끼오스끄 아 쥬르노?

어디로부터?

D' où?
두?

예 어디서 오셨습니까?
D' où venez-vous?
두 브네 부?

누가?

Qui?
끼?

예 누가 당신께 그걸 말해줬습니까?
Qui vous l' a dit?
끼 불 라 디?

무엇을?

Que… ?
끄… ?

예 무엇을 원하십니까?
Que voulez-vous?
끄 불레 부?

어떻게?

Comment?
꼬망?

예 거기에 어떻게 갈 수 있습니까? (수단 · 방법)
Comment peut-on y aller?
꼬망 뾔 똥 니 알레?

당신의 이름은 무엇입니까[당신은 어떻게 불립니까]?
Comment vous appelez-vous?
꼬망 부 자쁠레 부?

왜?

Pourquoi?
뿌르끄와?

예 왜 그렇게 생각하십니까?
Pourquoi pensez-vous comme ça?
뿌르끄와 빵세 부 꼼므 싸?

얼마나? (수·양)

Combien?
꽁비엥?

예 책을 얼마나 가지셨습니까?
Combien de livres avez-vous?
꽁비엥 들 리브르 아베 부?

리용까지 시간이 얼마나 걸립니까?
Combien de temps jusqu'à Lyon?
꽁비엥 드 땅 쥐스깔 리용?

(가격이) 얼마입니까?
C'est combien?
쎄 꽁비엥?

어느 것[사람]?

Lequel/Laquelle?
르껠/라껠르? (*지칭하는 명사의 성(性)에 따라)

예 책이 두 권 있습니다. 어느 것을 원하십니까?
Voici deux livres. Lequel voulez-vous?
브와씨 되 리브르. 르껠 불레 부?

이 두 소녀 중 어느 아이가 당신 딸입니까?
Laquelle de ces deux filles est votre fille?
라껠르 드 쎄 되 피이으 에 보트르 피이으?

어떤? 어떤 것?

Quel/Quelle/Quels/Quelles?
껠/껠르/껠/껠르? (*지칭하는 명사의 성(性)·수(數)에 따라)

예 이 레스토랑의 특별요리는 어떤 것입니까?
Quelle est la spécialité de ce restaurant?
껠 렐 라 스뻬씨알리떼 드 쓰 레스또랑?

어떤 친구들을 초대하실 겁니까?
Quels amis inviterez-vous?
껠 자미 쟁비뜨레 부?

PARTIE II
상황별 의사소통

01 도착까지

기내에서

제 좌석은 어디입니까? (*탑 승권을 보여주며)

Où est ma place?
우 에 마 쁠라쓰?

저쪽, 창가 쪽/통로 쪽 자리 입니다.

Là-bas, près de la fenêtre/à côté du couloir.
라 바, 프레 들 라 프네트르/아 꼬떼 뒤 꿀르와르

제 짐들을 여기에 놓아도 됩니까?

Puis-je poser mes bagages ici?
쀠 쥬 뽀제 메 바가쥬 이씨?

짐들은 좌석 밑이나 선반 위에 놓아주십시오. (*승무원 의 말)

Mettez vos bagages sous votre siège ou sur le porte-bagages.
메떼 보 바가쥬 쑤 보트르 씨에쥬 우 쒸르 르 뽀르뜨 바가쥬

이렇게 하면 됩니까?

Comme ça? Ça va?
꼼므 싸? 싸 바?

Ça va comme ça?
싸 바 꼼므 싸?

실례지만, 좀 지나가겠습니다.

Excusez-moi(, je voudrais passer).
엑쓰뀌제 므와(, 쥬 부드레 빠쎄)

Pardon(, puis-je passer?).
빠르동(, 쀠 쥬 빠쎄?)

Excusez-moi(, laissez-moi passer, s'il vous plaît).
엑쓰뀌제 므와(, 레쎄 므와 빠쎄, 씰 부 쁠레)

왜 이 비행기가 아직 출발/이륙하지 않죠?	**Pourquoi ne part/décolle pas cet avion?** 뿌르끄와 느 빠르/데꼴르 빠 쎄 따비용?
잠시 후면 출발/이륙합니다.	**Nous allons partir/décoller dans quelques minutes.** 누 잘롱 빠르띠르/데꼴레 당 껠끄 미뉘뜨
당신을 부르는 버튼이 어느 것입니까? (*승무원에게)	**Quel est le bouton pour vous appeler?** 껠 레 르 부똥 뿌르 부 자쁠레?
한국어를 말할 줄 아는 스튜어디스가 있습니까?	**Y a-t-il une hôtesse qui parle coréen?** 이 아 띨 윈 노떼쓰 끼 빠흘르 꼬레엥?
안전벨트를 착용하십시오.	**Attachez votre ceinture de securité, s'il vous plaît.** 아따쉐 보트르 쎙뛰르 드 쎄뀌리떼, 씰 부 쁠레
안전벨트 착용	**ATTACHEZ VOS CEINTURES** 아따쉐 보 쎙뛰르
음료수를 드시겠습니까?	**Voulez-vous boire quelque chose?** 불레 부 브와르 껠끄 쇼즈?
(음료수) 뭘 드시겠습니까?	**Que désirez-vous boire?** 끄 데지레 부 브와르?
(음료수) 어떤 것이 있습니까?	**Qu'y a-t-il à boire?** 끼 아 띨 아 브와르?
오렌지주스/물 한 잔 부탁합니다.	**(Donnez-moi) Un jus d'orange/Un verre d'eau, s'il vous plaît.** (돈네 므와) 엉 쥐 도랑쥬/엉 베르 도, 씰 부 쁠레
식사는 언제 나옵니까?	**Quand sert-on les repas?** 깡 쎄르 똥 레 르빠?

도착까지

지금은 배가 고프지 않습니다.	**Je n'ai pas faim maintenant.** 쥬 네 빠 휑 멩뜨낭
식사는 좀 나중에 하겠습니다.	**Je voudrais mon repas un peu plus tard.** 쥬 부드레 몽 르빠 엉 쀠 쁠뤼 따르
아페리티프 드시겠습니까? (*식전에 마시는 식욕촉진용 술)	**Voulez-vous un aperitif?** 불레 부 정 나뻬리띠프?
네, 스카치소다를 주십시오.	**Oui. Un whisky soda, s'il vous plaît.** 위, 엉 위스끼 소다, 씰 부 쁠레
식사는 쇠고기, 닭고기, 생선 어떤 것으로 하시겠습니까?	**Pour le repas, que préférez-vous : du boeuf, du poulet, ou du poisson?** 뿌르 르 르빠, 끄 프레훼레 부: 뒤 뵈프, 뒤 쁠레, 우 뒤 쁘와쏭?
쇠고기/닭고기/생선 주십시오.	**Du boeuf/poulet/poisson, s'il vous plaît.** 뒤 뵈프/쁠레/쁘와쏭, 씰 부 쁠레
밥과 빵 중 어느 것으로 하 시겠습니까?	**Que voulez-vous manger, du riz ou du pain?** 끄 불레 부 망줴, 뒤 리 우 뒤 뼁?
밥/빵을 주십시오.	**Du riz/pain, s'il vous plaît.** 뒤 리/뼁, 씰 부 쁠레
술은 무료입니까?	**Les alcools sont gratuits?** 레 잘꼴 쏭 그라뛰?
커피로 하시겠습니까, 홍차 로 하시겠습니까? (*식후에)	**Thé ou café?** 떼 우 까페?
커피/홍차로 주십시오.	**Du café/thé, s'il vous plaît.** 뒤 까페/떼, 씰 부 쁠레

크림과 설탕도 드릴까요?

Avec de la crème et du sucre?
아베끄 들 라 크렘 에 뒤 쒸크르?

설탕은 필요 없습니다. 크림
만 주세요.

Pas de sucre, seulement de la crème.
빠 드 쒸크르, 쐴르망 들 라 크렘므

한국어 신문/잡지 있습니까?

Avez-vous des journaux/magazines coréens?
아베 부 데 쥬르노/마가진느 꼬레엥?

도
착
까
지

곧 영화가 시작되겠습니다.

Vous pourrez bientôt regarder le film.
부 뿌레 비엥또 르가르데 르 필름

제 좌석을 바꿔도 되겠습니
까?

Pourrais-je changer de place?
뿌레 쥬 샹제 드 쁠라쓰?

창가/통로 가까운 자리에 앉
아도 되겠습니까?

Puis-je prendre le siège près de la fenêtre/près du couloir?
쀠 쥬 프랑드르 르 씨에쥬 프레 들 라 프네트르/프레
뒤 꿀르와르?

저기에 있는 제 일행과 함께
앉아도 되겠습니까?

Pourrais-je m'asseoir avec mon groupe là-bas?
뿌레 쥬 마쓰와르 아베끄 몽 그루쁘 라 바?

네, 물론입니다[그렇게 하셔
도 상관없습니다].

Oui, bien entendu.
위 비엥 앙땅뒤

제 좌석을 눕혀도 되겠습니까?

Pourrais-je pencher mon fauteuil [mon siège]?
뿌레 쥬 빵쉐 몽 포퇴이으[몽 씨에쥬]?

좌석을 바로 세워 주십시오.

Redressez votre fauteuil[votre siège], s'il vous plaît.
르드레쎄 보트르 포퇴이으[보트르 씨에쥬], 씰 부 쁠레

담배를 꺼 주십시오.	Eteignez votre cigarette, s'il vous plaît. 에떼니예 보트르 씨가레뜨, 씰 부 쁠레
춥습니다./덥습니다.	J'ai froid./J'ai chaud. 줴 프르와/줴 쇼
에어컨을 켜도/꺼도 될까요?	Pourrais-je allumer/éteindre le climatisateur? 뿌레 쥬 알뤼메/에뗑드르 르 끌리마띠자퇴르?
베개와 담요를 가져다 주십시오.	Approtez-moi un oreiller et une couverture, s'il vous plaît. 아쁘르떼 므와 엉 노레이예 에 윈느 꾸베르뛰르, 씰 부 쁠레
그것들은 선반 위에 있습니다. (*승무원의 말)	Ils sont sur le porte-bagages. 일 쏭 쒸르 르 뽀르뜨 바가쥬
담요 한 장 더 주시겠습니까?	Pourrais-je avoir une autre couverture? 뿌레 쥬 아브와르 윈 노트르 꾸베르뛰르?
이어폰 좀 주시겠습니까?	Puis-je avoir un ecouteur? 쀠 쥬 아브와르 엉 네꾸뙤르?
곧 가지고 오겠습니다.	Je vous l'apporte tout de suite. 쥬 불 라뽀르뜨 뚜 드 쉬이뜨
이 전등은 어떻게 하면 꺼집니까?	Comment puis-je eteindre la lumière? 꼬망 쀠 쥬 에뗑드르 라 뤼미예르?
버튼을 누르시면 꺼집니다.	Appuyez simplement sur le bouton et la lumière s'éteindra. 아쀠이예 쎙쁠르망 쒸르 르 부똥 엘 라 뤼미예르 쎄뗑드라
지금 어느 상공을 날고 있습니까?[지금 우린 어디에 있습니까?]	Où est-ce qu'on survole en ce moment? 우 에 스 꽁 쒸르볼 앙 쓰 모망?

	Où sommes-nous maintenant? 우 쏨므 누 멩뜨낭?
지금 러시아 상공을 지나고 있습니다.	**Nous survolons la Russie.** 누 쒸르볼롱 라 뤼씨
지금 고도는 어느 정도입니까?	**À quelle altitude sommes-nous maintenant?** 아 껠 랄띠뛰드 쏨므 누 멩뜨낭?
고도 8000미터입니다.	**Nous volons à 8000[huit mille] mètres d'altitude.** 누 볼롱 아 위 밀 메트르 달띠뛰드
비행속도는 어느 정도입니까?	**À quelle vitesse volons-nous?** 아 껠르 비떼쓰 볼롱 누?
시속 1000킬로미터입니다.	**Environ 1000[un mille]km/h.** 앙비롱 엉 밀 낄로메트르 빠르 외르
파리까지 비행시간이 얼마나 걸립니까?	**Combien de temps dure le vol jusqu'à Paris?** 꽁비옝 드 땅 뒤르 르 볼 쥐스까 빠리?
파리에는 언제 도착합니까?	**Quand atterrissons-nous à Paris?** 깡 아떼리쏭 누 아 빠리?
현지시간 아침 7시에 도착합니다.	**À 7[sept] heures, heure locale.** 아 쎄 뙤르, 뢰르 로깔르
기내에서 면세품을 팝니까?	**Est-ce qu'on vend des articles hors taxe en avion?** 에 스 꽁 방 데 자르띠끌 오르 딱스 앙 나비용?
언제 면세품을 살 수 있습니까? (*바로 위 문장과 연결된 내용)	**Quand peut-on acheter des articles détaxés?** 깡 쀠 똥 나슈떼 데 자르띠끌르 데딱쎄?
제일 잘 팔리는 제품은 무엇입니까?	**Quel produit est le plus commandé?** 껠 프로뒤 엘 르 쁠뤼 꼬망데?

57

이것은 얼마입니까?	**C'est combien?** 쎄 꽁비엥?
가격이 얼마나 할인됩니까?	**Combien de remise peut-on obtenir?** 꽁비엥 드 르미즈 쀠 똥 놉뜨니르?
이것을 사겠습니다.	**Je prends ça.** 쥬 프랑 싸
달러로/(신용) 카드로 지불 해도 됩니까?	**Puis-je payer en dollar/par carte (de crédit)?** 쀠 쥬 뻬이예 앙 돌라르/빠르 까르뜨 (드 크레디)?
할부로도 지불 가능합니까?	**Est-de possible de payer à tempérament?** 에 스 뽀씨블르 드 뻬이예 아 땅뻬라망? **Puis-je payer en plusieurs fois?** 쀠 쥬 뻬이예 앙 쁠뤼지외르 프와?
3개월 할부로 하겠습니다.	**Je voudrais payer par échelonnement sur 3[trois] mois.** 쥬 부드레 뻬이예 빠르 에슐론느망 쒸르 트르와 므와
몸이 안 좋은데 약을 좀 주 십시오.	**Je ne me sens pas bien. Pouvez-vous m'apporter un médicament, s'il vous plaît?** 쥬 느 므 쌍 빠 비엥. 뿌베 부 마뽀르떼 엉 메디까망, 씰 부 쁠레?
비행기 멀미약/두통약 좀 주 십시오.	**Un médicament contre le mal de l'air/le mal de tête, s'il vous plaît.** 엉 메디까망 꽁트르 르 말 드 레르/르 말 드 떼뜨, 씰 부 쁠레
구역질이 납니다.	**J'ai la nausée.** 줴 라 노제

구토봉지는 좌석 주머니에 있습니다.	**Vous trouverez un sachet hygiénique dans la poche du siège.** 부 투르브레 엉 싸쉐 이지예니끄 당 라 뽀쓔 뒤 씨에쥬
화장실문에 붙어 있는 표시	**Libre** (*비어 있음) 리브르 **Occupé** (*사용 중) 오뀌뻬
입국카드는 어떻게 작성합니 까?	**Comment remplir la carte de débarquement?** 꼬망 랑쁠리르 라 까르뜨 드 데바르끄망?
메모지와 펜을 좀 주십시오.	**Du papier et un stylo, s'il vous plaît.** 뒤 빠삐예 에 엉 스띨로, 씰 부 쁠레
시계를 현지 시간에 맞추십 시오.	**Mettez votre montre à l'heure locale.** 메떼 보트르 몽트르 알 뢰르 로깔르
기내에 잊어버린 물건이 없 도록 잘 살펴보십시오.	**N'oubliez pas vos bagages dans la cabine.** 누불리예 빠 보 바가쥬 당 라 까빈느

중간기착지에서 잠시 내릴 때

| 중간기착[경유]하시는 승객
들은 공항 내에 머물러 주시
기 바랍니다. | **Les passagers en transit sont
priés de rester à l'aéroport.**
레 빠싸줴 앙 트랑지뜨 쏭 프리예 드 레스떼 알 라에
로뽀르 |
| 얼마 동안이나 기항합니까? | **Combien de temp dure l'escale?**
꽁비엥 드 땅 뒤르 레스깔르? |

이 공항에서 얼마 동안 기항하게 되나요?	**Combien de temps est-ce qu'on fait escale à cet aéroport?** 꽁비엥 드 땅 에 스 꽁 훼 떼스깔 라 쎄 따에로뽀르?
출발은 몇 시입니까?	**À quelle heure est le départ?** 아 껠 뢰르 엘 르 데빠르?
짐들은 두고 가도 됩니까?	**Puis-je laisser mes bagages ici?** 쀠 쥴 레쎄 메 바가쥬 이씨?
그런데, 귀중품은 가지고 가십시오.	**Mais, gardez vos objets de valeur avec vous.** 메, 가르데 보 조브줴 드 발뢰르 아베끄 부
면세점을 이용할 수 있습니까?	**Puis-je faire des acahts au magasin hors taxe/à la boutique hors taxe?** 쀠 쥬 훼르 데 자샤 오 마가젱 오르 딱쓰/알 라 부띠끄 오르 딱쓰?

중간에 다른 비행기로 갈아탈 때

저는 비행기를 갈아타야 합니다.	**Je dois changer d'avion.** 쥬 드와 샹줴 다비옹
저는 비행기를 어디에서 갈아타야 하나요?	**Où dois-je aller pour la correspondance?** 우 드와 쥬 알레 뿌르 라 꼬레스뽕당쓰? **Où est-ce je change d'avion?** 우 에 스 끄 쥬 샹쥬 다비옹?
환승카운터는 어디입니까?	**Où est le comptoir d'escale?** 우 엘 르 꽁뜨와르 데스깔르?
제 짐들을 어디에서 체크인 해야 합니까?	**Où dois-je enregistrer mes bagages?** 우 드와 쥬 앙르지스트레 메 바가쥬?

체크인 된 제 짐들은 어떻게
해야 합니까?

**Que dois-je faire avec mes
bagages enregistrés?**
끄 드와 쥬 훼르 아베끄 메 바가쥬 앙르지스트레?

자동적으로 연결편에 옮겨집
니다.

**Ils seront automatiquement
transeférés à la correspondance.**
일 쓰롱 또또마띠끄망 트랑스훼레 아 라 꼬레스뽕당쓰

비행기를 놓쳐버렸습니다.

J'ai raté[manqué] mon avion.
줴 라떼[망께] 몽 나비용

어떻게 해야 하나요?

Que puis-je faire?
끄 쀠 쥬 훼르?

해당 항공사 카운터에 가보
세요.

**Vous devez aller au comptoir
(d'enregistrement des bagages)
de votre compagnie aérienne.**
부 드베 잘레 오 꽁뜨와르 (당르지스트르망 데 바가쥬)
드 보트르 꽁빠니 아에리엔느

● 입국심사

*실제적으론 매우 간략화되어 거의 형식적 절차만을 거칠 뿐이므로 참고로 알아둘 것.

여권 보여주십시오.

Votre passeport, s'il vous plaît.
보트르 빠쓰뽀르, 씰 부 쁠레

여기 있습니다.

Voilà.
브왈라

Voici mon passeport.
브와씨 몽 빠쓰뽀르

당신의 방문/여행 목적은 무
엇입니까?

**Quel est le but de votre visite/
voyage?**
껠 렐 르 뷔 드 보트르 비지뜨/브와이야쥬?

관광/업무 목적(으로 왔습니다).	**(Je viens pour) Tourisme/Affaires.** (쥬 비엥 푸르) 뚜리씀므/아페르
업무상 출장 중입니까, 관광 여행입니까?	**C'est un voyage d'affaires ou de tourisme?** 쎄 떵 브와이야쥬 다페르 우 드 뚜리씀므
관광 여행입니다[여행자입니다].	**Je suis touriste.** 쥬 쒸이 뚜리스뜨
휴가/업무상 출장 중입니다.	**Je suis en vacances/en voyage d'affaires.** 쥬 쒸이 장 바깡쓰/장 브와이야쥬 다페르
일행이 있으십니까?	**Faites-vous partie d'un groupe?** 훼뜨 부 빠르띠 덩 그루쁘?
아니오, 혼자 여행 중입니다.	**Non, je voyage seul.** 농, 쥬 브와이야쥬 쐴
이 나라에는 처음 방문하시는 겁니까?	**C'est votre première visite?** 쎄 보트르 프르미예르 비지뜨?
네.	**Oui.** 위
프랑스에 얼마 동안 체류할 예정입니까?	**Combien de temps comptez-vous rester en France?** 꽁비엥 드 땅 꽁떼 부 레스떼 앙 프랑쓰?
여기에 며칠 동안 체류할 겁니까?	**Combien de jours allez-vous séjourner ici?** 꽁비엥 드 쥬르 잘레 부 쎄쥬흐네 이씨?
아직 모르겠습니다.	**Je ne sais pas encore.** 쥬 느 쎄 빠 장꼬르
3일/며칠/한 주/한 달 체류할 예정입니다.	**Je resterai trois jours/quelques jours/une semaine/un mois.** 쥬 레스트레 트르와 쥬르/껠끄 쥬르/윈느 스멘느/엉 므와

머물지 않습니다. 통과여객
입니다. 오늘 밤 비행기로
제네바에 갑니다.

**Je ne reste pas. Je suis de
passage. Je prends un vol pour
Genève ce soir.**
쥬 느 레스트 빠. 쥬 쒸이 드 빠싸쥬. 쥬 프랑 엉 볼
뿌르 쥬네브 쓰 쓰와르

프랑스에서의 주소는 어떻게
됩니까?

**Quelle est votre adresse en
France?**
껠 레 보트르 아드레쓰 앙 프랑쓰?

어디에 머물 예정입니까?

Où séjournerez-vous?
우 쎄쥬흐느레 부?

… 호텔에 묵습니다.

À l' Hôtel ….
알 로뗄 …

제 친구(남자/여자) 집에 묵
습니다.

Je reste chez un(e) ami(e) à moi.
쥬 레스뜨 쉐 정(쥔) 나미(으) 아 므와

제 친척들 집에 묵습니다.

**Je reste chez mes cousins[mes
parents].**
쥬 레스트 쉐 메 꾸젱[메 빠랑]

저는 서울 발 …번 비행기편
으로 도착했습니다.

**Je suis arrivé(e) par le vol No. …
en provenance de Séoul.**
쥬 쒸이 자리베 빠르 르 볼 뉘메로 … 앙 프로브낭쓰
드 쎄울

귀국항공권은 있습니까?

**Avez-vous un billet (d' avion) de
retour?**
아베 부 정 비이예 (다비옹) 드 르뚜르?

예, 여기 있습니다.

Oui, voilà.
위, 브왈라

Oui, le voici.
위 르 브와씨

좋습니다[됐습니다]. 통과하
십쇼.

Très bien. Vous pouvez passer.
트레 비엥. 부 뿌베 빠쎄

63

잘 지내며 좋은 여행하시길!	**Bon séjour!** 봉 쎄쥬흐!
감사합니다.	**Merci.** 메르씨

수하물 찾기

수하물은 어디에서 찾습니까?	**Où puis-je récupérer mes bagages?** 우 쀠 쥬 레뀌뻬레 메 바가쥬? **Où peut-on prendre ses bagages?** 우 쀠 똥 프랑드르 쎄 바가쥬? **Où est-ce qu'on reprend des bagages?** 우 에 스 꽁 흐프랑 데 바가쥬?
짐수레는 어디에 있습니까?	**Où sont les chariots (à bagages)?** 우 쏭 레 샤리오 (자 바가쥬)?
짐수레가 하나 있으면 좋겠습니다.	**Je voudrais un chariot (à bagages).** 쥬 부드레 정 샤리오 (아 바가쥬)
제 짐을/짐들을 찾을 수가 없습니다.	**Je ne trouve pas mon bagage/ mes bagages.** 쥬 느 트루브 빠 몽 바가쥬/메 바가쥬
제 짐을/짐들을 분실했습니다.	**J'ai perdu mon bagage/mes bagages.** 줴 뻬흐뒤 몽 바가쥬/메 바가쥬
어디에서 클레임을 해야 합니까?	**Où dois-je m'adresser pour la réclamation?** 우 드와 쥬 마드레쎄 푸르 라 레끌라마씨옹?

어느 비행기를 타셨습니까?

Quel vol avez-vous pris?
껠 볼 아베 부 프리?

에어 프랑스 028편입니다.

Air France No. 028.
에어 프랑쓰 뉘메로 제로 되 위뜨

에어 프랑스 카운터는 어디
에 있습니까?

Où est le comptoire d' Air France?
우 엘 르 꽁뜨와르 데어 프랑쓰?

수하물 탁송증을 가지고 계
십니까?

Avez-vous votre bulletin de bagages[étiquette de bagages]?
아베 부 보트르 뷜르떵 드 바가쥬[에띠께뜨 드 바가쥬]?

네, 여기 있습니다.

Oui, le voici.
위 르 브와씨

제 수하물들 상환증들이 여
기 있습니다.

Voici les talons d' identification de mes bagages.
브와씨 레 딸롱 디당띠피까씨용 드 메 바가쥬

영어/한국어를 말할 줄 아는
분을 불러 주시겠습니까?

Pourriez-vous m' appeler quelqu' un qui parle anglais/coréen?
뿌리예 부 마쁠레 껠껑 끼 빠흘르 앙글레/꼬레엥?

당장 좀 확인해주시겠습니까?

Pourriez-vous vérifier tout de suite, s' il vous plaît?
뿌리예 부 베리피예 뚜 드 쉬이뜨, 씰 부 쁠레?

큰 가죽 여행 가방이고, 제
명찰이 붙어 있습니다. 검정
색 가방입니다.

C' est une grande valise de cuir, avec une étiquette à mon nom. C' est une valise noire.
쎄 뛴느 그랑드 발리즈 드 뀌르, 아벡 뀐 네디껫 따 몽 농. 쎄 뛴느 발리즈 느와르

짙은 초록색 보스턴백입니다.
(*바닥은 직사각형이고 위는 둥
그스름하며 가운데가 불룩하게
나온 여행용 손가방)

C' est un petit sac en voyage vert foncé.
쎄 떵 쁘띠 싹 깡 브와이아쥬 베르 퐁쎄

이 용지에 기입해 주십시오.	**Remplissez ce papier, s'il vous plaît.** 랑쁠리쎄 쓰 빠삐예, 씰 부 쁠레
짐을 찾으면 어떻게 연락드리면 됩니까?	**Comment pourrons-nous prendre contact avec vous quand votre bagage est retrouvé?** 꼬망 뿌롱 누 프랑드르 꽁딱 따베끄 부 깡 보트르 바가쥬 에 르트루베?
… 호텔에 묵을 예정입니다.	**Je serai à l'Hôtel ….** 쥬 쓰레 알 로뗄 …
제가 묵을 호텔은 여기입니다. (*호텔 주소를 적은 메모를 건네며)	**Mon hôtel est ici.** 몽 노뗄 에 띠씨
짐을 찾으면 어디로 보내드릴까요?	**Où enverrons-nous votre bagage, si nous le retrouvons?** 우 앙베롱 누 보트르 바가쥬, 씨 눌 르 르트루봉?
찾는 대로 호텔로 가져다주시겠습니까?	**Voudriez-vous me l'apporter à mon hôtel dès que vous l'aurez trouvé?** 부르디예 부 므 라 뽀르떼 아 몽 노뗄 데 끄 불 로레 트루베?
제네바로 보내주십시오.	**À Genève, s'il vous plaît.** 아 쥬네브, 씰 부 쁠레
이것이 제 주소입니다.	**Voilà mon adresse.** 브왈라 몽 나드레쓰
언제 파리를 떠날 예정이십니까?	**Quand est-ce que vous quittez Paris?** 깡 떼 스 끄 부 끼떼 빠리?
7월 28일입니다.	**Le 28[vingt-huit] juillet.** 르 벵뜨 위뜨 쥬이예

오늘 밤 지내는데 필요한 물건을 구입하려고 합니다. 그 대금을 환불받을 수 있습니까?

Je vais acheter ce dont j'ai besoin pour la nuit. Je serai remboursé (e)?

쥬 베 자슈떼 스 동 줴 브즈웽 뿌르 라 뉘이. 쥬 쓰레 랑부르쎄?

● **세관검사**

*실제적으론 매우 간략화되어 거의 형식적 절차만을 거칠 뿐이므로 참고로 알아둘 것.

여권과 세관 신고서를 보여 주십시오.

Votre passeport et votre déclaration pour la douane, s'il vous plaît.

보트르 빠쓰뽀르 에 보트르 데끌라라씨용 뿌르 라 드완느, 씰 부 쁠레

증빙서류들을 보여주십시오.

Montrez-moi vos papiers.

몽트레 므와 보 빠삐예

신고하실 물품이 있습니까?

Avez-vous quelque chose à déclarer?

아베 부 껠끄 쇼즈 아 데끌라레?

아니요, 없습니다.

Non, rien.

농, 리엥

Non, je n'ai rien à déclarer.

농, 쥬 네 리엥 아 데끌라레

주류나 담배를 소지하셨습니까?

Avez-vous de l'alcool ou des cigarettes?

아베 부 들 랄꼴 우 데 씨가레뜨?

네, 위스키 한 병/담배 10갑을 소지하고 있습니다.

Oui, j'ai une bouteille de whisky /une cartouche de cigarettes.

위, 줴 윈느 부떼이으 드 위스끼/윈느 까르뚜슈 드 씨가레뜨

돈은 얼마나 가지고 계십니까?	**Combien d'argent avez-vous?** 꽁비엥 다르좡 따베 부?
2000 유로 있습니다.	**J'ai 2000 [deux mille] euros.** 줴 되 밀 뢰로
그 가방을 열어주십시오.	**Ouvrez ce sac-là, s'il vous plaît.** 우브레 쓰 싹끄 라, 씰 부 쁠레
알겠습니다.	**Très bien.** 트레 비엥 (*좋습니다. 그렇게 하지요.) **Pas de problème.** 빠 드 프로블렘므 (*어려울 것 없습니다.)
이것은 무엇입니까?	**Qu'est-ce que c'est?** 께 스 끄 쎄?
개인용품입니다.	**C'est pour mon usage personnel.** 쎄 뿌르 몽 뉘자쥬 뻬르쏘넬 **Ce sont mes objets personnels.** 쓰 쏭 메 조브제 뻬르쏘넬 **Ce sont mes effets personnels.** 쓰 쏭 메 제풰 뻬르쏘넬 (*의류, 옷가지)
친구들에게 줄 선물입니다.	**Ce sont des cadeaux pour mes amis.** 쓰 쏭 데 까도 뿌르 메 자미
그것들은 한국에서는 어느 정도 값이 나갑니까?	**Combien valent-ils en Corée du Sud?** 꽁비엥 발르 띨 앙 꼬레 뒤 쒸드?
약 20,000원입니다.	**À peu près [Environ] 2,0000 [vingt mille] wons.** 아 쀠 프레 [앙비롱] 벵 밀 원
이 물품에 대해 관세가 있습니까?	**Y a-t-il des droits de douane sur cet article?** 이 아 띨 데 드르와 드 드완느 쒸르 쎄 따르띠끌르?

아니오, 없습니다.

Non, il n'y en a pas.
농 일 니 앙 나 빠

이 비닐 봉투엔 무엇이 들어 있습니까?

Qu'est-ce qu'il y a dans ce sac (en) plastique?
께 스 낄 리 야 당 쓰 싹끄 (앙) 쁠라스띠끄?

바나나입니다.

C'est une banane.
세 뛴느 바난느

과일을 가지고 입국할 수 없습니다.

Vous ne pouvez pas entrer avec des fruits ici.
부 느 뿌베 빠 장트레 아베끄 데 프뤼 이씨

그렇습니까? 몰랐습니다.

Vraiment? Je ne savais pas.
브레망? 쥬 느 싸베 빠

다른 짐들이 있습니까?

Avez-vous d'autres bagages?
아베 부 도트르 바가쥬?

아니오, (다른 짐들이) 없습니다.

Non, je n'en ai pas.
농, 쥬 낭 네 빠

즐거운 여행 되십시오!

Bon voyage!
봉 브와이야쥬!

감사합니다.

Merci.
메르씨

환 전

가장 가까운 환전소/은행은 어디에 있습니까?

Où est le bureau de change le plus proche/la banque la plus proche?
우 엘 르 뷔로 드 샹쥬 르 쁠뤼 프로쓔/라 방끄 라 쁠뤼 프로쓔?

은행은 몇 시부터 몇 시까지 문을 엽니까?	**À quelle heure ouvrent et ferment les banques?** 아 껠르 뢰르 우브르 에 훼름므 레 방끄?
일요일/주말에 문 여는 은행이 있습니까?	**Y a-t-il une banque ouverte le dimanche/le week-end?** 이 아 띨 윈느 방끄 우베르뜨 르 디망슈/르 위껜드?
달러를 바꾸고 싶습니다.	**Je voudrais changer des dollars.** 쥬 부드레 샹줴 데 돌라르
(오늘) 환율이 얼마입니까?	**Quel est le taux de change (aujourd'hui)?** 껠 렐 르 또 드 샹쥬 (오쥬르뒤이)?
수수료는 얼마입니까?	**Combien est la commission?** 꽁비엥 엘 라 꼬미씨용? **À combien s'élève la commission?** 아 꽁비엥 쎌레브 라 꼬미씨용?
어떤 수수료를 받으시나요?	**Quelle commission prenez-vous?** 껠르 꼬미씨용 프르네 부?
여행자 수표를 취급합니까?	**Acceptez-vous les chèques de voyage?** 악쎕떼 불 레 쉐끄 드 브와이야쥬?
이 여행자 수표를/수표들을 현금으로 바꾸고 싶습니다.	**Je voudrais encaisser ce chèque /ces chèques de voyage.** 쥬 부드레 장께쎄 쓰 쉐끄/쎄 쉐끄 드 브와이야쥬
이 여행자 수표를/수표들을 바꿔 주실 수 있습니까?	**Pourriez-vous me changer ce chèque/ces chèques de voyage?** 뿌리예 부 므 샹줴 쓰 쉐끄/쎄 쉐끄 드 브와이야쥬?
20달러는 몇 유로입니까?	**Combien d'euros font 20[vingt] dollars?** 꽁비엥 되로 퐁 벵 돌라르?

이것을 유로로 바꿔주시겠습니까?

Pourriez-vous changer ceci en euros?
뿌리예 부 샹줴 쓰씨 앙 뇌로?

50달러 환전하겠습니다.

50[cinquante] dollars, s'il vous plaît.
쎙깡뜨 돌라르, 씰 부 쁠레

20유로짜리 지폐 2장으로 주십시오.

Je voudrais 2[deux] billets de 20[vingt] euros.
쥬 부드레 되 비이예 드 벵 뙤로

일부는 잔돈으로 환전해 주십시오.

Je voudrais une partie en petite monnaie.
쥬 부드레 쥔느 빠르띠 앙 쁘띠뜨 모네

잔돈도 함께 주십시오.

Donnez-moi aussi de la petite monnaie, s'il vous plaît.
돈네 므와 오씨 들 라 쁘띠뜨 모네, 씰 부 쁠레

계산이 틀린 것 아닙니까?

N'y a-t-il pas une erreur dans les comptes?
니 아 띨 빠 윈 네뢰르 당 레 꽁뜨?

계산이 잘못 되었습니다. 전혀 충분치 않습니다!

Ça ne correspond pas au calcul. Pas suffisant du tout!
싸 느 꼬레스뽕 빠 오 깔뀔. 빠 쒸피장 뒤 뚜!

계산서를 주십시오.

Donnez-moi la facture, s'il vous plaît.
돈네 므와 라 확뛰르, 씰 부 쁠레

돈을 좀 바꿔주시겠습니까?

Pourriez-vous me changer de l'argent?
뿌리예 부 므 샹줴 들 라르쟝?

20유로짜리 지폐가 하나 있습니다. 10유로짜리 지폐 2

J'ai un billet de 20[vingt] euros. Pourriez-vous me donner

71

장으로 주시겠습니까?	**2[deux] billets de 10[dix] euros?**
	쮀 엉 비이예 드 벵 뜨로. 뿌리예 부 므 돈네 되 비이예 드 디 쬐로?
이것을 잔돈으로 바꿔주십시오. (*지폐를 건네주면서)	**Faites-moi de la monnaie, s'il vous plaît.**
	훼뜨 므와 들 라 모네, 씰 부 쁠레
	Donnez-moi de la petite monnaie, s'il vous plaît.
	돈네 므와 들 라 쁘띠뜨 모네, 씰 부 쁠레
	Changez ceci en petite monnaie, s'il vous plaît.
	샹쮀 쓰씨 앙 쁘띠뜨 모네, 씰 부 쁠레
이 10유로짜리 지폐를 동전으로 바꿔 주시겠습니까?	**Pourriez-vous me donner de la monnaie pour ce billet de 10[dix] euros?**
	뿌리예 부 므 돈네 들 라 모네 뿌르 쓰 비이예 드 디 쬐로?
1유로짜리 동전 10개로 바꿔 주십시오. (*바로 위 문장과 연결된 내용)	**Donnez-moi avec 10[dix] pièces à un euro, s'il vous plaît.**
	돈네 므와 아베끄 디 삐예쓰 아 엉 뇌로, 씰 부 쁠레
2유로짜리 동전 3개와 나머지는 1유로짜리로 주십시오.	**3[Trois] pièces de 2[deux] euros et le reste, en pièces d'un euro, s'il vous plaît.**
	트르와 삐예쓰 드 되 쬐로 엘 르 레스뜨, 앙 삐예쓰 덩 뇌로, 씰 부 쁠레

 공항 안내소

| 관광안내소/예약사무소/택시정류장/RER역/리무진버스 승차장/셔틀버스 승차장은 | **Où est le bureau d'information touristique/le bureau de réservation/la station de taxi/la** |

어디에 있습니까?	**gare du RER/l'arrêt d'autocar/ l'arrêt de bus navette?** 우 엘 르 뷔로 뎅포르마씨용 뚜리스띠끄/르 뷔로 드 레제르바씨용/라 스따씨용 드 딱씨/라 가르 뒤 에르으 에르/라레 도또까르/라레 드 뷔쓰 나베뜨?
시내 지도 있습니까?	**Avez-vous un plan de ville?** 아베 부 정 쁠랑 드 빌르?
파리 지도를 하나 얻을 수 있을까요?	**Puis-je avoir un plan de Paris?** 쀠 쥬 아브와르 엉 쁠랑 드 빠리?
호텔 안내책자[호텔 리스트] 있습니까?	**Avez-vous un guide des hôtels [une liste des hôtels]?** 아베 부 정 기드 데 조뗄[왼느 리스뜨 데 조뗄]?
호텔 안내 좀 부탁드립니다.	**Des informations pour des hôtels, s'il vous plaît.** 데 젱포르마씨용 뿌르 데 조뗄, 씰 부 쁠레
시내 중심가/역 근처/공항 근처에 있는 호텔들을 소개 해주시겠습니까?	**Voulez-vous me dire quelques hôtels dans le centre ville/près de la gare/près de l'aéroport?** 불레 부 므 디르 껠끄 조뗄 당 르 쌍트르 빌르/프레 들 라 가르/프레 들 라에로뽀르?
시내 중심가/역/공항에서 멀 어도 싼 호텔들을 가르쳐주 시겠습니까?	**Voulez-vous me recommander quelques hôtels pas chers même si c'est loin du centre ville/de la gare/de l'aéroport?** 불레 부 므 르꼬망데 껠끄 조뗄 빠 쉐르 멤므 씨 쎄 르웽 뒤 쌍트르 빌르/들 라 가르/들 라에로뽀르?
싸고 깨끗한 호텔들을 소개 해주시겠습니까?	**Voulez-vous me dire quelques hôtels pas chers et bien propres?** 불레 부 므 디르 껠끄 조뗄 빠 쉐르 에 비엥 프로프르?
너무 비싸지 않은 호텔을 하 나 찾고 있습니다.	**Je cherche un hôtel pas trop cher.** 쥬 쉐르슈 엉 오뗄 빠 트로 쉐르

1박에 50유로 이하인 호텔들이 있습니까?

Y a-t-il des hôtels à moins de 50 [cinquante] euros la nuit?
이 아 띨 데 조뗄 아 므웽 드 쌩깡 뙤로 라 뉘이?

그건 제게 좀 비싸군요.

C'est un peu cher pour moi.
쎄 떵 뾔 쉐르 뿌르 므와

더 싼 호텔들은 없습니까?

N'y a-t-il pas des hôtels moins chers?
니 아 띨 빠 데 조뗄 므웽 쉐르?

젊은 여성 혼자서도 안심하고 묵을 수 있는 호텔들을 소개해주시겠습니까?

Voulez-vous me recommander quelques hôtels de bonne sécurité pour une jeune fille?
불레 부 므 르꼬망데 껠끄 조뗄 드 본느 쎄뀌리떼 뿌르 윈느 쥔느 피이으?

배낭여행자들을 위한 숙박업소들이 있습니까?

Y a-t-il des logements pour les voyageurs en sac à dos?
이 아 띨 데 로쥬망 뿌르 레 브와이야죄르 앙 싹 까 도?

학생용 싼 호텔들을 소개해주시겠습니까?

Pourriez-vous me dire quelques hôtels pas chers pour les étudiants?
뿌리예 부 므 디르 껠끄 조뗄 빠 쉐르 뿌르 레 제뛰디양?

이곳에 유스호스텔/도미토리형 싼 호텔이 있습니까? (*지도상에 한 지점을 가리키며)

Y a-t-il une auberge de jeunesse /des dortoirs ici?
이 아 띨 윈 노베르쥬 드 죄네쓰/데 도르뜨와르 이씨?

그 유스호스텔은 이 시기에 개장해 있습니까?

L'auberge de jeunesse est-elle ouverte à cette époque de l'année?
로베르쥬 드 죄네쓰 에 뗄 우베르뜨 아 쎄 떼뽀끄 들 란네?

오늘밤 제가 그 유스호스텔

Pensez-vous que je puisse avoir

에 묵을 수 있을 것 같습니까?

un lit à l'auberge de jeunesse ce soir?

빵쎄 부 끄 쥬 쀠쓰 아브와르 엉 리 알 로베르쥬 드 죄네쓰 쓰 쓰와르?

파리국제학생기숙사촌에 제가 임시입주자 자격으로 묵을 수 있을 것 같습니까?

Croyez-vous que je puisse avoir un lit[une chambre] à la Cité Internationale Universitaire de Paris comme passager(ère)?

크르와이예 부 끄 쥬 쀠쓰 아브와르 엉 리[윈느 샹브르] 알 라 씨떼 엥떼르나씨요날르 위니베르씨떼르 드 빠리 꼼므 빠싸줴(르)?

어디에서 호텔 객실을 하나 예약할 수 있습니까?

Où peut-on réserver une chambre d'hôtel?

우 쀠 통 레제르베 윈느 샹브르 도뗄?

여기에서 호텔 객실을 하나 예약할 수 있습니까?

Peut-on réserver une chambre d'hôtel d'ici?

쀠 똥 레제르베 윈느 샹브르 도뗄 디씨?

오늘 밤에 묵을 호텔 객실을 하나 예약하고 싶습니다.

Je voudrais réserver une chambre d'hôtel pour ce soir.

쥬 부드레 레제르베 윈느 샹브르 도뗄 뿌르 쓰 쓰와르

일인실

une chambre pour une personne

윈느 샹브르 뿌르 윈느 뻬르쏜느

이인실

une chambre pour deux personnes [une chambre à deux lits]

윈느 샹브르 뿌르 되 뻬르쏜느[윈느 샹브르 아 되 리]

트윈베드 객실

une chambre avec des lits jumeaux

윈느 샹브르 아베끄 데 리 쥐모

더블베드 객실

une chambre avec un grand lit

윈느 샹브르 아벡 껑 그랑 리

(너무 비싸지 않은) 시내 중심가 호텔 객실을 하나 예약해 주세요.	**Reservez-moi une chambre (pas trop chère) dans un hôtel du centre ville.** 레제르베 므와 윈느 샹브르 (빠 트로 쉐르) 당 정 노뗄 뒤 쌍트르 빌르
(시내 중심가/역 근처/공항 근처)에 있는 호텔 객실을 하나 예약해 주시겠습니까?	**Pourriez-vous me réserver une chambre dans un hôtel (dans le centre ville/près de la gare/près de l'aéroport)?** 뿌리예 부 므 레제르베 윈느 샹브르 당 정 노뗄 (당 르 쌍트르 빌르/프레 들 라 가르/프레 들 라에로뽀르)?
이 호텔에 얼마 동안 투숙하실 겁니까? (*상대가 묻는 말)	**Combien de temps restez-vous à cet hôtel?** 꽁비엥 드 땅 레스떼 부 아 쎄 또뗄?
2박하고 싶습니다.	**Je voudrais rester 2[deux] nuits.** 쥬 부드레 레스떼 되 뉘이
요금은 이곳에서 지불합니까?	**Est-ce qu'on paie ici?** 에스 꽁 뻬 이씨?
수수료는 얼마입니까?	**Combien est la commission?** 꽁비엥 엘 라 꼬미씨용?
… 호텔로 가는 길을 알려주시겠습니까?	**Pourriez-vous m'indiquez le chemin pour l'Hôtel …?** 뿌리예 부 멩디께 르 슈멩 뿌르 로뗄 …?
그 유스호스텔로 가는 길이 어떻게 되나요?	**Quel est le chemin pour l'auberge de jeunesse?** 껠 렐 르 슈멩 뿌르 로베르쥬 드 죄네쓰?
파리국제학생기숙사촌에 어떻게 갑니까?	**Comment va-t-on à la Cité Internationale Universitaire de Paris?** 꼬망 바 똥 알 라 씨떼 엥떼르나씨요날르 위니베르씨떼로 드 빠리?

이 호텔까지 어떻게 갑니까?	**Comment peut-on se rendre à cet hôtel?** 꼬망 뿨 똥 스 랑드르 아 쎄 또뗄?
이 호텔까지 택시로 가려면 시간이 얼마나 걸립니까?	**Combien de temps faut-il pour aller en taxi jusqu'à cet hôtel?** 꽁비영 드 땅 포 띨 뿌르 알레 앙 딱씨 쥐스까 쎄 또뗄?
시내 중심가까지 (대략) 얼마입니까? (*택시에 대해 이야기 하다가 요금을 물어볼 때)	**Combien (à peu près) jusqu'au centre ville?** 꽁비영 (아 뾔 프레) 쥐스꼬 쌍트르 빌르? **Quel est le tarif pour le centre ville?** 껠 렐 르 따리프 뿌르 르 쌍트르 빌르? **Combien ça coûte pour aller au centre ville?** 꽁비영 싸 꾸뜨 뿌르 알레 오 쌍트르 빌르?
시내 중심가까지 택시요금은 얼마 정도입니까?	**Combien coûte le taxi pour aller au centre ville?** 꽁비영 꾸뜨 르 딱씨 뿌르 알레 오 쌍트르 빌르?
어디에서 시내 중심가로 가는 RER를 탈 수 있습니까?	**Où puis-je prendre le RER pour aller en centre ville?** 우 뿨 쥬 프랑드르 르 에르으에르 뿌르 알레 앙 쌍트르 빌르?
시내 중심가로 가는 버스가 있습니까?	**Y a-t-il un autobus pour aller en centre ville?** 이 아 띨 엉 노또뷔쓰 뿌르 알레 앙 쌍트르 빌르?
어디에서 시내 중심가로 가는 버스를 탈 수 있습니까?	**Où prend-on l'autobus pour aller en centre ville?** 우 프랑 똥 로또뷔쓰 뿌르 알레 앙 쌍트르 빌르?
시내 중심가까지 가는 가장 편리한 교통편은 무엇입니까?	**Quel est le transport le plus commode pour aller au centre ville?** 껠 렐 르 트랑스뽀르 르 쁠뤼 꼬모드 뿌르 알레 오 쌍트르 빌르?

리무진버스를 이용하십시오. 저렴합니다.	**Je vous conseille de prendre l'autocar. Ce n'est pas cher.**
	쥬 부 꽁쎄이으 드 프랑드르 로또까르. 쓰 네 빠 쉐르
그게 좋겠군요. 감사합니다.	**Très bien. Merci.**
	트레 비엥. 메르씨
··· 호텔에 가는 리무진버스/ 셔틀버스를 어디에서 탈 수 있습니까?	**Où puis-je prendre l'autocar/le bus navette qui va à l'Hôtel ···?**
	우 쀠 쥬 프랑드르 로또까르/르 뷔쓰 나베뜨 끼 바 알 로뗄 ···?
포터를 찾고 있습니다.	**Je cherche un porteur.**
	쥬 쉐르슈 엉 뽀르뙤르
포터 한 사람 불러 주시겠습 니까?	**Puis-je avoir un porteur?**
	쀠 쥬 아브와르 엉 뽀르뙤르?
	Je voudrai un porteur.
	쥬 부드레 엉 뽀르뙤르
제 짐들을 택시 정류장/리무 진버스 승차장까지 옮겨주십 시오.	**Portez mes bagages jusqu'à la station de taxi/jusqu'à l'arrêt d'autocar, s'il vous plaît.**
	뽀르떼 메 바가쥬 쥐스깔 라 스따씨용 드 딱씨/쥐스깔 라레 도또까르, 씰 부 쁠레
짐이 몇 개입니까? (*포터가 묻는 말)	**Combien de bagages avez-vous?**
	꽁비엥 드 바가쥬 아베 부?
전부 4개입니다.	**Quatre en tout.**
	까트르 앙 뚜
짐이 하나 모자랍니다.	**Il manque un bagage.**
	일 망끄 엉 바가쥬
제 짐들을 트렁크에 넣어주 십시오.	**Mettez mes bagages dans le coffre, s'il vous plaît.**
	메떼 메 바가쥬 당 르 꼬프르, 씰 부 쁠레

얼마입니까? (*포터에게 묻는 말)	C'est combien? 쎄 꽁비엥?
여기 있습니다. 거스름돈은 가지세요.	Combien est-ce que je vous dois? 꽁비엥 에 스 끄 쥬 부 드와? Voilà. Gardez la monnaie. 브왈라. 가르데 라 모네
공항터미널	aérogare(f.) 아에로가르

● 공항에서 시내로

[택시]

빈차 (*택시에 표시된 신호)	Inoccupé 이노뀌뻬
어디로 가십니까? (*택시기사 의 질문)	Où allez-vous? 우 알레 부?
···, 부탁합니다. (*호텔 · 역 · 공항 등 목적지명이나 주소를 넣어 말하면 됨)	···, s'il vous plaît. ···, 씰 부 쁠레
··· 호텔로/시내 중심가로/··· 공항으로/··· 역으로 갑시다.	À l'Hôtel ···/Au centre ville/À l' aéroport ···/À la gare ···, s'il vous plaît. 알 로뗄 ···/오 쌍트르 빌르/알 라에로뽀르 ···/알 라 가르 ···, 씰 부 쁠레
이곳으로 갑시다. (*주소를 보 여주며)	Ici, s'il vous plaît. 이씨, 씰 부 쁠레 Je veux me rendre à cet endroit. 쥬 뵈 므 랑드르 아 쎄 땅드르와 Je voudrais aller à cette adresse. 쥬 부드레 잘레 아 쎄 따드레쓰

…까지 (대략) 얼마입니까?

Combien (à peu pres) jusqu'à …?
꽁비엥 (아 뾔 프레) 쥐스까 …?

Quel est le tarif pour …?
껠 렐 르 따리프 뿌르 …?

Combien ça coute pour aller à …?
꽁비엥 싸 꾸뜨 뿌르 알레 아 …?

…까지 택시요금은 얼마입니까?

Combien coûte le taxi pour aller à …?
꽁비엥 꾸뜨 르 딱씨 뿌르 알레 아 …?

여기서 세워주십시오.

Arrêtez-vous ici, s'il vous plaît.
아레떼 부 이씨, 씰 부 쁠레

얼마입니까?

Ça fait combien?
싸 훼 꽁비엥?

감사합니다. 거스름돈은 가지세요.

Merci. Vous pouvez garder la monnaie.
메르씨. 브 뿌베 가르데 라 모네

짐들 내리는/싣는 걸 좀 도와주시겠습니까?

Pourriez-vous m'aider à descendre/monter mes bagage?
뿌리에 부 메데 아 데쌍드르/몽떼 메 바가쥬?

짐들 운반하는 걸 좀 도와주시겠습니까?

Pouvez-vous m'aider à porter mes bagages, s'il vous plaît?
뿌베 부 메데 아 뽀르떼 메 바가쥬, 씰 부 쁠레?

[RER · 지하철]

지하철 노선도 있습니까?
(*관광안내소나 RER · 지하철 매표소 등에서)

Avez-vous un plan de métro?
아베 부 정 쁠랑 드 메트로?

지하철 노선도를 하나 얻을 수 있을까요?

Puis-je avoir un plan de métro?
쀠 쥬 아브와르 엉 쁠랑 드 메트로?

… 호텔에 가려면 어느 RER역/지하철역에서 내려야 합니까?

À quelle gare du RER/À quelle station de métro dois-je descendre pour aller à l'Hôtel …?

아 껠르 가르 뒤 에르으에르/아 껠르 스따씨용 드 메트로 드와 쥬 데쌍드르 뿌르 알레 알 로뗄 ···?

···까지 얼마입니까?

(Ça fait) Combien jusqu'à ···?
(싸 훼) 꽁비엥 쥐스까 ···?

Combien ça coute pour aller à ···?
꽁비엥 싸 꾸뜨 뿌르 알레 아 ···?

[공항리무진]

시내 중심가로 가는 리무진 버스는 어느 것입니까?

Quel autocar va au centre ville?
껠 로또까르 바 오 쌍트르 빌르?

리무진버스가 없습니까?

N'y a-t-il pas d'autocar?
니 아 띨 빠 도또까르?

이 리무진버스는 이미 만원 (滿員)입니다.

Cet autocar est déjà occupé.
쎄 또또까르 에 데쟈 오뀌뻬

다음 리무진버스는 금방 옵니까?

Le prochain autocar arrive tout de suite?
르 프로쉥 노또까르 아리브 뚜 드 쒸이뜨?

다른 리무진버스가 왔습니다.

Voici un autre autocar.
브와씨 엉 노트르 오또까르

출발시간은 몇 시입니까?

À quelle heure est le départ?
아 껠 뢰르 엘 르 데빠르?

요금이 얼마입니까?

C'est combien le tarif?
쎄 꽁비엥 르 따리프?

이 리무진버스는 ··· 호텔 앞에 섭니까?

Est-ce que cet autocar s'arrête devant l'Hôtel ···?
에 스 끄 쎄 또또까르 싸레뜨 드방 로뗄 ···?

이 리무진버스는 ···에 갑니까?

Cet autocar va-t-il à ···?
쎄 또또까르 바 띨 아 ···?

···에 도착하면 말씀해주세요.

Dite-moi si on arrive à ···.
디뜨 므와 씨 옹 나리브 아 ···

● 호텔

[체크인]

■ 예약 했을 경우

안녕하세요. (서울에서/공항에서) 예약했습니다. 제 이름은 …입니다.

Bonjour. J'ai fait ma réservation (à Séoul/à l'aéroport). Je m'appelle ….

봉쥬르, 줴 훼 마 레제르바씨용 (아 쎄울/알 라에로뽀르). 쥬 마뼬르 ….

오늘밤 9시경 도착예정입니다. 객실을 준비해 주십시오. (*늦게 도착해도 예약 취소하지 말라고 미리 연락시)

J'arriverai vers 21[vingt et une] heures. Gardez-moi la chambre, s'il vous plaît.

쟈리브레 베르 벵 떼 윈 뇌르. 가르데 므와 라 샹브르, 씰 부 쁠레

이 호텔 프런트가 어디입니까?

Où est la réception de cet hôtel?

우 엘 라 레쎕씨용 드 쎄 또뗄?

안녕하세요. 제 이름은 …입니다. 예약을 했습니다.

Bonjour. Je m'appelle …. J'ai fait la réservation.

봉쥬르. 쥬 마뼬르 …. 줴 훼 라 레제르바씨용

(서울의) … 여행사가 예약을 해줬습니다.

L'agence de voyage … (à Séoul) a fait la réservation.

라죵스 드 브와이야쥬 … (아 쎄울) 아 훼 라 레제르바씨용

공항에서 예약했습니다.	**J'ai réservé à l'aéroport.** 줴 레제르베 알 라에로뽀르
예약한 객실 체크인을 부탁합니다.	**Je voudrais prendre ma chambre, s'il vous plaît.** 쥬 부드레 프랑드르 마 샹브르, 씰 부 쁠레
이것이 예약확인증입니다.	**Voici la confirmation.** 브와씨 라 꽁피르마씨용 **Voici mon bulletin de réservation.** 브와씨 몽 뷜르땡 드 레제르바씨용
잠시만 기다려 주십시오. 서류를 확인해 보겠습니다. (*호텔종업원의 말)	**Un moment, s'il vous plaît. Je vais vérifier nos dossiers.** 엉 모망, 씰 부 쁠레. 쥬 베 베리피예 노 도씨예
저는 분명히 예약했습니다. 제 예약을 다시 한번 확인해 주십시오.	**J'ai bien réservé. Vérifiez ma réservation encore une fois, s'il vous plaît.** 줴 비엥 레제르베. 베리피예 마 레제르바씨용 앙꼬르 윈느 프와, 씰 부 쁠레
저는 일인실/이인실을 하나 예약했습니다.	**J'ai réservé une chambre pour une personne/deux personnes.** 줴 레제르베 윈느 샹브르 뿌르 윈느 뻬르쏜느/되 뻬르쏜느
우리는 객실 두 개를 예약했는데, 하나는 일인실이고 다른 하나는 이인실입니다.	**Nous avons réservé deux chambres: une pour une personne, et l'autre pour deux.** 누 자봉 레제르베 되 샹브르: 윈느 뿌르 윈느 뻬르쏜느, 에 로트르 뿌르 되
트윈베드/더블베드 객실을 하나 예약했습니다.	**J'ai réservé une chambre avec des lits jumeaux/avec un grand lit.** 줴 레제르베 윈느 샹브르 아베끄 데 리 쥐모/아벡 껑 그랑 리

샤워가 있는/욕실이 딸린 객실을 하나 예약했습니다.

J'ai réservé une chambre avec douche/avec salle de bain.
줴 레제르베 윈느 샹브르 아베끄 두쓔/아베끄 쌀르 드 벵

길가/안뜰/바다로 면한 객실을 하나 원합니다.

Je voudrais une chambre qui donne sur la rue/la cour/la mer.
쥬 부드레 쥔느 샹브르 끼 돈느 쒸르 라 뤼/라 꾸르/라 메르

언제 떠나십니까?

Quand partez-vous?
깡 빠르떼 부?

이 호텔에 얼마 동안 투숙하실 겁니까?

Combien de temps restez-vous à cet hôtel?
꽁비엥 드 땅 레스떼 부 아 쎄 또뗄?

2박하고 싶습니다.

(Je voudrais rester) 2[deux] nuits.
(쥬 부드레 레스떼) 되 뉘이

며칠간/일주일간/오늘밤만 머물 것입니다.

Je resterai quelques jours/une semaine/juste cette nuit.
쥬 레스트레 껠끄 쥬르/윈느 스멘느/쥐스뜨 쎄뜨 뉘이

아직 모르겠습니다.

Je ne sais pas encore.
쥬 느 쎄 빠 장꼬르

1박/일주일에 얼마입니까?

Quel est le prix par nuit/semaine?
껠 레 르 프리 빠르 뉘/스멘느?

이 가격엔 아침식사/봉사료/세금 가(이) 포함된 것입니까?

Ce prix comprend-il le petit déjeuner/le service/la taxe?
쓰 프리 꽁프랑 띨 르 쁘띠 데죄네/르 쎄르비쓰/라 딱쓰?

아동 할인요금이 있습니까?

Y a-t-il une réduction pour les enfants?
이 아 띨 윈느 레뒥씨용 뿌르 레 장팡?

이 등록카드에 기입해 주십시오.

Veuillez remplir la fiche d'inscription.
뵈이예 랑쁠리르 라 피쓔 뎅스크립씨용

알겠습니다.

Bien entendu.
비옝 앙땅뒤

여기 사인하십시오.
(*호텔종업원의 말)

Signez ici, s'il vous plaît.
씨니예 이씨, 씰 부 쁠레

여기 당신 객실 열쇠입니다.
…호실입니다.

Voici la clé de votre chambre. C'est la chambre ….
브와씨 라 끌레 드 보트르 샹브르. 쎄 라 샹브르 …

카드 키

carte magnétique(f.)
까르뜨 마니예띠끄

제 객실번호가 무엇입니까?

Quel est le numéro de ma chambre?
껠 레 르 뉘메로 드 마 샹브르?

몇 층입니까?

À quel étage?
아 껠 에따쥬?

6층입니다.

Au cinquième étage.
오 쎙끼엠므 에따쥬

이 귀중품을 보관해주시겠습니까?

Voulez-vous garder ces objets de valeur?
불레 부 가르데 쎄 조브줴 드 발뢰르?

이것을 호텔 안전금고에 맡기고 싶습니다.

Je voudrais déposer ceci dans votre coffre-fort.
쥬 부드레 데뽀제 쓰씨 당 보트르 꼬프르 포르

제 짐들을 올려 보내주시겠습니까? (*짐꾼을 통해)

Pourriez-vous faire monter mes bagages?
뿌리예 부 훼르 몽떼 메 바가쥬?

85

감사합니다. 이것을 받으십시오. (*포터나 보이에게 팁을 건네면서)

Merci. Voici pour vous.
메르씨. 브와씨 뿌르 부

포터는 필요 없습니다.

Je n'ai pas besoin de porteur.
쥬 네 빠 브즈웽 드 뽀르뛰르

■ 예약 안했을 경우

안녕하세요. 이 호텔에 숙박하고 싶습니다.

Je désire séjourner à cet hôtel.
쥬 데지르 쎄쥬흐네 아 쎄 또뗄

객실 예약은 하셨습니까?

Avez-vous réservé une chambre?
아베 부 레제르베 윈느 샹브르?

아니오. 예약은 하지 않았습니다.

Non, je n'ai pas fait ma réservation.
농 쥬 네 빠 훼 마 레제르바씨용

(오늘 밤에 묵을) 빈 객실이 하나 있습니까?

Avez-vous une chambre libre/ disponible (pour ce soir)?
아베 부 쥔느 샹브를 리브르/디스뽀니블르 (뿌르 쓰 쓰 와르)?

일인실/이인실을 주십시오.

Une chambre pour une personne /deux personnes, s'il vous plaît.
윈느 샹브르 뿌르 윈느 뻬르쏜느/되 뻬르쏜느, 씰 부 쁠레

샤워/욕실이 있는 객실을 원합니다.

Je voudrais une chambre avec douche/avec salle de bain.
쥬 부드레 쥔느 샹브르 아베끄 두쓔/아베끄 쌀르 드 뱅, 씰 부 쁠레

욕실 있는 싱글룸은 얼마입니까?

Combien coûte une chambre à un lit/à une personne avec bain?
꽁비엥 꾸뜨 윈느 샹브르 아 엉 리/아 윈느 뻬르쏜느 아베끄 뱅?

조용한 객실을 원합니다.	**Je préfère une chambre tranquille.** 쥬 프레훼르 윈느 샹브르 트랑낄르
전망 좋은/발코니가 있는 객실을 원합니다.	**Je préfère une chambre avec une belle vue/avec un balcon.** 쥬 프레훼르 윈느 샹브르 아벡 뀐느 벨 뷔/아벡 껑 발꽁
가능하면 높은/낮은 층의 객실을 원합니다.	**Je voudrais une chambre plus en haut/bas que possible.** 쥬 부드레 쥔느 샹브르 쁠뤼 앙 노/바 끄 뽀씨블르 **Si possible, je voudrais une chambre dans les étages supérieurs/inférieurs.** 씨 뽀씨 블르, 쥬 부드레 쥔느 샹브르 당 레 제따쥬 쒸뻬리외르/엥훼리외르
객실료가 얼마입니까?	**Quel est le prix de la chambre?** 껠 렐 르 프리 들 라 샹브르?
1박에 얼마입니까?	**Combien la nuit/par nuit?** 꽁비옝 라 뉘이/빠르 뉘이? **Quel est le prix pour une nuit?** 껠 렐 르 프리 뿌르 윈느 뉘이?
2박하고 싶습니다.	**Je voudrais rester 2[deux] nuits.** 쥬 부드레 레스떼 되 뉘이
학생할인 요금이 있습니까?	**Y a-t-il la réduction pour les étudiants?** 이 아 띨 라 레뒥씨용 뿌르 레 제뛰디양?
일주일/보름/한 달 동안 투숙하면 할인 받을 수 있습니까?	**Y a-t-il la réduction pour une semaine/quinze jours/un mois de séjour?** 이 아 띨 라 레뒥씨용 뿌르 윈느 스멘느/껭즈 쥬르/엉 므와 드 쎄쥬흐?

숙
박

아침식사가 포함된 요금입니까?	**Le petit déjeuner est compris?** 르 쁘띠 데죄네 에 꽁프리?
세금과 봉사료가 포함되었습니까?	**La taxe et le sevice sont compris?** 라 딱쓰 엘 르 쎄르비쓰 꽁프리?
너무 비싸네요!	**C' est trop cher!** 쎄 트로 쉐르!
좀 더 싼 객실이 있습니까?	**Y a-t-il une chambre moins chère?** 이 아 띨 윈느 샹브르 므웽 쉐르? **N' avez-vous rien de meilleur marché?** 나베 부 리옝 드 메이외르 마르쉐?
샤워가 없어도 좋습니다.	**Ça va sans douche.** 싸 바 쌍 두쓔
샤워 없는 객실	**chambre sans douche(f.)** 샹브르 쌍 두쓔
샤워 요금은 얼마입니까? (*샤워실이 공동으로 쓰게 별도로 있을 때)	**Combien est une douche?** 꽁비옝 에 뛴느 두쓔?
객실을 볼 수 있습니까?	**Pourriez-vous me montrer la chambre?** 뿌리예 부 므 몽트레 라 샹브르? **Puis-je voir[visiter] la chambre?** 쀠 쥬 브와르[비지떼] 라 샹브르?
즉시 객실을 보러 갈 수 있습니까?	**Puis-je aller voir[visiter] la chambre tout de suite?** 쀠 쥬 알레 브와르[비지떼] 라 샹브르 뚜 드 쉬이뜨?
그럼 객실로 안내해드리겠습니다.	**Je vous montre la chambre.** 쥬 부 몽트르 라 샹브르
이 객실에 묵겠습니다.	**Je prends cette chambre.** 쥬 프랑 쎄뜨 샹브르

이 객실이 마음에 들지 않습니다.

Cette chambre ne me plaît pas.
쎄뜨 샹브르 느 므 쁠레 빠

이 객실은 (너무) 작습니다/시끄럽습니다.

Cette chambre est (trop) petite/bruyante.
쎄뜨 샹브르 에 (트로) 쁘띠뜨/브뤼양뜨

이 객실은 (너무) 어둡습니다.

Cette chambre est (trop) sombre.
쎄뜨 샹브르 에 (트로) 쏭브르

더 큰/조용한 객실이 있습니까?

Auriez-vous une chambre plus grande/plus tranquille?
오리예 부 쥔느 샹브르 쁠뤼 그랑드/쁠뤼 트랑낄르?

햇빛이 잘 드는 환한 객실이 있습니까?

Auriez-vous une chambre ensoleillé?
오리예 부 쥔느 샹브르 앙쏠레이예?

더 좋은 전망을 가진 객실이 있습니까?

Auriez-vous une chambre avec une meilleure vue?
오리예 부 쥔느 샹브르 아벡 뀐느 메이외르 뷔?

숙박비를 지금 내야합니까, 아니면 떠날 때 내야합니까?

Je paie maintenant ou quand je repars?
쥬 뻬 멍뜨낭 우 깡 쥬 르빠르?

선금을 내야합니까?

Faut-il verser un acompte?
포 틸 베르쎄 엉 나꽁뜨?

어디에 서명을 해야 합니까?

Où dois-je signer?
우 드와 쥬 씨니예?

영수증을 주십시오.

Donnez-moi le reçu, s'il vous plaît.
돈네 므와 르 르쒸, 씰 부 쁠레

미시오. (*건물 출입문에)

POUSSEZ
뿌쎄

당기시오. (*건물 출입문에)	**TIREZ** 띠레
프런트, 접수, 안내하는 곳	**RÉCEPTION** 레쎕씨용
출 구	**SORTIE** 쏘르띠
비상구	**SORTIE DE SECOURS** 쏘르띠 드 스꾸르
계단을 이용하시오.	**PRENEZ L'ESCALIER** 프르네 레스깔리예

[호텔 사용시]

여보세요, 프런트입니까? (*인터폰 사용시)	**Allô, la réception?** 알로, 라 레쎕씨용?
네. 무슨 일이십니까? (*인터폰 받은 호텔종업원의 말)	**Oui. Est-ce que je peux vous aider?** 위. 에 스 끄 쥬 쀠 부 제데?
제 객실에 비누도 타월도 없습니다.	**Je ne trouve ni savon ni serviette (de toilette) dans ma chambre.** 쥬 느 트루브 니 싸봉 니 쎄르비예뜨 (드 뜨왈레뜨) 당 마 샹브르
샴푸/린스/드라이어/성냥/(목욕)타월/티슈/화장지/화장용솜/손톱깎이/안전핀/실과 바늘을 원합니다.	**Je voudrais du shampooing / un après-shampooing / un séchoir / des allumettes / des serviettes (de bain) / des mouchoirs en papier / du papier hygiénique / des disquettes démaquillantes / un coupe-ongles / des épingles de sûreté / le fil et l'aiguille.** 쥬 부드레 뒤 샹쁘웽 / 엉 나프레 샹쁘웽 / 엉 쎄슈와르

/ 데 잘뤼메뜨 / 데 쎄르비에뜨 (드 벵) / 데 무슈와르 앙
빠삐예 / 뒤 빠삐예 이지예니끄 / 데 디스께뜨 데마끼양
뜨 / 엉 꾸쁘 옹글르 / 데 제뺑글르 드 쒸르떼 / 르 필 에
레귀이으

(…호실로) 샴푸 / 린스 / 드라 이어 / 성냥 / (목욕)타월 / 티 슈 / 화장지 / 손톱깎이 / 실과 바늘 가져다 주시겠습니까?

Pourriez-vous m'apporter du shampooing / un après-shampooing / un séchoir / des allumettes / des serviettes (de bain) / des mouchoirs en papier / du papier hygiénique / des disquettes démaquillantes / un coupe-ongles / des épingles de sûreté / le fil et l'aiguille (à la chambre …)?

뿌리예 부 마뽀르떼 뒤 샹쁘웽 / 엉 나프레 샹쁘웽 / 엉
쎄슈와르 / 데 잘뤼메뜨 / 데 쎄르비에뜨 (드 벵) / 데
무슈와르 앙 빠삐예 / 뒤 빠삐예 이지예니끄 / 데 디스께
뜨 데마끼양뜨 / 엉 꾸쁘 옹글르 / 데 제뺑글르 드 쒸르
떼 / 르 필 에 레귀이으 (알 라 샹브르 …)?

이름과 객실번호를 말씀해 주십시오.

Votre nom et le numéro de chambre, s'il vous plaît.

보트르 농 엘 르 뉘메로 드 샹브르, 씰 부 쁠레

Quel est votre nom et numéro de chambre?

껠 레 보트르 농 에 뉘메로 드 샹브르?

…호실의 김입니다.

Monsieur / Madame / Mademoiselle Kim, chambre ….

므씨외 / 마담므 / 마드므와젤르 낌, 샹브르 …

노크 없이 들어오시오. (*객실 출입문 바깥에 걸어 놓는 표지판)

ENTREZ SANS FRAPPER

앙트레 쌍 프라뻬

방해하지 마시오. (*객실 출입 문 바깥에 걸어 놓는 표지판)

NE PAS DÉRANGER (, S.V.P.)

느 빠 데랑줴 (, 씰 부 쁠레)

숙
박

91

잠깐만 기다려주세요! (*누군가가 객실문을 노크할 때 응답)

Un moment, s'il vous plaît!
엉 모망, 실 부 쁠레!

누구십니까? (*누군가가 객실문을 노크할 때 응답)

Qui est-ce?
끼 에 쓰?

룸메이드입니다.

C'est la femme de chambre.
쎄 라 함므 드 샹브르

들어오세요.

Entrez.
앙트레

들어가도 좋습니까? (*상대가 묻는 말)

Est-ce que je peux entrer?
에 스 끄 쥬 쀠 장트레?

네, 들어오세요. 객실문이 열려 있습니다.

Oui, entrez. La porte est ouverte.
위, 앙트레. 라 뽀르뜨 에 우베르뜨

손님께 온 메시지/편지를 가지고 왔습니다. (*호텔종업원의 말)

C'est le messager qui a apporté un message/une lettre pour vous.
쎄 르 메싸줴 끼 아 아뽀르떼 엉 메싸쥬/윈느 레트르 뿌르 부

지금 욕실에 있습니다[목욕 중입니다]. 나중에 다시 와주십시오.

Je suis dans la salle de bain. Revenez plus tard, s'il vous plaît.
쥬 쒸이 당 라 쌀르 드 벵. 르브네 쁠뤼 따르, 씰 부 쁠레

요청하신 것입니다. (*호텔종업원의 말)

Voici ce que vous avez demandé.
브와씨 스 끄 부 자베 드망데

주문하신 것입니다. (*호텔종업원의 말)

Voici votre commande.
브와씨 보트르 꼬망드

당신께 전화왔습니다. (*호텔 프론트 데스크로 전화가 왔을 때 인터폰으로 알려주는 말)

Il y a un appel (téléphonique) pour vous.
일 리 야 엉 나뻴 (뗄레포니끄) 뿌르 부

제 객실이 청소되어 있지 않습니다.	**Ma chambre n'a pas été faite.** 마 샹브르 나 빠 에떼 훼뜨
객실 청소를 해주십시오.	**Faites la chambre, s'il vous plaît.** 훼뜨 라 샹브르, 씰 부 쁠레
드라이어가/텔레비전이 고장났습니다.	**Le séchoir/La télévision ne marche pas.** 르 쎄슈와르/라 뗄레비지용 느 마르슈 빠
에어컨이/히터가 작동하지 않습니다.	**Le climatisateur/Le chauffage ne fonctionne pas.** 리 끌리마띠자뙤르/르 쇼파쥬 느 퐁씨욘느 빠
불이 켜지지 않습니다.	**La lumière ne marche pas.** 라 뤼미에르 느 마르슈 빠
더운물이 나오지 않습니다.	**L'eau chaude ne sort pas.** 로 쇼드 느 쏘르 빠 **Il n'y a pas d'eau chaude.** 일 니 아 빠 도 쇼드
세면대가 막혔습니다.	**Le lavabo est bouché.** 르 라바보 에 부쉐
욕조에서 물이 넘쳐 흘렀습니다.	**La baignoire a débordé.** 라 베뇨와르 아 데보르데
화장실 물이 내려가지 않습니다.	**La chasse d'eau ne marche pas.** 라 샤쓰 도 느 마르슈 빠
화장실이 막혀버렸습니다. 뚫어주시겠습니까?	**Les toilettes sont bouchées. Pourriez-vous les déboucher?** 레 뜨왈레뜨 쏭 부쉐. 뿌리예 불 레 데부쉐?
수리해줄 사람 좀 보내주시겠습니까?	**Pourriez-vous m'envoyer quelqu'un pour des réparations?** 뿌리예 부 망브와이예 껠껑 뿌르 데 레빠라씨용?

하여간 사람 좀 보내주십시오.	**De toute façon, envoyez-moi quelqu'un, s'il vous plaît.** 드 뚜뜨 화쏭, 앙브와이예 므와 껠껑, 씰 부 쁠레
이 객실은 너무 시끄럽습니다.	**Cette chambre est trop bruyante.** 쎄뜨 샹브르 에 트로 브뤼양뜨
제 객실은 너무 춥/덥습니다.	**Il fait très froid/chaud dans ma chambre.** 일 훼 트레 프르와/쇼 당 마 샹브르
객실을 바꾸고 싶습니다.	**Je voudrai changer de chambre.** 쥬 부드레 샹줴 드 샹브르
다른 객실을 주시겠습니까?	**Pourriez-vous me donner une autre chambre?** 뿌리예 부 므 돈네 윈 노트르 샹브르?
어떻게 해보겠습니다. (*호텔 측의 말)	**Je vais arranger cela.** 쥬 베 자랑줴 쏠라
내일 아침 6시에 깨워주십시오. (*모닝콜 부탁시)	**Réveillez-moi à 6[six] heures demain matin, s'il vous plaît.** 레베이예 므와 아 씨 죄르 드멩 마뗑, 씰 부 쁠레
룸서비스를 제공합니까?	**Avez-vous un room service?** 아베 부 정 룸 쎄르비쓰? **Y a-t-il le service d'étage?** 이 아 띨 르 쎄르비쓰 데따쥬?
여보세요, 룸서비스입니까?	**Allô, le service des chambres?** 알로 르 쎄르비쓰 데 샹브르?
따뜻한 식수를 가져다 주십시오.	**Apportez-moi de l'eau chaude pour boire, s'il vous plaît.** 아뽀르떼 므와 들 로 쇼드 뿌르 브와르, 씰 부 쁠레
커피/홍차 한 단지 부탁합니다.	**J'aimerai un pot de café/thé, s'il vous plaît.** 쥄므레 엉 뽀 드 까페/떼, 씰 부 쁠레

내일 아침식사를 주문하고 싶습니다.	**Je voudrais commander mon petit déjeuner pour demain.** 쥬 부드레 꼬망데 몽 쁘띠 데죄네 뿌르 드멩
무엇을 드시겠습니까?	**Que désirez-vous?** 끄 데지레 부?
오렌지 주스, 햄/베이컨과 감자튀김을 곁들인 (잘 익힌) 달걀프라이 2개, 그리고 커피/핫초콜릿도 부탁합니다.	**Un jus d'orange, 2[deux] oeufs sur le plat (bien grillés), avec du jambon/bacon et des frites, et un café/chocolat chaud, s'il vous plaît.** 엉 쥐 도랑쥬, 되 죄 쒸르 르 쁠라 (비엥 그리예), 아베 끄 뒤 쟝봉/베꽁 에 데 프리뜨, 에 엉 까페/쇼꼴라 쇼, 씰 부 쁠레
시리얼과 찬/더운 우유	**Des céréales et du lait froid/chaud.** 데 쎄레알르 에 뒤 레 프르와/쇼
야쿠르트 하나와 반숙/완숙 달걀 한 개	**Un yaourt et un oeuf à la coque mollet/dur.** 엉 냐우르뜨 에 엉 뇌프 알 라 꼬끄 몰레/뒤르
빵/토스트/롤빵/버터/잼/꿀/마멀레이드	**Du pain / Du pain grillé / Des petits pains / Du beurre / De la confiture / Du miel / De la marmelade** 뒤 뼁/뒤 뼁 그리예/데 쁘띠 뼁/뒤 뵈르/들 라 꽁피뛰르/뒤 미엘/들 라 마흐믈라드
몇 시쯤 가지고 갈까요? (*호텔종업원이 묻는 말)	**À quelle heure voulez-vous être servi(e)?** 아 껠 뢰르 불레 부 제트르 쎄르비?
8시에 부탁합니다.	**À 8[huit] heures, s'il vous plaît.** 아 위 뙤르, 씰 부 쁠레

95

아침식사가 아직 안 왔습니
다. (어제 주문했습니다) 서
둘러 주십시오.

Le petit déjeuner n'est pas encore
arrivé. (Je l'ai commandé hier.)
Dépêchez-vous, s'il vous plaît.

르 쁘띠 데죄네 네 빠 장꼬르 아리베. (쥴 레 꼬망데
이예르) 데뻬쒜 부, 씰 부 쁠레

여보세요, 룸메이드입니까?

Allô, la femme de chambre?

알로, 라 홤므 드 샹브르?

오후 6시까지 침대 정리를
부탁합니다.

Veuillez-faire mon lit avant 18
[dix-huit] heures.

뵈이예 훼르 몽 리 따방 디 쥣 뜨르

이 호텔 안내서 있습니까?
(*접어서 포개는 형태의 것)

Avez-vous un dépliant sur
l'hôtel?

아베 부 정 데쁠리양 쒸르 로뗄?

이 호텔 주소가 적힌 명함
하나 주시겠습니까?

Puis-je avoir une carte de maison
avec l'adresse?

쀠 쥬 아브와르 윈느 까르뜨 드 메종 나베끄 라드레쓰?

샤워하고 싶습니다.

Je voudrais prendre une douche.

쥬 부드레 프랑드르 윈느 두쓔

각 층마다 샤워실/욕실이 있
습니까? (*공동으로 쓰는 것)

Avez-vous la douche/une salle
de bain à chaque étage?

아베 부 라 두쓔/윈느 쌀르 드 벵 아 샤끄 에따쥬?

더운물은 하루 종일 나옵니
까?

Avez-vous de l'eau chaude toute
la journée?

아베 부 들 로 쇼드 뚜뜨 라 쥬르네?

더운물은 몇 시부터 몇 시까
지 나옵니까?

De quelle heure et à quelle heure
peut-on avoir de l'eau chaude?

드 껠 뢰르 에 아 껠 뢰르 쀄 똥 나브와르 들 로 쇼드?

사우나는 무료입니까?

Le sauna est gratuit?

르 쏘나[싸우나] 에 그라뛰?

호텔 안에 이발소[미용실]이 있습니까?	**Y a-t-il un salon de beauté dans l'hôtel?** 이 아 띨 엉 쌀롱 드 보떼 당 로뗄? **Y a-t-il un coiffeur dans l'hôtel?** 이 아 띨 엉 꾸와푀르 당 로뗄?
이 근처에 있는 비싸지 않고 좋은 레스토랑들을 소개해주시겠습니까?	**Pourriez-vous me recommander quelques bons restaurants pas chers près d'ici?** 뿌리예 부 므 르꼬망데 껠끄 봉 레스또랑 빠 쉐르 프레 디씨?
레스토랑/투어/연극 관람 예약을 해주십니까?	**Faites-vous les réservations pour les restaurants/les circuits touristiques/les théâtres?** 훼뜨 불 레 레제르바씨용 뿌르 레 레스또랑/레 씨르퀴 뚜리스띠끄/레 떼아트르?
여기에서 투어 버스표를 살 수 있습니까?	**Peut-on prendre ici des billets pour les autocars d'excursion?** 쀠 똥 프랑드르 이씨 데 비이예 뿌르 레 조또까르 덱쓰뀌르씨용?
객실에 엑스트라 베드를 하나 놔주시겠습니까?	**Pourriez-vous installer un autre lit dans la chambre?** 뿌리예 부 젱스딸레 엉 노트르 리 당 라 샹브르?
담요 한 장 더 주시겠습니까?	**Pourrais-je avoir une autre couverture?** 뿌레 쥬 아브와르 윈 노트르 꾸베르뛰르?
베이비시터를 구해주실 수 있습니까?	**Pourriez-vous me trouver une baby-sitter[un garde d'enfants]?** 뿌리예 부 므 트루베 윈느 베이비 씨떼르[엉 가르드 당팡]?
팩스밀리/복사기가 있습니까?	**Avez-vous un télécopieur/un photocopieur?** 아베 부 정 뗄레꼬삐외르/정 포또꼬삐외르?

어디에서 복사를 할 수 있습니까?	**Où puis-je faire des photocopies?** 우 껠 쥬 훼르 데 포또꼬삐?
어디에서 팩스들을 보내고 받을 수 있습니까?	**Où puis-je envoyer et recevoir des télécopies?** 우 쀠 쥬 앙브와이에 에 르쓰브와르 데 뗄레꼬삐?
(어디에서) 컴퓨터를/인터넷을 사용할 수 있습니까?	**(Où) Puis-je utiliser l'ordinateur/ l'internet?** (우) 쀠 쥬 위띨리제 로르디나뙤르/렝떼르넷?
오늘 저녁에는 늦게 돌아올 겁니다.	**Je rentre tard ce soir.** 쥬 랑트르 따르 쓰 쓰와르
호텔 현관문은 몇 시에 닫습니까?	**À quelle heure ferme la porte?** 아 껠 뢰르 훼름므 라 뽀르뜨? **À quelle heure fermez-vous la porte d'entrée?** 아 껠 뢰르 훼르메 불 라 뽀르뜨 당트레?
아침에는 몇 시에 호텔 현관문을 엽니까?	**À quelle heure ouvre la porte le matin?** 아 껠 뢰르 우브르 라 뽀르뜨 르 마땡? **À quelle heure ouvrez-vous la porte d'entrée?** 아 껠 뢰르 우브레 불 라 뽀르뜨 당트레?
식당은 어디에 있습니까?	**Où est la salle à manger?** 우 엘 라 쌀르 아 망줴?
식당은 몇 시에 문을 엽니까?	**À quelle heure ouvre la salle à manger?** 아 껠 뢰르 우브르 라 쌀르 아 망줴?
아침식사 서빙은 몇 시입니까?	**À quelle heure sert-on le petit déjeuner?** 아 껠 뢰르 쎄르 똥 르 쁘띠 데죄네?

아침식사를 객실에서 할 수 있습니까?	**Peut-on prendre le petit déjeuner dans la chambre?**
	뾔 똥 프랑드르 르 쁘띠 데죄네 당 라 샹브르?

저녁식사는 몇 시에 할 수 있습니까?

À quelle heure puis-je dîner?
아 껠 뢰르 쀠 쥬 디네?

제 앞으로 온 우편물/메시지가 있습니까?

Y a-t-il du courrier/des messages pour moi?
이 아 띨 뒤 꾸리예/데 메싸쥬 뿌르 므와?

네, 여기에 당신 앞으로 온 것이 있습니다.

숙
박

Oui, voici quelque chose pour vous.
위, 브와씨 껠끄 쇼즈 뿌르 부

아니오, 아무것도 없습니다.

Non, (il n'y a) rien.
농, (일 니 아) 리엥

이것을 어디에서 우편발송할 수 있습니까?

Où puis-je poster ceci?
우 쀠 쥬 뽀스떼 쓰씨?

우표 있습니까?

Avez-vous des timbres-poste?
아베 부 데 땡브르 뽀스뜨?

어디에서 우표를 살 수 있습니까?

Où puis-je acheter des timbres?
우 쀠 쥬 아슈떼 데 땡브르?

이 편지를 항공편/선편으로 부쳐주십시오.

Veuillez envoyer cette lettre par avion/bateau.
뵈이예 장브와이예 쎄뜨 레트르 빠르 아비용/바또

이 꾸러미를 한국에 보내고 싶습니다.

Je voudrais envoyer ce colis à la Corée du Sud.
쥬 부드레 장브와이예 쓰 꼴리 알 라 꼬레 뒤 쒸드

Je voudrais expédier ce paquet à la Corée du Sud.
쥬 부드레 젝쓰뻬디예 쓰 빠께 알 라 꼬레 뒤 쒸드

99

포장을 좀 해주시겠습니까?

Pourriez-vous l'emballer?
뿌리예 불 랑발레?

이것 좀 우편 발송해 주시겠
습니까?

**Pourriez-vous me poster ceci,
s'il vous plaît.**
뿌리예 부 므 뽀스떼 쓰씨, 씰 부 쁠레

**Pourriez-vous mettre ceci à la
poste?**
뿌리예 부 메트르 쓰씨 알 라 뽀스뜨?

(…호실의) 열쇠 부탁합니다.
(*객실 열쇠를 맡기거나 찾을 때)

**La clé (de la chambre…), s'il
vous plaît.**
라 끌레 (들 라 샹브르…), 씰 부 쁠레

객실에 들어갈 수 없습니다.
열쇠를 객실 안에 두고 문을
잠갔습니다.

**Je ne peux pas rentrer dans la
chambre. J'ai fermé la porte, en
laissant la clef dans la chambre.**
쥬 느 뾔 빠 랑트레 당 라 샹브르. 줴 훼르메 라
뽀르뜨, 앙 레쌍 라 끌레 당 라 샹브르

제 객실문을 열어주십시오.

**Ouvrez-moi ma chambre, s'il
vous plaît.**
우브레 므와 마 샹브르, 씰 부 쁠레

비상열쇠[마스터 키]를 가져
다주십시오.

**Apportez-moi un passe-partout,
s'il vous plaît.**
아뽀르떼 므와 엉 빠쓰 빠흐뚜, 씰 부 쁠레

객실 열쇠를 분실했습니다.

J'ai perdu la clé de la chambre.
줴 뻬흐뒤 라 끌레 들 라 샹브르

복통약 좀 주시겠습니까?

**Pourriez-vous me donner un
médicament contre le mal de
ventre?**
뿌리예 부 므 돈네 엉 메디까망 꽁트르 르 말 드 방트르?

의사/구급차를 불러 주십시오.

**Appelez-moi un médecin[docteur]
/une ambulance, s'il vous plaît.**
아쁠레 므와 엉 메드쎙[독뜨르]/윈 낭뷜랑쓰, 씰 부 쁠레 영어/한국어를 말할 줄 아는 의사가 있습니까?

Y a-t-il un docteur qui parle anglais/coréen?
이 아 띨 엉 독뙤르 끼 빠흘르 앙글레/꼬레엥?

병원에 데려다 주십시오.
(*호텔종업원이나 택시기사에게)

Conduisez-moi à l'hôpital, s'il vous plaît.
꽁뒤제 므와 알 로삐딸, 씰 부 쁠레

실례지만, 제 사진기를 찾을 수가 없습니다.

Excusez-moi, je ne trouve pas mon appareil (de) photo.
엑스뀌제 므와, 쥬 느 트루브 빠 몽 나빠레이으 (드) 포또

그것을 보신 적이 있습니까?

Est-ce que vous l'avez vu?
에 스 끄 불 라베 뷔?

아니오. 어디에 두셨습니까?

Non. Où est-ce que vous l'avez laissé?
농. 우 에 스 끄 불 라베 레쎄?

제 객실에 놔뒀습니다.

Je l'ai laissé dans ma chambre.
쥴 레 레쎄 당 마 샹브르

보험처리에 필요한 분실증명서를 작성해주시겠습니까?

Pourriez-vous me faire la déclarat-ion[l'attestation] de perte qui est nécessaire pour l'assurance?
뿌리예 부 므 훼르 라 데끌라라씨용[라떼스따씨용] 드 뻬흐뜨 끼 에 네쓰쎄르 뿌르 라쒸랑쓰?

하룻밤 더 투숙하고 싶습니다.

Je voudrais rester encore une nuit.
쥬 부드레 레스떼 앙꼬르 윈느 뉘이

예정보다 하루 더 일찍 떠날 생각입니다.

Je voudrais partir un jour plus tôt que prévu.
쥬 부드레 빠르띠르 엉 쥬르 쁠뤼 또 끄 프레뷔

카운터는 몇 시까지 열려 있습니까?

Juaqu'à quelle heure la caisse est-elle ouverte?
쥐스까 껠 뢰르 라 께쓰 에 뗄 우베르뜨?

101

내일 아침 8시에 떠납니다.

Je pars demain matin à 8[huit] heures.
쥬 빠르 드멩 마땡 아 위 뙤르

내일 7시 30분에 체크아웃
하겠습니다.

Je voudrais régler la chambre à 7[sept] heures 30[trente] demain.
쥬 부드레 레글레 라 샹브르 아 쎄 뙤르 트랑뜨 드멩

내일 아침 일찍 떠납니다.
계산서를 준비해 주십시오.

Je pars demain de bonne heure. Veuillez préparer ma note.
쥬 빠르 드멩 드 본 뇌르. 뵈이예 프레빠레 마 노뜨

[체크아웃]

몇 시까지 객실을 비워야 합
니까? [체크아웃 시간은 몇
시입니까?]

À quelle heure faut-il libérer la chambre?
아 껠 뢰르 포 띨 리베레 라 샹브르?

À quelle heure faut-il régler la chambre?
아 껠 뢰르 포 띨 레글레 라 샹브르?

Avant quelle heure faut-il quitter la chambre?
아방 껠 뢰르 포 띨 끼떼 라 샹브르?

즉시 떠나야 합니다.

Je dois partir immédiatement.
쥬 드와 빠르띠르 이메디아뜨망

포터는 필요 없습니다.

Je n'ai pas besoin de porteur.
쥬 네 빠 브즈웽 드 뽀르뙤르

(제 짐들을 운반할) 벨보이/
포터를 보내주십시오.

S'il vous plaît, appelez-moi un chasseur/bagagiste(, pour qu'il descende mes bagages).
씰 부 쁠레, 아쁠레 므와 엉 샤쐬르/바가지스뜨(, 뿌르
낄 데쌍드 메 바가쥬)

제 짐들을 내려 보내 주시겠습니까? (*짐꾼을 보내달라는 뜻)	**Pourriez-vous faire descendre mes bagages?** 뿌리예 부 훼르 데쌍드르 메 바가쥬?
제 짐들을 복도에 내놔야 합니까?	**Dois-je mettre mes bagages dans le couloir?** 드와 쥬 메트르 메 바가쥬 당 르 꿀르와르?
아니요, 그것들을 객실 안 출입구 옆쪽에 놓아주십시오.	**Non, laissez-les dans votre chambre près de la porte, s'il vous plaît.** 농, 레쎄 레 당 보트르 샹브르 프레 들 라 뽀르뜨, 씰 부 쁠레
지금 계산[체크아웃] 하겠습니다.	**Je vais régler ma note maintenant.** 쥬 베 레글레 마 노뜨 멩뜨낭
계산서 좀 주십시오.	**La note, s'il vous plaît.** 라 노뜨, 씰 부 쁠레 **Puis-je avoir ma note, s'il vous plaît?** 뷔 쥬 아브와르 마 노뜨, 씰 부 쁠레?
이것이 계산서입니다. … 유로입니다.	**Voici la note. Ça fait … euros.** 브와씨 라 노뜨. 싸 훼 … 외로
전부 포함되었습니까?	**Tout est compris?** 뚜 떼 꽁프리?
계산이 잘못된 것 같습니다.	**Je crois qu'il y a une erreur dans la facture.** 쥬 크르와 낄 리 야 윈 네뢰르 당 라 확뛰르
신용카드/여행자수표로 지불해도 되겠습니까?	**Puis-je payer par carte de crédit /chèque de voyage?** 뷔 쥬 뻬이예 빠르 까르뜨 드 크레디/쉐끄 드 브와이아쥬?

숙
박

103

현금으로 지불해도 됩니까?	**Puis-je payer en liquide/ en espèce?** 뿨 쥬 뻬이예 앙 리끼드/앙 네스뻬쓰? **Puis-je payer cash?** 뿨 쥬 뻬이예 까쓔? (*비어(卑語)적인 표현)
달러도 받습니까?	**Vous acceptez les dollars?** 부 작쎕떼 레 돌라르?
달러로 지불해도 됩니까?	**Puis-je payer en dollar?** 뿨 쥬 뻬이예 앙 돌라르?
어디에 서명을 해야 합니까?	**Où dois-je signer?** 우 드와 쥬 씨니예?
안전금고에 넣은 귀중품을 찾고 싶습니다.	**Je voudrais sortir les objets de valeur que j'ai mis dans le coffre(-fort).** 쥬 부드레 쏘르띠르 레 조브줴 드 발뢰르 끄 줴 미 당 르 꼬프르 (포르)
객실에 두고 나온 것이 있습니다.	**J'ai oublié quelque chose dans la chambre.** 줴 우블리예 껠끄 쇼즈 당 라 샹브르
이 호텔에서 잘 묵고 갑니다.	**Mon séjour dans cet hôtel a été très agréable.** 몽 쎄쥬흐 당 쎄 또뗄 아 에떼 트레 자그레아블르 **J'ai fait un très bon séjour ici.** 줴 훼 엉 트레 봉 쎄쥬흐 이씨 **Je suis très satisfait(e) de mon séjour dans cet hôtel.** 쥬 쒸이 트레 싸띠스훼(뜨) 드 몽 쎄쥬흐 당 쎄 또뗄
제 짐들은 내려와 있습니까?	**Est-ce que mes bagages ont été descendus?** 에 스 끄 메 바가쥬 옹 떼떼 데쌍뒤?

당신 짐들은 이미 저기에 와 있습니다.

Vos bagages sont déjà là-bas.
보 바가쥬 쏭 데쟈 라바

택시를 불러주시겠습니까?

Pourriez-vous m'appeler un taxi?
뿌리예 부 마쁠레 엉 딱씨?

Puis-je avoir un taxi?
쀠 쥬 아브와르 엉 딱씨?

제 짐들을 정문 현관까지 가져다 놓고 택시를 불러주십시오.

Mettez mes bagages près de l'entrée principale et appelez un taxi, s'il vous plaît.
메떼 메 바가쥬 프레 들 랑트레 프렝씨빨르 에 아쁠레 엉 딱시, 씰 부 쁠레

···까지 (대략) 얼마입니까?
(*택시에 대해 이야기 하다가 요금을 물어볼 때)

Combien (à peu près) jusqu'à ···?
꽁비엥 (아 쀠 프레) 쥐스까 ···?

Quel est le tarif pour ···?
껠 레 르 따리프 뿌르 ···?

Combien ça coûte pour aller à ···?
꽁비엥 싸 꾸뜨 뿌르 알레 아 ···?

···까지 택시요금은 얼마입니까?

Combien coûte le taxi pour aller à ···?
꽁비엥 꾸뜨 르 딱씨 뿌르 알레 아 ···?

이 짐들 좀 (4시까지) 맡아 주시겠습니까?

Pourriez-vous garder ces bagages (jusqu'à 4[quatre] heures)?
뿌리예 부 가르데 쎄 바가쥬 (쥐스까 까트 뢰르)?

맡긴 제 짐들을 찾아가고 싶습니다.

Je voudrais reprendre mes bagages.
쥬 부드레 흐프랑드르 메 바가쥬

유스호스텔

오늘밤 여성 두 명이 묵을 수 있겠습니까?

Avez-vous deux lits pour filles ce soir?
아베 부 되 리 뿌르 피이으 쓰 쓰와르?

1박에 얼마입니까?

Combien par nuit?
꽁비엥 빠르 뉘이?

3박하고 싶습니다.

Je voudrais rester 3[trois] nuits.
쥬 부드레 레스떼 트르와 뉘이

아침식사가 제공됩니까?

Sert-on le petit déjeuner?
쎄르 똥 르 쁘띠 데죄네?

아침식사는 얼마입니까?

Combien le petit déjeuner?
꽁비엥 르 쁘띠 데죄네?

회원증이 없습니다.

Je n'ai pas la carte de membre.
쥬 네 빠 라 까르뜨 망브르

그래도 (하룻밤) 묵고 싶습니다.

Mais je voudrais rester (une nuit).
메 쥬 부드레 레스떼 (윈느 뉘이)

회원증을 만들어 주시겠습니까?

Voudriez-vous me faire une carte de membre, s'il vous plaît?
부드리예 부 므 훼르 윈느 까르뜨 드 망브르, 씰 부 쁠레?

제 시트를 가지고 왔습니다.

J'ai un drap pour moi-même.
줴 엉 드라 뿌르 므와 멤므

시트 좀 빌려주시겠습니까?

Prêtez-moi un drap, s'il vous plaît.
프레떼 므와 엉 드라, 씰 부 쁠레

취사할 수 있습니까?

Peut-on faire la cuisine?
뾔 똥 훼르 라 퀴진느?

106

냄비 좀 빌려 주십시오.

Prêtez-moi une casserole, s'il vous plaît.
프레떼 므와 윈느 까쓰롤, 씰 부 쁠레

짐들은 어디에 놔둘 수 있습니까?

Où peut-on mettre des bagages?
우 쀠 똥 메트르 데 바가쥬?

제 짐들을 여기에 놔둬도 됩니까?

Puis-je mettre mes bagages ici?
쀠 쥬 메트르 메 바가쥬 이씨?

4시까지 짐들을 맡겨놔도 되겠습니까?

Pourrais-je laisser mes bagages jusqu'à 4[quatre] heures?
뿌레 쥴 레쎄 메 바가쥬 쥐스까 까트 뢰르?

맡긴 제 짐들을 찾으러 왔습니다.

Je viens reprendre mes bagages.
쥬 비옝 흐프랑드르 메 바가쥬

코인 라커는 어디에 있습니까? (*동전 넣는 자동 라커)

Où est la consigne automatique?
우 엘 라 꽁씨니으 오또마띠끄?

파리국제학생기숙사촌(CIUP:Cité Internationale Universitaire de Paris)

제가 …관(館)에 임시입주자 자격으로 묵을 수 있겠습니까?

Pourrais-je avoir un lit[une chambre] comme passager(ère) à la Maison de …?
뿌레 쥬 아브와르 엉 리[윈느 샹브르] 꼼므 빠싸줴(르) 알 라 메종 드 …?

제가 이곳에 임시입주자 자격으로 머물 수 있겠습니까?

Pourrais-je rester ici comme passager(ère)?
뿌레 쥬 레스떼 이씨 꼼므 빠싸줴(르)?

1박에 얼마입니까?

Combien par nuit?
꽁비옝 빠르 뉘이?

사흘간/일주일/보름간 묵고 싶습니다.	**Je voudrais rester 3[trois] jours/ une semaine/15[quinze] jours.** 쥬 부드레 레스떼 트르와 쥬르/윈느 스멘느/껭즈 쥬르
샤워실은 어디에 있습니까?	**Où est la douche?** 우 엘 라 두쒸?
세탁실/세탁기는 어디에 있 습니까?	**Où est la salle de lavage/la machine à laver?** 우 엘 라 쌀르 들 라바쥬/라 마쉰느 알 라베?
공동주방은 어디에 있습니까?	**Où est la cuisine commune?** 우 엘 라 뀌진느 꼬뮌느?
학생식당은 어디에 있습니까?	**Où est le restaurant universitaire?** 우 엘 르 레스또랑 위니베르시떼르?
학생식당은 국제관에 있습니 다.	**Le restau-u est à la maison internationale.** 르 레스또 위 에 딸 라 메종 엥떼르나씨요날르
국제관은 어디에 있습니까?	**Où est la maison internationale?** 우 엘 라 메종 엥떼르나씨요날르?
국제관은 RER '씨떼 위니베 르씨떼르'역 맞은편에 있습 니다.	**La maison internationale est en face de la gare du RER 'Cité Universitaire'.** 라 메종 엥떼르나씨요날 레 땅 화쓰 들 라 가르 뒤 에르으에르 '씨떼 위니베르씨떼르'
입주[거주]자/임시입주자	**résident(e)/passager(ère)** 레지당(뜨)/빠싸줴(르)
(대학생들의) 파티	**boum[boom](m.)** 붐

03 교통

● 길 물어보기

실례합니다. …로 가려고 합니다.

Excusez-moi. Je voudrais aller à ….
엑쓰뀌제 므와. 쥬 부드레 잘레 아 ….

실례합니다. …를 찾고 있습니다.

Excusez-moi. Je cherche ….
엑쓰뀌제 므와. 쥬 쉐르슈 ….

…이 어디에 있는지 말씀해 주시겠습니까?

Pourriez-vous me dire où est …?
뿌리예 부 므 디르 우 에 …?

…에 가려면 어디로 가야합니까? (*목적지까지 가는 길을 물어볼 때)

Par quel chemin va-t-on à …?
빠르 껠 슈멩 바 똥 아 …?

Par où va-t-on à …?
빠르 우 바 똥 아 …?

이 주소로 가려면 어디로 가야합니까?

Par où va-t-on à cette adresse?
빠르 우 바 똥 아 쎄 따드레쓰?

…에 가장 빠르게 가는 길은 어떤 건가요?

Quel est le chemin le plus court pour aller à …?
껠 레 르 슈멩 르 쁠뤼 꾸르 뿌르 알레 아 …?

누구에게 물어보면 됩니까?

À qui faut-il s'adresser?
아 끼 포 띨 싸드레쎄?

실례합니다. 이 동네에 …이 있습니까?

Excusez-moi. Y a-t-il … dans ce quartier?
엑쓰뀌제 므와. 이 아 띨 … 당 쓰 까르띠예?

109

길 찾는데 지표가 될 만한 것이 있습니까?	**Y a-t-il quelque chose qu'on peut suivre pour se repérer?** 이 아 띨 껠끄 쇼즈 꽁 뾔 쒸브르 뿌르 스 흐뻬레?
눈에 띄는 지표기점을 말씀해주시겠습니까?	**Pouvez-vous me donner un point de repère?** 뿌베 부 므 돈네 엉 쁘웽 드 흐뻬르?
곧장 가다가 두 번째 신호등에서 좌회전 하십시오. 첫 번째 지표기점은 흰색 건물입니다.	**Allez tout droit, et tournez à gauche au deuxième feu. Votre premier point de repère est un bâtiment blanc.** 알레 뚜 드르와, 에 뚜르네 자 고쓔 오 되지옘므 푀. 보트르 프르미예 쁘웽 드 흐뻬르 에 떵 바띠망 블랑
찻길을 잘못 드셨습니다.	**Vous êtes sur le mauvaise route.** 부 제뜨 쒸르 르 모베즈 루뜨
곧장 가십시오.	**Vous allez tout droit.** 부 잘레 뚜 드르와 **Continuez tout droit.** 꽁띠뉘에 뚜 드르와
곧장 갑니까?	**(Est-ce) Tout droit?** (에 스) 뚜 드르와?
이쪽/저쪽입니까?	**(C'est) Par ici/Par là?** (쎄) 빠르 이씨/빠르 라?
(네/아니오,) 이쪽/저쪽입니다.	**(Oui/Non,) Par ici/Par là.** (위/농,) 빠르 이씨/빠르 라
이쪽 방향입니까?	**C'est dans cette direction?** 쎄 당 쎄뜨 디렉씨용?
왼쪽입니까 오른쪽입니까?	**C'est à gauche ou à droite?** 쎄 따 고쓔 우 아 드르와뜨?

C'est du côté gauche ou du côté droit?
쎄 뒤 꼬떼 고슈 우 뒤 꼬떼 드르와?

…의 맞은 편/옆쪽/뒤쪽에 있습니다.

C'est en face de/à côté de/derrière ….
쎄 땅 화쓰 드/따 꼬떼 드/데리예르 …

뒤돌아 가십시오.

Faites demi-tour.
훼뜨 드미 뚜르

오른쪽/왼쪽에 있을 겁니다.

Vous le verrez sur votre droite/gauche.
불 르 베레 쒸르 보트르 드르와뜨/고슈

우회전/좌회전 할까요?

Je prends à droite/à gauche?
쥬 프랑 자 드르와뜨/자 고슈?

다음 번 길모퉁이에서 우회전 하십시오.

Tournez à droite au prochain coin de rue.
뚜르네 자 드르와뜨 오 프로쉥 끄웽 드 뤼

세 번째 길에서 좌회전 하십시오.

Prenez la troisième rue à gauche.
프르네 라 트르와지옘므 뤼 아 고슈

사거리를 지나기 전에 우회전하십시오.

Tournez à gauche avant le carrefour.
뚜르네 자 고슈 아방 르 까르푸르

몇 번째 블록에 있습니까?

C'est à combien de pâtés de maisons?
쎄 따 꽁비옝 드 빠떼 드 메종?

저와 함께 좀 가주시겠습니까?

Voulez-vous bien venir avec moi, s'il vous plaît?
불레 부 비옝 브니르 아베끄 므와, 씰 부 쁠레?

제가 데려다 드리겠습니다.

Je vais vous accompagner.
쥬 베 부 자꽁빠니예

아닙니다. 괜찮습니다.

Non, merci. Ce n'est pas la peine.
농, 메르씨. 쓰 네 빠 라 뻰느

감사합니다. 하마터면 길을
잃을 뻔 했습니다.

Merci bien. J'ai failli me perdre.
메르씨. 줴 화이으 므 뻬흐드르

…에 어떻게 갈 수 있습니
까? (*목적지까지 가는 교통수
단을 묻을 때)

Comment puis-je aller à …?
꼬망 쀠 쥬 알레 아 …?

Comment va-t-on à …?
꼬망 바 똥 아 …?

거기까지 걸어서 갈 수 있습
니까?

Peut-on y aller à pied?
쀠 똥 니 알레 아 삐예?

거기에 가려면 버스를 타는
것이 낫습니다.

Il vaut mieux y aller en autobus.
일 보 미외 지 알레 앙 노또뷔쓰

저는 …로부터 얼마나 멀리
있습니까?

À quelle distance suis-je de …?
아 껠르 디스땅쓰 쒸이 쥬 드 …?

…까지 가려면 (걸어서/버스
로) 시간이 얼마나 걸립니
까?

**Combien de temps faut-il pour
aller (à pied/en autobus) jusqu' à
…?**
꽁비옝 드 땅 포 띨 뿌르 알레 (아 삐예/앙 노또뷔쓰)
쥐스까 …?

여기서 …까지는 시간이 얼
마나 걸립니까?

Combien de temps faut-il d'ici à …?
꽁비옝 드 땅 포 띨 디씨 아 …?

…는 여기서 멉니까?

Est-ce que … est loin d'ici?
에 스 끄 … 엘 르웽 디씨?

여기로부터 몇 번째 (지하철)
역에 있습니까?

**C'est à combien de stations (de
métro) d'ici?**
쎄 따 꽁비옝 드 스따씨용 (드 메트로) 디씨?

버스로 몇 번째 정거장에 있
습니까?

**C'est à combien d'arrêts
(d'autobus)?**
쎄 따 꽁비옝 다레 (도또뷔쓰)?

실례합니다. 길을 잃어버렸습니다.	**Excusez-moi. Je (me) suis perdu(e).** 엑쓰뀌제 므와, 쥬 (므) 쓰위 뻬흐뒤 **Excusez-moi. Je me suis égaré(e).** 엑쓰뀌제 므와, 쥬 므 쓰위 제가레
여기는 어디입니까?	**Où sommes-nous[Où suis-je]?** 우 쏨므 누[우 쒸이 쥐]?
이 길은 어디로 통합니까?	**Jusqu'où va cette rue?** 쥐스꾸 바 쎄뜨 뤼?
이 길의 이름은 무엇입니까?	**Comment s'appelle cette rue?** 꼬망 싸뻴 쎄뜨 뤼?
현재 위치를 알려주십시오. (*지도를 보여주면서)	**Montrez-moi où nous sommes, s'il vous plaît.** 몽트레 므와 우 누 쏨므, 씰 부 쁠레
이 지도상에서 …는 어디에 있습니까?	**Où est … sur ce plan?** 우 에 … 쒸르 쓰 쁠랑?
이 지도상에서 가르쳐 주십시오. (*바로 위 문장과 연결된 내용)	**Montrez-moi sur ce plan, s'il vous plaît.** 몽트레 므와 쒸르 쓰 쁠랑, 씰 부 쁠레
그것을 여기에 써/표시해 주시겠습니까?	**Voudriez-vous l'écrire/le cocher ici?** 부드리예 불 레크리르/르 꼬쉐 이씨?
그것은 무슨 거리에 있습니까?	**Dans quelle rue cela se trouve?** 당 껠르 뤼 쓸라 스 트루브?
이 지도에 표시해 주시겠습니까?	**Voudriez-vous marquer sur ce plan?** 부드리예 부 마르께 쒸르 쓰 쁠랑?
이 지도상에서 (…로) 어떻게 가는지 가르쳐 주시겠습니까?	**Pourriez-vous me montrer le chemin (pour …) sur ce plan?** 뿌리예 부 므 몽트레 르 슈멩 (뿌르 …) 쒸르 스 쁠랑?

여기에 약도를 그려주십시오. (*필기도구를 건네면서)	**Faites-moi un plan ici, s'il vous plaît.** 훼뜨 므와 엉 쁠랑, 씰 부 쁠레 **Voulez-vous écrire un petit plan ici, s'il vous plaît?** 불레 부 제크리르 엉 쁘띠 쁠랑 이씨, 씰 부 쁠레?
이 건물은 무엇입니까?	**Quel est ce bâtiment?** 껠 레 쓰 바띠망?
이 근처에 (공중)화장실은 어디에 있습니까?	**Où sont les toilettes (publiques) près d'ici?** 우 쏭 레 뜨왈레뜨 (쀠블리끄) 프레 디씨?
가장 가까운 (공중)화장실은 어디에 있습니까?	**Où sont les toilettes (publiques) les plus proches?** 우 쏭 레 뜨왈레뜨 (쀠블리끄) 레 쁠뤼 프로쓔?
(공중)화장실을 이용하고 싶습니다.	**Je voudrais utiliser les toilettes (publiques).** 쥬 부드레 쥐띨리제 레 뜨왈레뜨 (쀠블리끄)
가장 가까운 공중전화(부스)가 어디에 있습니까?	**Où est la cabine téléphonique la plus proche?** 우 엘 라 까빈느 뗄레포니끄 라 쁠뤼 프로쓔?
이 전화 통화되는 겁니까? (*공중전화부스에서 나오는 사람에게 물어볼 때)	**Est-ce que ça marche?** 에 스 끄 싸 마르슈?
통행 금지	**Défense de Passer** 데팡쓰 드 빠쎄
보행주의	**Attention à la Marche** 아땅씨용 알 라 마르슈
공사 중	**Attention Travaux** 아땅씨용 트라보

114

우회로	**Déviation** 데비야씨용
일방통행	**Sens Unique** 쌍쓰 위니끄
막다른 골목	**Impasse** 엥빠쓰
횡단 금지	**Interdiction de Traverser** 엥떼르딕씨용 드 트라베르쎄
차량 통행 금지	**Interdit aux Voitures** 엥떼르디 또 브와뛰르
개조심	**Attention au Chien** 아땅씨용 노 쉬옝

지하철 · RER

…에 지하철로 가고 싶습니다.	**Je voudrais aller à … par métro.** 쥬 부드레 잘레 아 … 빠르 메트로
여기에서 가장 가까운 지하철 역/RER역은 어디입니까?	**Où est la station de métro/la gare du RER la plus proche d'ici?** 우 엘 라 스따씨용 드 메트로/라 가르 뒤 에르으에르 라 쁠뤼 프로쓔 디씨?
(지하철/RER) 매표소가 어 디입니까?	**Où est le guichet (de métro/du RER)?** 우 엘 르 기쉐 (드 메트로/뒤 에르으에르)? **Où vend-on des tickets?** 우 방 통 데 띠께?
…에 가려면 어느 노선을 타 야합니까?	**Quelle ligne faut-il prendre pour aller à …?** 껠르 리니으 포 띨 프랑드르 뿌르 알레 아 …?

115

…에 가려면 어디에서 내려야 됩니까?	**Où faut-il descendre pour aller à …?** 우 포 띨 데쌍드르 뿌르 알레 아 …?
…까지 가는 표 1장 주십시오.	**(Je voudrais) Un ticket pour aller à …, s'il vous plaît.** (쥬 부드레) 엉 띠께 뿌르 알레 아 …, 씰 부 쁠레
(10장짜리) 회수권을 주십시오. (*보통 까르네(carnet)라고 하면 10장짜리 회수권을 말함)	**Un carnet (de 10[dix] tickets), s'il vous plaît.** 엉 까르네 (드 디 띠께), 씰 부 쁠레
까르뜨 오랑쥬 하나 주십시오. (*파리지역의 지하철, RER, 버스 공용으로, 한달권이 있으며 기간 내 무제한 사용가능한 승차권)	**Donnez-moi une Carte Orange, s'il vous plaît.** 돈네 므와 윈느 까르뜨 오랑쥬, 씰 부 쁠레
…에 가려면 어디에서 갈아타야 합니까?	**Où faut-il changer pour aller à …?** 우 포 띨 샹줴 뿌르 알레 아 …?
거기에 도착하면 말씀해 주십시오.	**Dites-moi si on y arrive, s'il vous plaît.** 디뜨 므와 씨 옹 니 아리브, 씰 부 쁠레
실례합니다, 다음 역에서 내립니다.	**Excusez-moi, je descends à la prochaine.** 엑쓰뀌제 므와, 쥬 데쌍 잘 라 프로쉔느
…로 나가는 출구는 어느 쪽입니까?	**Quelle est la sortie pour …?** 껠 렐 라 쏘르띠 뿌르 …?
…행 다음/마지막 지하철은 몇 시에 떠납니까?	**À quelle heure part le prochain/dernier métro pour …?** 아 껠 뢰르 빠르 르 프로쉥/데르니예 메트로 뿌르 …?
…행 마지막 지하철은 이미 떠났습니까?	**Le dernier métro pour … est-il déjà parti?** 르 데르니예 메트로 뿌르 … 에 띨 데쟈 빠르띠?

116

…에 버스로 가고 싶습니다.

Je voudrais aller à … en autobus.
쥬 부드레 잘레 아 … 앙 노또뷔쓰

…에 가는 버스가 있습니까?

Y a-t-il un autobus pour …?
이 아 띨 엉 노또뷔쓰 뿌르 …?

버스운행시간표와 노선도를
어디에서 얻을 수 있습니까?

**Où peut-on avoir un guide
horaire et un plan des lignes d'
autobus?**
우 뾔 똥 나브와르 엉 기드 오레르 에 엉 쁠랑 데
리니오 도또뷔쓰?

어디에서 버스를 탑니까?

Où prend-on l'autobus?
우 프랑 똥 로또뷔쓰?

이 근처에/부근에 버스 정거
장이 있습니까?

**Y a-t-il un arrêt d'autobus près
d'ici/autour d'ici?**
이 아 띨 엉 나레 도또뷔쓰 프레 디씨/오뚜르 디씨?

…행 버스 정거장은 어디에
있습니까?

Où est l'arrêt d'autobus pour …?
우 엘 라레 도또뷔쓰 뿌르 …?

(…에 가려면) 어느 버스를
타야 합니까?

**Quel autobus faut-il prendre
(pour aller à …)?**
껠 로또뷔쓰 포 띨 프랑드르 (뿌르 알레 아 …)?

…에 가는 버스는 어떤 겁니
까?

Quel est l'autobus pour …?
껠 레 로또뷔쓰 뿌르 …?

…행은 어느 노선버스입니까?

Quelle ligne pour aller à …?
껠 리니오 뿌르 알레 아 …?

이 버스는 어떻게 된 겁니까?
(*버스가 빨리 오지 않을 때)

Où est passé cet autobus?
우 에 빠쎄 쎄 또또뷔쓰?

Qu'est-il arrivé à cet autobus?
께 띨 아리베 아 쎄 또또뷔쓰?

| 이 버스는 ···까지 갑니까? | Cet autobus va jusqu'à ···? |
| | 쎄 또또뷔쓰 바 쥐스까 ···? |

| 네, 타십시오. | Oui, montez. |
| | 위, 몽떼 |

| ···까지 얼마입니까? | C'est combien jusqu'à ···? |
| | 쎄 꽁비엥 쥐스까 ···? |

| ··· 유로입니다. 기계에 표를 넣어 펀치로 구멍을 뚫으세요. (*일회용 승차권의 경우에만) | ··· euros. Faites poinçonner votre ticket. |
| | ··· 외로. 훼뜨 쁘웽쏘네 보트르 디께 |

| 저는 ···에서 내리려고 합니다. | Je voudrais descendre à ···. |
| | 쥬 부드레 데쌍드르 아 ··· |

| ···까지는 정거장이 몇 개입니까? | Combien d'arrets y a-t-il jusqu'à ···? |
| | 꽁비엥 다레 이 아 띨 쥐스까 ···? |

| (···에 가려면) 어디에서 버스를/노선을 갈아타야 합니까? | Où dois-je changer d'autobus/ de ligne (pour aller à ···)? |
| | 우 드와 쥬 샹줴 도또뷔쓰/드 리니으 (뿌르 알레 아 ···?) |

| 제가 언제 내려야 할 지 알려주시겠습니까? | Pourriez-vous me dire quand je dois descendre? |
| | 뿌리에 부 므 디르 깡 쥬 드와 데쌍드르? |

| 실례합니다, 다음 정거장에서 내립니다. | Excusez-moi, je descends au prochain. |
| | 엑쓰뀌제 므와, 쥬 데쌍 조 프로쉥 |

| 내리려면 어떻게 하면 됩니까? | Que faut-il faire quand on veut descendre? |
| | 끄 포 띨 훼르 깡 똥 뵈 데쌍드르? |

| ···행 다음/마지막 버스는 몇 시에 떠납니까? | À quelle heure part le prochain/ dernier autobus pour ···? |
| | 아 껠 뢰르 빠르 르 프로쉥/데르니예 오또뷔쓰 뿌르 ···? |

…행 마지막 버스는 이미 떠났습니까?

Le dernier autobus pour … est-il déjà parti?
르 데르니에 오또뷔쓰 뿌르 … 에 띨 데쟈 빠르띠?

정차 요청 (*버스 내)

Arrêt Demandé
아레 드망데

● 택시

어디에서 택시를 잡을[탈] 수 있습니까?

Où peut-on prendre un taxi?
우 뾔 똥 프랑드르 엉 딱씨?

가장 가까운 택시정류장이 어디입니까?

Où est la station de taxi la plus proche?
우 엘 라 스따씨용 드 딱씨 라 쁠뤼 프로슈?

택시 좀 불러 주십시오.
(*호텔 리셉션에 부탁시)

Appelez-moi un taxi, s'il vous plaît.
아쁠레 므와 엉 딱씨, 씰 부 쁠레

택시! 빈차입니까?

Taxi! Êtes-vous libre?
딱씨! 에뜨 불 리브르?

빈차 (*택시에 표시된 신호)

Inoccupé
이노뀌뻬

Libre
리브르

이 주소로 가주세요.

Conduisez-moi[Allez] à cette adresse, s'il vous plaît.
꽁뒤제 므와[알레] 아 쎄 따드레쓰, 씰 부 쁠레

…, 부탁합니다.

…, s'il vous plaît.
…, 씰 부 쁠레

*샹젤리제 거리(L'Avenue des Champs-Elysées), 블로뉴 숲(Le Bois de Boulogne), 루브르 박물관

(Le Musée de Louvre) 등 목적지명이나 주소를 넣어 말하면 됨.

…까지 (대략) 얼마입니까?	**Combien (à peu près) jusqu'à …?** 꽁비엥 (아 쀠 프레) 쥐스까 …?
	Quel est le tarif pour …? 껠 레 르 따리프 뿌르 …?
	Combien ça coûte pour aller à …? 꽁비엥 싸 꾸뜨 뿌르 알레 아 …?
…까지 택시요금은 얼마입니까?	**Combien coûte le taxi pour aller à …?** 꽁비엥 꾸뜨 르 딱씨 뿌르 알레 아 …?
…는 (여기에서) 얼마나 멉니까?	**À quelle distance (d'ici) se trouve …?** 아 껠르 디스땅쓰 (디씨) 스 트루브 …?
…까지 왕복해주시겠습니까?	**Voulez-vous faire l'aller et le retour pour …?** 불레 부 훼르 랄레 엘 르 르뚜르 뿌르 …?
시간이 모두 얼마나 걸릴까요?	**Combien de temps faut-il en tout?** 꽁비엥 드 땅 포 틸 앙 뚜?
좌/우회전 해주십시오.	**Tournez à gauche/à droite, s'il vous plaît.** 뚜르네 자 고쓔/자 드르와뜨, 씰 부 쁠레
직진 해주십시오.	**Tout droit, s'il vous plaît.** 뚜 드르와, 씰 부 쁠레
속도를 더 내서/더 줄여서 운전해주시겠습니까?	**Pourriez-vous conduire plus/moins vite, s'il vous plaît?** 뿌리예 부 꽁뒤르 쁠뤼/므웽 비뜨, 씰 부 쁠레?
빨리 가 주십시오! 급합니다.	**Vite, s'il vous plaît! Je suis pressé(e).** 비뜨, 씰 부 쁠레! 쥬 쒸이 프레쎄

여기에서 내려주십시오.	**Je descends ici.** 쥬 데쌍 이씨
여기서 잠시 기다려 주시겠습니까?	**Pourriez-vous m'attendre un moment ici?** 뿌리예 부 마땅드르 엉 모망 이씨?
10분 후에 돌아오겠습니다.	**Je serai de retour dans 10[dix] minutes.** 쥬 쓰레 드 르뚜르 당 디 미뉘뜨
모두 얼마입니까?	**Combien ça coûte en tout?** 꽁비엥 싸 꾸뜨 앙 뚜?
이 요금은 미터기 요금과 다르네요.	**Ce prix ne correspond pas au taximètre.** 쓰 프리 느 꼬레스뽕 빠 조 딱씨메트르
너무 비싸네요. 좀 싸게 해 주십시오.	**Comme c'est cher! Faites-moi la réduction, s'il vous plaît.** 꼼므 쎄 쉐르! 훼뜨 므와 라 레뒥씨용, 씰 부 쁠레

● 렌터카

[렌터카 사무소]

렌터카 사무소는 어디에 있습니까?	**Où est l'agence de location de voiture?** 우 엘 라쟝쓰 들 로까씨용 드 브와뛰르?
차를 한 대 임대하고 싶습니다.	**Je voudrais louer une voiture.** 쥬 부드레 루에 윈느 브와뛰르
차 임대 예약을 했습니다.	**J'ai réservé une voiture.** 줴 레제르베 윈느 브와뛰르

이것이 예약증입니다.	**C'est mon bon de réservation.** 쎄 몽 봉 드 레제르바씨용
차종은 어떤 것이 있습니까?	**Quel type de voitures avez-vous?** 껠 띠쁘 드 브와뛰르 아베 부?
대형 / 중형 / 소형차 / 스포츠카 / 오토매틱 차를 임대하고 싶습니다.	**Je voudrais louer une grande voiture / une voiture moyenne / une petitie voiture / une voiture de sport / une automatique.** 쥬 부드레 루에 윈느 그랑드 브와뛰르 / 윈느 브와뛰르 므와이엔느 / 윈느 쁘띠뜨 브와뛰르 / 윈느 브와띠르 드 스뽀르 / 윈 노또마띠끄
이런 유형의 차를 임대하고 싶습니다.	**Je voudrais louer une voiture de cette catégorie.** 쥬 부드레 루에 윈느 브와뛰르 드 쎄뜨 까떼고리
임대하기 전에 그 차를 보고 싶습니다.	**Je voudrais voir la voiture avant de la louer.** 쥬 부드레 브와르 라 브와뛰르 아방 들 라 루에
… 시간/일 동안 쓰려고 합니다.	**Je la voudrais pour … heures / jours.** 쥴 라 부드레 뿌르 … 외르/쥬르
하루/일주일 사용할 것입니다.	**Je l'utiliserai un jour / une semaine.** 쥴 뤼띨리즈레 엉 쥬르/윈느 스멘느
하루/일주일에 요금은 얼마입니까?	**Quel est le tarif par jour / semaine?** 껠 렐 르 따리프 빠르 쥬르/스멘느? **Combien est-ce à la journée / semaine?** 꽁비엥 에 스 알 라 쥬르네/스멘느?
킬로미터당 요금은 얼마입니까?	**Quel est le tarif par kilomètre?** 껠 렐 르 따리프 빠르 낄로메트르?

Combien est-ce au kilomètre?
꽁비엥 에 스 오 킬로메트르?

킬로수가 제한되어 있지 않습니까?[주행거리는 무제한입니까?]

Le kilomètrage est-il illimité?
르 킬로메트라쥬 에 띨 일리미떼?

요금표를 보여주시겠습니까?

Montrez-moi une liste de tarif[les tarif], s'il vous plaît?
몽트레 므와 윈느 리스뜨 드 따리프[레 따리프], 씰 부 쁠레?

요금에 보험은 포함된 것입니까?

L'assurance est-elle comprise?
라쒸랑스 에 뗄 꽁프리즈?

내일 아침에 …로 차를 보내주십시오.

Veuillez amener la voiture demain matin à ….
뵈이예 자므네 라 브와뛰르 드멩 마뗑 아 …

차를 여기서 취해서 …에서 반환하고 싶습니다.

Je voudrais prendre la voiture ici et la rendre à ….
쥬 부드레 프랑드르 라 브와뛰르 이씨 엘 라 랑드르 아 …

차를 다른 도시에서 반환해도 됩니까?

Pourrais-je remettre la voiture dans une autre ville?
뿌레 쥬 르메트르 라 브와뛰르 당 쥔 노트르 빌르?

차를 …에서 반환해도 됩니까?

Pourrais-je quitter la voiture à …?
뿌레 쥬 끼떼 라 브와뛰르 아 …? (*차를 임대하는 상황에서)

보험에 들고 싶습니다.

Je voudrais m'assurer.
쥬 부드레 마쒸레

보험도 들겠습니다.

Je prendrai aussi l'assurance.
쥬 프랑드레 오씨 라쒸랑쓰

종합보험에 들고 싶습니다.

Je voudrais une assurance tous risques.
쥬 부드레 쥔 나쒸랑쓰 뚜 리스끄

보증금을 내야합니까?	**Dois-je verser une caution?** 드와 쥬 베르쎄 윈느 꼬씨용?
보증금이 얼마나 됩니까?	**Combien s'élève la caution?** 꽁비엥 쎌레브 라 꼬씨용? **C'est combien la caution?** 쎄 꽁비엥 라 꼬씨용?
신용카드를 가지고 있습니다.	**J'ai une carte de crédit.** 줴 윈느 까르뜨 드 크레디
이것이 제 운전면허증입니다.	**Voici mon permis de conduire.** 브와씨 몽 뻬흐미 드 꽁뒤르
특별한 운전면허증이 필요합 니까?	**Faut-il un permis de conduire spécial?** 포 띨 엉 뻬흐미 드 꽁뒤르 스뻬씨알?
국제 (운전)면허증은 유효합 니까[사용할 수 있습니깨?	**Le permis (de conduire) international est-il valable?** 르 뻬흐미 (드 꽁뒤르) 엥떼르나씨요날 에 띨 발라블르?
문제발생시를 대비해서 연락 처를 주십시오.	**Donnez-moi l'adresse auquelle on peut contacter en cas d'embarras.** 돈네 므와 라드레쓰 오껠 롱 쁴 꽁딱떼 앙 까 당바라
드라이브인 (*자동차에 탄 채 들어가는 식당·휴게소·영화 관·은행)	**dirve-in(m.)** 드라이브인
자동차 여행자를 위한 도로 변의 음식점	**restoroute[restauroute](m.)** 레스또루뜨
신호등	**feu de circulation(m.)** 쬐 드 씨르뀔라씨용
(적/청/황) 신호등	**feu (rouge/bleu/jaune)(m.)** 쬐 루쥬/블뢰/죠느

124

[주유소]

이 근처에 주유소가 있습니까?

Y a-t-il une station-service près d'ici?
이 아 띨 윈느 스따씨용 쎄르비쓰 프레 디씨?

가장 가까운 주유소가 어딥니까?

Où est la station-service la plus proche?
우 엘 라 스따씨용 쎄르비쓰 라 쁠뤼 프로쓔?

Indiquez-moi où se trouve la station d'essence la plus proche, s'il vous plaît.
엥디께 므와 우 스 트루브 라 스따씨용 데쌍스 라 쁠뤼 프로쓔, 씰 부 쁠레

가득 채워 주십시오.

(Faite-moi) Le plein, s'il vous plaît.
(훼뜨 므와) 르 쁠렝, 씰 부 쁠레

(무연) 휘발유/휘발유 20리터 넣어 주십시오.

Mettez-moi 20[vingt] litres d'essence(sans plomb)/de gas-oil, s'il vous plaît.
메떼 므와 벵 리트르 데쌍쓰 (쌍 쁠롱)/드 가조일, 씰 부 쁠레

30유로어치 넣어 주십시오.

Mettez-m'en pour 30[trente] euros, s'il vous plaît.
메떼 망 뿌르 트랑 뙤로, 씰 부 쁠레

앞창을 닦아주십시오.

Veuillez nettoyer le pare-brise, s'il vous plaît.
뵈이예 네뜨와이예 르 빠르 브리즈, 씰 부 쁠레

배터리를/브레이크 오일을 체크해주십시오.

Vérifiez-moi la batterie/le liquide des freins, s'il vous plaît.
베리피예 므와 라 바뜨리/르 리끼드 데 프렝, 씰 부 쁠레

물과 기름 양을 체크해 주십시오.

Contrôlez les niveaux d'eau et d'huile, s'il vous plaît.
꽁트롤레 레 니보 도 에 뒬르, 씰 부 쁠레

교통

125

타이어의 공기압력을 점검해
주시겠습니까?

**Pourriez vous controler la pression
des pneus?**

뿌리예 부 꽁트롤레 라 프레씨용 데 쁘뇌?

스페어타이어도 체크해 주십
시오.

**Vérifiez la roue de secours, s'il
vous plaît.**

베리피예 라 루 드 스꾸르, 씰 부 쁠레

[정비소]

가장 가까운 정비소가 어디
인지 알려주시겠습니까?

**Pourriez-vous me dire où se
trouve le garage le plus proche?**

뿌리예 부 므 디르 우 스 트루브 르 가라쥬 르 쁠뤼
프로쓔?

실례합니다. 제 차가 고장
났습니다.

**Excusez-moi. Ma voiture est en
panne.**

엑쓰뀌제 므와. 마 브와뛰르 에 땅 빤느

정비소에 전화 좀 걸어주시
겠습니까?

**Pourriez-vous téléphoner à un
garage?**

뿌리예 부 뗄레포네 아 엉 가라쥬?

당신 (휴대) 전화 좀 사용할
수 있겠습니까?

**Puis-je utiliser votre téléphone
(portable/mobile)?**

쀠 쥬 위띨리제 보트르 뗄레폰느 (뽀르따블르/모빌르)?

**Pourrais-je me servir de votre
téléphone (portable/mobile)?**

뿌레 쥬 므 쎄르비르 드 보트르 뗄레폰느 (뽀르따블르/
모빌르)?

이 전화는 어떻게 사용합니까?

**Comment se sert-on de ce
téléphone?**

꼬망 쓰 쎄르 똥 드 쓰 뗄레폰느?

가까운 공중전화(부스)가 어
디에 있습니까?

**Où est la cabine téléphonique la
plus proche?**

우 엘 라 까빈느 뗄레포니끄 라 쁠뤼 프로쓔?

이 전화 통화됩니까?
(*공중전화부스에서 나오는 사람에게 물어볼 때)

Est-ce que ça marche?
에 스 끄 싸 마르슈?

…에서 자동차 고장이 났습니다.

Je suis tombé(e) en panne à ….
쥬 쒸이 똥베 앙 빤느 아 …

… 도로상에서 오도 가도 못하고 있습니다. (*자동차 고장으로)

Je suis en panne sur la route ….
쥬 쒸이 장 빤느 쒸르 라 루뜨 …

뭔 일인지 모르겠습니다.
(*여기선 자동차 고장의 이유를 모르겠다는 뜻)

Je ne sais pas ce que c'est.
쥬 느 쎄 빠 스 끄 쎄

시동이 걸리지 않습니다.

Je n'arrive pas à démarrer.
쥬 나리브 빠 자 데마레

배터리가 나갔습니다.

La baterrie est à plat.
라 바뜨리 에 따 쁠라

엔진이 과열하고 있습니다.

Le moteur chauffe.
르 모뙤르 쇼프

휘발유가 없습니다.

Je suis en panne d'essence[de gas-oil].
쥬 쒸이 장 빤느 데쌍쓰[드 가조일]

타이어가 펑크 났습니다.

J'ai un pneu crevé[à plat].
줴 엉 쁘뇌 크르베[아 쁠라]

브레이크/카뷰레이터/라디에이터/휠에 문제가 있습니다.

J'ai un problème avec les freins /le carburateur/le radiateur/une roue.
줴 엉 프로블렘므 아베끄 레 프렝/르 까르뷔라뙤르/ 르 라디아뙤르/윈느 루

기술자 한 사람 보내주십시오.

Pourriez-vous m'envoyer un mécanicien?
뿌리예 부 망브와이예 엉 메까니씨엥?

응급수리 할 사람을 보내주십시오.	**Envoyez-moi quelqu'un pour me dépanner, s'il vous plaît.** 앙브와이예 므와 껠껑 뿌르 므 데빠네, 씰 부 쁠레
응급수리공/응급수리차 한 대 보내주십시오.	**Pourriez-vous m'envoyer un dépanneur/une dépanneuse?** 뿌리예 부 망브와이예 엉 데빠뇌르/윈느 데빠뇌즈?
시간이 얼마 정도 걸리겠습니까?	**Combien de temps faut-il compter?** 꽁비옝 드 땅 포 띨 꽁떼?
얼마 동안이나 기다려야 합니까?	**Combien de temps dois-je l'attendre?** 꽁비옝 드 땅 드와 쥘 라땅드르?
얼마 동안이나 꼼짝 못하고 있어야 합니까?	**Combien de temps serai-je immobilisé(e)?** 꽁비옝 드 땅 쓰레 쥬 이모빌리제?
타이어 갈아끼는 것 좀 도와 주시겠습니까?	**Pourriez-vous m'aider à changer de pneu?** 뿌리예 부 메데 아 샹줴 드 쁘뇌?
…로 데려다 주시겠습니까?	**Pourriez-vous me conduire à …?** 뿌리예 부 므 꽁뒤르 아 …?
이 타이어 좀 수선해주십시오.	**Pourriez-vous réparer ce pneu?** 뿌리예 부 레빠레 쓰 쁘뇌?
전구/팬 벨트/와이퍼 좀 바꿔주십시오.	**Pourriez-vous changer l'ampoule /la courroie du ventilateur/les essuies-glace?** 뿌리예 부 샹줴 랑뿔/라 꾸르와 뒤 방띨라뙤르/레 제쒸이 글라쓰?

[주차장]

어디에 주차시켜야 합니까?	**Où puis-je garer ma voiture?** 우 쀠 쥬 가레 마 브와뛰르?

	Où puis-je me garer? 우 쀠 쥬 므 가레?
여기 세워도 됩니까?	**Puis-je me garer ici?** 쀠 쥬 므 가레 이씨?
이곳에 몇 시간 주차할 수 있습니까?	**Combien de temps puis-je rester ici?** 꽁비엥 드 땅 쀠 쥬 레스떼 이씨?
주차시간 자동표시기에 넣을 동전이 있습니까?	**Avez-vous de la monnaie pour le parcomètre?** 아베 부 들 라 모네 뿌르 르 빠흐꼬메트르?
근처에 주차장이 있습니까?	**Y a-t-il un parking/un parc de stationnement près d'ici?** 이 아 띨 엉 빠흐낑/엉 빠흐끄 드 스따씨온느망 프레 디씨?
이 주차장은 무료입니까, 유 료입니까?	**Ce parking est-il gratuit ou payant?** 쓰 빠흐낑 에 띨 그라뛰 우 뻬이양?
시간당 요금은 얼마입니까?	**Quel est le tarif par heure?** 껠 렐 르 따리프 빠르 외르? **Quel est le tarif horaire?** 껠 렐 르 따리프 오레르?
제 차를 주차 좀 해주시겠습 니까?	**Pourriez-vous garer ma voiture, s'il vous plaît?** 뿌리예 부 가레 마 브와뛰르, 씰 부 쁠레?
주차금지	**DÉFENSE[INTERDIT] DE STATIONNER** 데팡쓰[엥떼르디] 드 스따씨온네 **STATIONNEMENT INTERDIT** 스따씨온느망 뗑떼르디

교
통

주차금지 지역	**Zone de Stationnement Interdit** 존느 드 스따씨욘느망 뗑떼르디
입구/출구	**ENTRÉE/SORTIE** 앙트레/쏘르띠
만차(滿車)	**COMPLET** 꽁쁠레

시외버스 [고속버스]

장거리 시외버스 정거장은 어디입니까?	**Où est l'arrêt d'autocar pour les grandes distances?** 우 엘 라레 도또까르 뿌르 레 그랑드 디스땅쓰?
…행 시외버스 정거장은 어디입니까?	**Où est l'arrêt d'autocar pour …?** 우 엘 라레 도또까르 뿌르 …?
터미널은 저곳 길모퉁이에 있습니다.	**Le termius d'autocar est au coin de cette rue-là.** 르 떼르미뉘쓰 도또까르 에 또 끄웽 드 세뜨 뤼 라
매표소는 어디입니까?	**Où est le guichet?** 우 엘 르 기쉐?
버스 안에서 표를 살 수 있습니까?	**Peut-on acheter un ticket en autocar?** 뾔 똥 나슈떼 엉 띠께 앙 노또까르?
…행 표 1장 부탁합니다. 시간이 얼마나 걸립니까?	**1[Un] billet pour …, s'il vous plaît. Combien de temps met-il?** 엉 비이예 뿌르 …, 씰 부 쁠레. 꽁비옝 드 땅 메 띨?
거기까지 가는 여정은 시간이 얼마나 걸립니까?	**Combien de temps dure le trajet?** 꽁비옝 드 땅 뒤르 르 트라줴?

…에서 잠시 쉬는 것까지 포함해서 6시간입니다.	**6[six] heures y compris une pause à ….** 시 죄르 이 꽁프리 윈느 뽀즈 아 …
…행 버스는 몇 시에 출발합니까?	**À quelle heure partira l'autocar pour …?** 아 껠 뢰르 빠르띠라 로또까르 뿌르 …?
다음 버스는 몇 시에 출발합니까?	**À quelle heure partira le prochain autocar?** 아 껠 뢰르 빠르띠라 르 프로쉥 노또까르?
(버스) 시간표를 좀 주시겠습니까?	**Voudriez-vous me donner un horaire (d'autobus)?** 부드리예 부 므 돈네 엉 노레르 (도또뷔쓰)?
짐은 어디에 둡니까?	**Où est-ce qu'on peut mettre des bagages?** 우 에 스 꽁 뾔 메트르 데 바가쥬?
이 버스는 …에서 정차합니까?	**Cet autocar s'arrête-t-il à …?** 쎄 또또까르 싸렛 띨 아 …?
여기서 얼마나 정차합니까?	**Pour combien de temps est-ce qu'on s'arrête ici?** 뿌르 꽁비엥 드 땅 에 스 꽁 싸렛 띠씨?

열 차

[철도 안내소]

안내소가 어디에 있습니까?	**Où se trouve le bureau de renseignement?** 우 스 트루브 르 뷔로 드 랑쎄니으망?

…행 열차는 몇 시에 있습니까?	**À quelle heure y a-t-il un train pour …?** 아 껠 뢰르 이 아 띨 엉 트렝 뿌르 …?
당장/오늘 오후/내일 …에 가려고 합니다.	**Je voudrais aller à … tout de suite/cet après-midi/demain.** 쥬 부드레 잘레 아 … 뚜 드 쉬이뜨/쎄 따프레 미디/드멩
…행 열차는 몇 시에 출발합니까?	**À quelle heure part le train pour …?** 아 껠 뢰르 빠르 르 트렝 뿌르 …?
몇 시에 열차는 …에 도착합니까?	**À quelle heure arrive le train à …?** 아 껠 뢰르 아리브 르 트렝 아 …?
직행입니까?	**Est-il direct?** 에 띨 디렉뜨?
열차는 …에서 정차합니까?	**Le train s'arrête-t-il à …?** 르 트렝 싸렛 띨 아 …?
…로 가는 연결편이 있습니까?	**Est-ce qu'il existe une correspondance pour …?** 에 스 낄 에그지스뜨 윈느 꼬레스뽕당쓰 뿌르 …?
당일로 돌아올 수 있습니까?	**Peut-on rentrer dans la journée?** 쁴 똥 랑트레 당 라 쥬르네?
돌아오는 열차는 몇 시에 출발합니까?	**À quelle heure partira le train pour le retour?** 아 껠 뢰르 빠르띠라 르 트렝 뿌르 르 르뚜르?
더 늦게/일찍 출발하는 열차들이 있습니까?	**Y a-t-il des trains qui partent plus tard/tôt?** 이 아 띨 데 트렝 끼 빠르뜨 쁠뤼 따르/또?
…행 다음 열차는 몇 시에 출발합니까?	**Quand part le prochain train pour …?** 깡 빠르 르 프로쉥 트렝 푸르 …?

…행 첫 열차/마지막 열차[막차]는 몇 시에 출발합니까?

Quand part le premier/dernier train pour …?
깡 빠르 르 프르미에/데르니예 트렝 뿌르 …?

야간열차

train de nuit (m.)
트렝 드 뉘이

열차 시간표 있습니까?

Avez-vous un horaire (de train)?
아베 부 정 노레르 (드 트렝)?

열차 시간표를 좀 주십시오.

Donnez-moi un horaire (de train), s'il vous plaît.
돈네 므와 엉 노레르 (드 트렝), 씰 부 쁠레

오늘 이 열차 운행합니까?

Est-ce qu'il y a ce train aujourd'hui?
에 스 낄 리 야 쓰 트렝 노쥬르뒤이?

이 열차는 어느 역에서 출발하게 됩니까?

De quelle gare partira ce train?
드 껠 가르 빠르띠라 쓰 트렝?

…행 열차는 어느 역에서 출발합니까?

De quelle gare part le train pour …?
드 껠르 가르 빠르 르 트렝 뿌르 …?

…역은 어디에 있습니까?

Où est la gare de …?
우 엘 라 가르 드 …?

예약을 해야만 합니까?

La réservation est nécessaire?
라 레제르바씨용 에 네쎄쎄르?

예약하지 않고 이 열차를 탈 수 있습니까?

Peut-on prendre ce train sans réservation?
뾔 똥 프랑드르 쓰 트렝 쌍 레제르바씨용?

A, B, C를 여행하고 싶은데, 어떻게 해야 가장 싸게 여행할 수 있습니까?

Je voudrais visiter A, B et C, comment s'y prendre pour les visiter au prix le plus bas?
쥬 부드레 비지떼 A, B 에 C, 꼬망 지 프랑드르 뿌르 레 비지떼 오 프리 르 쁠뤼 바?

교통

…행 차표 얼마입니까?	**Quel est le prix du billet pour …?** 껠 렐 르 프리 뒤 비이예 뿌르 …?

[예약창구]

어디에서 예약할 수 있습니까?	**Où peut-on faire la réservation?** 우 쁴 똥 훼르 라 레제르바씨용?
예약사무소가 어디입니까?	**Où est le bureau de la réservation?** 우 엘 르 뷔로 들 라 레제르바씨용?
예약창구는 어디입니까?	**Où est le guichet des réservations?** 우 엘 르 기쉐 데 레제르바씨용?
이 열차의 좌석을 하나 예약하고 싶습니다.	**Je voudrais réserver une place dans ce train.** 쥬 부드레 레제르베 윈느 쁠라쓰 당 쓰 트렝
아직까지 예약이 가능한 열차는 어느 것입니까?	**Pour quel train la réservation est-elle encore possible?** 뿌르 껠 트렝 라 레제르바씨용 에 뗄 앙꼬르 뽀씨블르?
…행 좌석을 하나 예약하고 있습니다.	**Je voudrais réserver une place pour ….** 쥬 부드레 레제르베 윈느 쁠라쓰 뿌르 …
내일 오후 5시 50분 급행열차를 부탁합니다.	**L'express de 17[dix-sept] heures 50[cinquante] pour demain, s'il vous plaît.** 렉스프레쓰 드 디 쎄 뜨르 쎙깡뜨 뿌르 드멩, 씰 부 쁠레
특급열차(*급행열차(l'express) 보다 빠른 급행)	**rapide[train rapide](m.)** 라삐드[트렝 라삐드]
흡연석/금연석 부탁합니다. (*프랑스에선 2005년 말부터는 모든 열차내 흡연이 전면 금지됨)	**Fumeurs/Non fumeurs, s'il vous plaît.** 휘뫼르/농 휘뫼르, 씰 부 쁠레 **Je voudrais une place non fumeurs.** 쥬 부드레 쥔느 쁠라쓰 농 휘뫼르

할인을 받을 수 있습니까?	**Puis-je avoir une réduction?** 쀠 쥬 아브와르 윈느 레뒥씨용?
여기 제 신분증이 있습니다.	**Voici ma carte (d'identité).** 브와씨 마 까르뜨 (디당띠떼)
예약수수료는 얼마입니까?	**Combien coûte la réservation?** 꽁비엥 꾸뜨 라 레제르바씨용?
침대차 있습니까?	**Y a-t-il des couchettes?** 이 아 띨 데 꾸쉐뜨?
…행 침대차 한 자리는 얼마입니까?	**Combien est une couchette pour …?** 꽁비엥 에 뛴느 꾸쉐뜨 뿌르 …?
오늘저녁 …행 침대차 한 자리 예약하고 싶습니다.	**Je voudrais réserver une couchette pour … ce soir.** 쥬 부드레 레제르베 윈느 꾸쉐뜨 뿌르 … 쓰 쓰와르
상단/하단 침대로 주십시오.	**Une couchette en haut/en bas, s'il vous plaît.** 윈느 꾸쉐뜨 앙 노/앙 바, 씰 부 쁠레 **Je voudrais une couchette supérieure/inférieure.** 쥬 부드레 쥔느 꾸쉐뜨 쉬뻬리외르/엥훼리외르
차표 유효기간이 얼마나 됩니까?	**Quelle est la durée de validité du billet?** 껠 렐 라 뒤레 드 발리디떼 뒤 비이예?
예약을 변경하고 싶습니다.	**Je voudrais changer ma réservation.** 쥬 부드레 샹줴 마 레제르바씨용
이 차표를 취소해주실 수 있습니까?	**Pourriez-vous annuler ce billet?** 뿌리예 부 자뉠레 쓰 비이예?

교통

이 차표를 일등석으로 바꾸고 싶습니다.

Je voudrais changer ce billet pour la première classe.
쥬 부드레 샹줴 쓰 비이예 뿌르 라 프르미예르 끌라쓰

[매표소] ⋯⋯⋯⋯⋯⋯⋯⋯⋯⋯⋯⋯⋯⋯⋯⋯⋯⋯⋯⋯⋯⋯⋯⋯⋯⋯⋯⋯⋯⋯⋯⋯⋯⋯⋯

매표소는 어디에 있습니까?

Où est le guichet des billets?
우 엘 르 기쉐 데 비이예?

…행 열차표는 어느 매표소에서 팝니까?

À quel guichet est-ce qu'on vend un billet pour …?
아 껠 기쉐 에 스 꽁 방 엉 비이예 뿌르 …?

…까지 요금은 얼마입니까?

Combien pour …?
꽁비엥 뿌르 …?

할인요금 차표들이 있습니까?
(*아동 · 장애인 · 단체 · 학생 등)

Avez-vous des billets à tarif réduit?
아베 부 데 비이예 자 따리프 레뒤?

학생용 할인요금 차표는 어디에서 살 수 있습니까?

Où peut-on acheter un billet à tarif réduit pour les étudiants?
우 뾔 똥 나슈떼 엉 비이예 따 따리프 레뒤 뿌르 레 제뛰디앙?

…행 차표 1장 주십시오.

Je voudrais 1[un] billet pour ….
쥬 부드레 엉 비이예 뿌르 …

편도입니까, 왕복입니까?
(*직원이 묻는 말)

Aller-simple ou aller-retour?
알레 쎙쁠르 우 알레 르뚜르?

일등석입니까, 이등석입니까?

En première ou en deuxieme classe?
앙 프르미예르 우 앙 되지엠므 끌라쓰?

어떤 기차입니까?

Quel train?
껠 트렝?

급행열차, 일등/이등석 차표 1장 주십시오.

1[Une] première/seconde sur l'express, s'il vous plaît.
윈느 프르미예르/쓰공드 쒸르 렉스프레쓰, 씰 부 쁠레

136

…행 편도 이등석 차표 1장 주십시오.

1[Un] aller-simple en deuxième classe pour …, s'il vous plaît.
엉 날레 쎙쁠르 앙 되지옘므 끌라쓰 뿌르 …, 씰 부 쁠레

…행 왕복 이등석 차표 1장 주십시오.

1[Un] aller-retour en deuxème classe pour …, s'il vous plaît.
엉 날레 르뚜르 앙 되지옘므 끌라쓰 뿌르 …, 씰 부 쁠레

이 차표는 몇 일간이나 유효 합니까?

Pour combien de jours ce billet est-il valable?
뿌르 꽁비엉 드 쥬르 쓰 비이예 떼 띨 발라블르?

이 차표로 도중하차가 가능 합니까?

Peut-on s'arrêter en cours de route avec ce billet?
뾔 똥 싸레떼 앙 꾸르 드 루뜨 아베끄 쓰 비이예?

이 열차는 …직행입니까?

Ce train va-t-il directement à …?
쓰 트렝 바 띨 디렉뜨망 아 …?

아니오, …에서 갈아타야 합 니다.

Non, il faut changer à ….
농, 일 포 샹줴 아 …

열차를 갈아타야 합니까?

Dois-je changer de train?
드와 쥬 샹줴 드 트렝?

아니오, 갈아타는 것 없습니다.

Non, il n'y a pas de changement.
농, 일 니 아 빠 드 샹쥬망

…에 가려면 어디에서 갈아 타야합니까?

Où est-ce qu'on change de train pour aller à …?
우 에 스 꽁 샹쥬 드 트렝 뿌르 알레 아 …?

갈아타는 곳을 여기에 적어 주시겠습니까?

Voudriez-vous écrire la correspondance ici?
부드례예 부 제크리르 라 꼬레스뽕당쓰 이씨?

…까지 시간이 얼마나 걸립 니까?

Combien de temps faut-il pour aller à …?
꽁비엉 드 땅 포 띨 뿌르 알레 아 …?

교통

코인 라커는 어디에 있습니까? (*동전 넣는 자동 라커)	**Où est la consigne automatique?** 우 엘 라 꽁씨니으 오또마띠끄?
수하물 보관소는 어디에 있습니까? (*임시로 짐 맡기는 곳)	**Où est la consigne?** 우 엘 라 꽁씨니으?
제 짐들을 맡기고 싶습니다.	**Je voudrais déposer mes bagages, s'il vous plaît.** 쥬 부드레 데뽀제 메 바가쥬, 씰 부 쁠레
제 짐들을 체크인 하고 싶습니다.	**Je voudrais faire enregistrer mes bagages.** 쥬 부드레 훼르 앙르지스트레 메 바가쥬
플랫폼으로 나가시기 전에 표를 기계에 넣어 개찰하는 것을 잊지 마십시오.	**N'oubliez pas de composter votre ticket avant de passer sur le quai.** 누블리예 빠 드 꽁뽀스떼 보트르 띠께 따방 드 빠쎄 쒸르 르 께

[유레일패스]

유레일패스도 받습니까[유레일패스로 탈 수 있습니까]?	**Acceptez-vous l'Eurail-Pass?** 악쎕떼 불 뢰라이으 빠쓰?
유레일패스로 할인됩니까?	**Y a-t-il la réduction avec l'Eurail-Pass?** 이 아 띨 라 레뒥씨용 나베끄 뢰라이으 빠쓰?
오늘부터 유레일패스를 사용하고 싶습니다.	**Je voudrais utiliser mon Eurail-Pass à partir d'aujourd'hui.** 쥬 부드레 쥐띨리제 몽 뇌라이으 빠쓰 아 빠르띠르 도쥬르뒤이
	Je voudrais commencer à utiliser cet Eurail-Pass aujourd'hui. 쥬 부드레 꼬망쎄 아 위띨리제 쎄 뙤라이으 빠쓰 오쥬르뒤이

사용시작을 유효화 해주시겠습니까?	**Pourriez-vous me le valider, s'il vous plaît?** 뿌리예 부 므 르 발리데, 씰 부 쁠레?
날짜를 기입하고 스탬프를 찍어주십시오.	**Veuillez inscrire la date et estampiller, s'il vous plaît.** 뵈이예 젱스크리르 라 다뜨 에 에스땅삐이예, 씰 부 쁠레
이것을 모레부터 15일간 사용하고 싶습니다.	**Je voudrais utiliser ceci à partir de l'après-demain pour 15[quinze] jours.** 쥬 부드레 쥐띨리제 쓰씨 아 빠르띠르 들 라프레 드멩 뿌르 껭즈 쥬르
실례지만, 유레일패스를 분실했습니다.	**Excusez-moi, j'ai perdu mon Eurail-Pass.** 엑쓰뀌제 므와, 줴 뻬흐뒤 몽 뢰라이으 빠쓰
재발급해주시겠습니까?	**Voudriez-vous me[m'en] délivrer un autre?** 부드리예 부 므[망] 델리브레 엉 노트르?
발급증명서를 가지고 계십니까?	**Avez-vous la certification de délivrance?** 아베 불 라 쎄르띠피까씨용 드 델리브랑쓰?
네, 여기 있습니다.	**Oui, la voici.** 위, 라 브와씨
유레일패스 구매증명서가 여기 있습니다.	**Voici le certificat d'achat.** 브와씨 르 쎄르띠피까 다샤
즉시 재발급해주실 수 있습니까?	**Pourriez-vous m'en faire un autre tout de suite?** 뿌리예 부 망 풰르 엉 노트르 뚜 드 쉬이뜨?
재발급 받을 수 있는 가장 가까운 역은 어디입니까?	**Où est la plus proche gare pour faire délivrer une nouvelle carte?**

교
통

우 엘 라 쁠뤼 프로쓔 가르 뿌르 훼르 델리브레 윈느
누벨르 까르뜨?

| 알겠습니다. 감사합니다. | **D'accord. Je vous remercie.** |
| | 다꼬르. 쥬 부 르메르씨 |

[플랫폼] ·······································

···행 열차는 어느 플랫폼에
서 출발합니까?

**À[De] quel quai part le train
pour ···?**
아[드] 껠 께 빠르 르 트렝?

···행 열차는 어느 플랫폼에
도착합니까?

**Sur quel quai arrive le train pour
···?**
쒸르 껠 께 아리브 르 트렝 뿌르 ···?

···발 열차는 어느 플랫폼에
도착합니까?

**Sur quel quai arrive le train de
···?**
쒸르 껠 께 아리브 르 트렝 드 ···?

···번 플랫홈은 어디입니까?

Où se trouve le quai No. ···?
우 스 트루브 르 께 뉘메로 ···?

···행 열차가 이 플랫폼에서
출발하는 것 맞습니까?

C'est bien le quai pour ···?
쎄 비엥 르 께 뿌르 ···?

**Est-ce bien de ce quai que part
le train pour ···?**
에 스 비엥 드 쓰 께 끄 빠르 르 트렝 뿌르 ···?

이 열차 어디행입니까?

Où va ce train?
우 바 쓰 트렝?

이 열차 ···행 맞습니까?

Est-ce bien le train pour ···?
에 스 비엥 르 트렝 뿌르 ···?

이 열차 ···에 갑니까?

Ce train va-t-il à ···?
쓰 트렝 바 띨 아 ···?

이 열차 ···까지 직행입니까?	**Ce train est direct jusqu'à ···?** 쓰 트렝 에 디렉뜨 쥐스까 ···?
이 열차 ···에서 정차합니까?	**Ce train s'arrête-t-il à ···?** 쓰 트렝 싸렛 띨 아 ···?
어디에서 갈아타야합니까?	**Où faut-il changer?** 우 포 띨 샹줴?
이 열차는 어떻게 된 겁니까? (*열차가 제 시간에 오지 않을 때)	**Où est passé ce train?** 우 에 빠쎄 쓰 트렝? **Qu'est-il arrivé à ce train?** 께 띨 아리베 아 쓰 트렝?

[열차 안] ···

이 열차 ···행 맞습니까?	**Est-ce bien le train pour ···?** 에 스 비엥 르 트렝 뿌르 ···?
이 객차는 ···에 갑니까?	**Cette voiture va-t-elle à ···?** 쎄뜨 브와뛰르 바 뗄 아 ···?
실례지만, 좀 지나가겠습니다.	**Excusez-moi(, je voudrais passer).** 엑쓰뀌제 므와(, 쥬 부드레 빠쎄) **Pardon(, puis-je passer?)** 빠르동(, 쀠 쥬 빠쎄?) **Excusez-moi(, laissez-moi passer, s'il vous plaît)** 엑쓰뀌제 므와(, 레쎄 므와 빠쎄, 씰 부 쁠레)
빈 좌석입니까?	**Est-ce libre?** 에 쓸 리브르?
이 좌석 임자 있습니까?	**Cette place est-elle occupée?** 쎄뜨 쁠라쓰 에 뗄 오뀌뻬?
여긴 제 좌석 같은데요.	**Je crois que c'est ma place.** 쥬 크르와 끄 쎄 마 쁠라쓰

교
통

어머, 죄송합니다.

Oh, excusez-moi.
오, 엑쓰뀌제 므와

제 침대는 어디에 있습니까?
(*표를 보여주면서)

Où est ma couchette?
우 에 마 꾸쉐뜨?

창문을 열어/닫아도 되겠습니까?

Pourrais-je ouvrir/fermer la fenêtre?
뿌레 쥬 우브리르/훼르메 라 프네트르?

담배 피워도 되겠습니까?
(*프랑스에선 2004년 12월 이래 초고속열차(T.G.V.)에서 전면 금연을 실시하고 있고, 2005년 말부터는 모든 열차내 흡연이 전면 금지되므로 요주의)

Pourrais-je fumer?
뿌레 쥬 휘메?

Ça vous dérange que je fume?
싸 부 데랑쥬 끄 쥬 휨므?

Permettez-vous que je fume?
뻬흐메떼 부 끄 쥬 휨므?

여기서는 안 됩니다.

Non, pas ici.
농, 빠 이씨

이 차량 뒤에 끽연실[칸]이 있습니다.

Il y a un compartiment pour fumeurs au fond du wagon.
일 리 야 엉 꽁빠르띠망 뿌르 휘뫼르 오 퐁 뒤 바공

이 열차에 식당차가 있습니까?

Y a-t-il un wagon-restaurant dans ce train?
이 아 띨 엉 바공 레스또랑 당 쓰 트렝?

네, 카페테리아와 차내를 돌아다니며 판매하는 사람도 있습니다.

Oui, il y a aussi une caféteria et un vendeur ambulant.
위, 일 리 야 오씨 윈느 까페떼리야 에 엉 방되르 앙뷜랑

식당차는 예약이 필요합니까?

Faut-il réserver pour le wagon-restaurant?
포 띨 레제르베 뿌르 르 바공 레스또랑?

지금 여기가 어딥니까?

Où sommes-nous maintenant?
우 쏨므 누 멩뜨낭?

이 역은 무슨 역입니까?	**Quelle est cette gare?** 껠 레 쎄뜨 가르?
	À quelle gare sommes-nous? 아 껠르 가르 쏨므 누?
이 역에서 얼마 동안 멈춥니까?	**Combien de temps le train s'arrête-t-il ici?** 꽁비영 드 땅 르 트렝 싸렛 띨 이씨?
다음은 무슨 역입니까?	**Quelle est la prochaine gare?** 껠 레 라 프로쉔느 가르?
다음 역은 … 맞습니까?	**La prochaine gare est-elle bien …?** 라 프로쉔느 가르 에 뗄 비영 …?
…에 도착하려면 몇 시간 걸립니까?	**Combien d'heures faut-il pour arriver à …?** 꽁비영 되르 포 띨 뿌르 아리베 아 …?
…까지 아직 시간이 얼마나 더 걸립니까?	**Encore combien de temps jusqu'à …?** 앙꼬르 꽁비영 드 땅 쥐스까 …?
잠시만요, 시간표를 확인해보겠습니다. 3시간입니다.	**Un moment, je vais vérifier les horaires. 3[Trois] heures.** 엉 모망, 쥬 베 베리피예 레 조레르. 트르와 죄르
…에 도착하면 말씀해주십시오.	**Dites-moi quand on sera arrivé à …, s'il vous plaît.** 디뜨 므와 깡 똥 쓰라 아리베 아 …, 씰 부 쁠레
차표를 분실했습니다. 어떻게 해야 됩니까?	**J'ai perdu mon billet. Que dois-je faire?** 줴 뻬흐뒤 몽 비이예. 끄 드와 쥬 훼르?
내릴 역을 지나쳐버렸습니다.	**J'ai oublié de descendre.** 줴 우블리예 드 데쌍드르

J' ai manqué mon arrêt.
쥬 망께 몽 나레

어떻게 해야 목적지 역으로
되돌아갈 수 있습니까?

Comment puis-je retourner à ma destination?
꼬망 쀠 쥬 르뚜르네 아 마 데스띠나씨용?

다음 역에서 내려서 8번 열
차를 타십시오.

Descendez à la prochaine gare et prenez le train No. 8[huit].
데쌍데 잘 라 프로쉔느 가르 에 프르네 르 트렝
뉘메로 위뜨

[분실물이 있을 때]

분실물 신고센터는 어디에
있습니까?

Où est le bureau des objets trouvés?
우 엘 르 뷔로 데 조브줴 트루베?

실례지만, 제 가방을 열차에
잊고 내렸습니다.

Excusez-moi, j' ai oublié mon sac dans le train.
엑쓰뀌제 므와, 쥬 우블리예 몽 싸끄 당 르 트렝

어느 기차입니까?

Quel train?
껠 트렝?

…발 10시 50분 기차로 왔
습니다.

Je suis arrivé(e) ici par le train qui était parti de … à 10:50.
쥬 쒸이 자리베 이씨 빠르 르 트렝 끼 에떼 빠르띠 드
… 아 디쓰 쎙깡뜨

잊고 내리신 것이 어떤 가방
입니까?

Comment était le sac que vous avez oublié?
꼬망 에떼 르 싸끄 끄 부 자베 주블리예?

검은 숄더백입니다. 제 명찰
이 붙어 있습니다.

C' est un sac en bandoulière noir. Il y a une étiquette à mon nom.
쎄 떵 싹 깡 방둘리예르 느와르. 일 리 야 윈 네띠껫
따 몽 농

그 안에 무엇이 들어있었습니까?

Qu'est-ce qu'il y avait dedans?
께 스 낄 리 아베 드당?

가이드북이 들어있습니다.

Un guide.
엉 기드

연락드릴 주소를 남겨주십시오.

Laissez l'adresse à laquelle on peut vous contacter.
레쎄 라드레쓰 알 라껠 옹 쀠 부 꽁딱떼

되찾게 되면 전화 드리겠습니다.

Si c'est retrouvé, nous vous appellerons.
씨 쎄 르트루베, 누 부 자뻴르롱

언제, 어디에서 그것을 회수할 수 있겠습니까?

Quand et où pourrais-je le reprendre?
깡 에 우 뿌레 쥴 르 흐프랑드르?

● 관광 · 유람선

···강 관광선/유람선에는 어떤 것들이 있습니까?

Qu'est-ce qu'il y a comme bateaux de tourisme/d'excursion sur ···?
께 스 낄 리 야 꼼므 바또 드 뚜리씀므/덱쓰뀌르씨용 쒸르 ···?

하루에 몇 편 있습니까?

Combien de croisières y a-t-il par jour?
꽁비엥 드 크르와지예르 이 아 띨 빠르 쥬르?

선착장들은 어디에 있습니까?

Où sont les embarcadères?
우 쏭 레 장바르까데르?

배표는 어디에서 살 수 있습니까?

Où peut-on prendre les billets?
우 쀠 똥 프랑드르 레 비이예?

예약이 필요합니까?	**Faut-il réserver?** 포 띨 레제르베?
여기서 거기까지 왕복하는데 시간이 얼마나 걸립니까?	**Combien de temps faut-il pour s'y rendre et revenir ici?** 꽁비엥 드 땅 포 띨 뿌르 지 랑드르 에 르브니르 이씨?
다음 배는 몇 시 출발입니까?	**À quelle heure part le prochain bateau?** 아 껠 뢰르 빠르 르 프로쉥 바또? **À quelle heure est le prochain départ?** 아 껠 뢰르 엘 르 프로쉥 데빠르?
오늘은 야간 크루즈가 있습니까?	**Y a-t-il une croisière de nuit aujourd'hui?** 이 아 띨 윈느 크르와지예르 드 뉘이 또쥬르뒤이?
표 2장 주십시오.	**2[Deux] billets, s'il vous plaît.** 되 비이예, 씰 부 쁠레
식사요금이 포함된 겁니까?	**Le repas est-il compris?** 르 르빠 에 띨 꽁프리?
몇 시에 출발합니까?	**À quelle heure est-ce qu'on part?** 아 껠 뢰르 에 스 꽁 빠르?
어디에서 승선합니까?	**Où s'effectue l'embarquement?** 우 쎄휄뛰 랑바르끄망?

● 비행기

[항공권 구입] ·······

…행 비행기편 있습니까?	**Y a-t-il un vol pour …?** 이 아 띨 엉 볼 뿌르 …?

…행 다음 비행기는 언제 출발입니까?

Quand part le prochain avion pour …?

깡 빠르 르 프로쉘 나비용 뿌르 …?

…행 비행기는 언제 있습니까?

Quand y a-t-il un avion pour …?

깡 띠 아 띨 엉 나비용 뿌르 …?

그 비행기는 몇 시에 출발합니까?

À quelle heure part l'avion?

아 껠 뢰르 빠르 라비용?

그 비행기는 몇 시에 …에 도착합니까?

À quelle heure arrive l'avion à …?

아 껠 뢰르 아리브 라비용 아 …?

그 비행기는 10시에 이륙해서 4시에 도착합니다.

L'avion décolle à 10[dix] et arrive à 4[quatre] heures.

라비용 데꼴르 아 디쓰 에 아리브 아 까트 뢰르

…행 비행기를 타고 싶습니다.

Je voudrais prendre un avion pour ….

쥬 부드레 프랑드르 엉 나비용 뿌르 …

항공권이 있으십니까? (*직원이 묻는 말)

Avez-vous un billet?

아베 부 정 비이예?

아니오. 항공권을 사고 싶습니다.

Non. Je voudrais acheter un billet.

농. 쥬 부드레 자슈떼 엉 비이예

출발 전 공항에서 항공권을 살 수도 있습니까?

Peut-on acheter un billet à l'aéroport juste avant le départ?

뾔 똥 나슈떼 엉 비이예 딸 라에로뽀르 쥐스뜨 아방 르 데빠르?

일등석은 얼마입니까?

Combien coûte le billet première classe?

꽁비옝 꾸뜨 르 비이예 프르미예르 끌라쓰?

이코노미 클래스는 얼마입니까?

Combien coûte le billet classe économique[classe touriste]?

꽁비옝 꾸뜨 르 비이예 끌라쓰 에꼬노미끄[끌라쓰 뚜리스뜨]?

관광 할인요금이 있습니까?	**Y a-t-il un tarif excursion?** 이 아 띨 엉 따리프 엑쓰뀌르씨용?
요금이 덜 비싼 비행기편이 있습니까?	**Avez-vous des vols moins chers?** 아베 부 데 볼 므웽 쉐르?
몇 살이십니까?	**Quel âge avez-vous?** 껠 라쥬 아베 부?
23살입니다.	**J'ai 23[vingt-trois] ans.** 줴 벵 트르와 장
편도입니까, 왕복입니까?	**Un aller-simple ou un aller-retour?** 엉 날레 쌩쁠르 우 엉 날레 르뚜르?
편도입니다.	**Un aller-simple.** 엉 날레 쌩쁠르
그렇다면 할인을 받으실 수 없습니다.	**Alors, vous n'avez pas de réduction.** 알로, 부 나베 빠 드 레뒥씨옹
여기 제 여권/제 신분증이 있습니다.	**Voici mon passeport/ma carte d'identité.** 브와씨 몽 빠쓰뽀르/마 까르뜨 디당띠떼
…행 편도/왕복 항공권을 한 장 원합니다.	**Je voudrais un billet aller-simple /aller-retour pour ….** 쥬 부드레 정 비이예 딸레 쌩쁠르/딸레 르뚜르 뿌르 …
…행 비행기편 좌석을 하나 예약해주십시오.	**Réservez-moi une place pour le vol de …, s'il vous plaît.** 레제르베 므와 윈느 쁠라쓰 뿌르 르 볼 드 …, 씰 부 쁠레
그 비행기편을 언제 탈 수 있겠습니까?	**Quand puis-je prendre le vol?** 깡 쀠 쥬 프랑드르 르 볼?
그 비행기편번호[명] 가(이) 무엇입니까?	**Quel est le numéro de vol?** 껠 레 르 뉘메로 드 볼?

그 비행기편 출발시간이 언제입니까?	**Quelle est l'heure de départ du vol?**
	껠 렐 뢰르 드 데빠르 뒤 볼?
어느 공항에서 출발합니까?	**De quel aéroport décolle-t-il?**
	드 껠 아에로뽀르 데꼴르 띨?
직항입니까?	**Est-ce que le vol est direct?**
	에 스 끄 르 볼 에 디렉뜨?
비행기를 바꿔 타야 합니까?	**Est-ce que je dois changer d'avion?**
	에 스 끄 쥬 드와 샹줴 다비옹?
…행 연결편을 이용할 수 있습니까?	**Puis-je avoir une correspondance pour …?**
	쀠 쥬 아브와르 윈느 꼬레스뽕당쓰 뿌르 …?
중간기착지들은 어디입니까?	**Quelles sont les escales?**
	껠르 쏭 레 제스깔르?

교통

[항공권 예약]

여보세요, …항공입니까? (*전화통화시)	**Allô, c'est la compagnie aérienne …?**
	알로, 쎄 라 꽁빠니 아에리엔느 …?
여보세요, 에어 프랑스 맞습니까? (*전화통화시)	**Allô, c'est bien Air France?**
	알로, 쎄 비엥 네어 프랑쓰?
…행을 예약하고 싶습니다.	**Je voudrais faire la réservation pour ….**
	쥬 부드레 훼르 라 레제르바씨용 뿌르 …
…행 다음 비행기편을 예약하고 싶습니다.	**Je voudrais réserver le prochain vol pour ….**
	쥬 부드레 레제르베 르 프로쉥 볼 뿌르 …

항공권이 이미 있으십니까?	**Avez-vous déjà un billet?** 아베 부 데쟈 엉 비이예?
네, 항공권이 있습니다.	**Oui, j'ai mon billet.** 위 줴 몽 비이예
언제 떠나실 예정입니까?	**Quand partez-vous?** 깡 빠르떼 부?
가능한 한 빨리 떠나고 싶습니다.	**Je voudrais partir plus tôt que possible.** 쥬 부드레 빠르띠르 쁠뤼 또 끄 뽀씨블르
7월 29일에 좌석이 있습니다.	**Il y a des places pour le 29[vingt -neuf] juillet.** 일 리 야 데 쁠라쓰 뿌르 르 벵뜨 뇌프 쥐이예
좋습니다, 그것으로 하겠습니다.	**Bon, j'en prends une.** 봉, 쟝 프랑 쥔느
이름을 말씀해 주십시오.	**Votre nom, s'il vous plaît.** 보트르 농, 씰 부 쁠레
김, 케이 아이 엠입니다. (*이름을 불러준 후 알파벳을 다시 한번 불러줌) 오후 1시 15분에 출발하는 748번 편입니다.	**Kim, K-I-M.** 낌, 까 이 엠므 **Le vol No. 748[sept cents quarante -huit], le départ 13[treize] heures 15[quinze].** 르 볼 뉘메로 쎄뜨 쌍 까랑뜨 위뜨, 르 데빠르 트레 죄르 껭즈
어느 공항입니까?	**Quel aéroport?** 껠 아에로뽀르?
오를리 쒸드 공항입니다.	**Orly-sud.** 오를리 쒸드
좋습니다. 감사합니다.	**D'accord. Je vous remercie.** 다꼬르. 쥬 부 르메르씨

[만원이라 예약 불가능시]

언제 떠나실 예정입니까?

Quand partez-vous?
깡 빠르떼 부?

7월 28일 입니다.

Le 28[vingt-huit] juillet.
르 벵뜨 위뜨 쥐이예

죄송하지만, 7월 28일은 좌석이 없습니다.

Désolé(e), c'est déjà complet le 28 juillet.
데졸레, 쎄 데쟈 꽁쁠레 르 벵뜨 위뜨 쥐이예

죄송하지만, 이 비행기편은 만원입니다.

Je regrette, mais ce vol est complet.
쥬 르그레뜨, 메 쓰 볼 에 꽁쁠레

그렇다면 새로 예약해주십시오.

Alors, faites-moi une nouvelle réservation.
알로, 훼뜨 므와 윈느 누벨르 레제르바씨옹

…행 다음 비행기편은 언제 있습니까?

Quel est le prochain vol pour …?
껠 렐 르 프로쉥 볼 뿌르 …?

아니 이럴 수가! 아무리 늦어도 금요일 오전에는 …에 가있어야 합니다.

Oh, non! Il faut que je sois à … vendredi matin au plus tard.
오, 농! 일 포 끄 쥬 쓰와 아 … 방드르디 마뗑 노 쁠뤼 따르

그럼 어떻게 해야 합니까?
(*상대에게 해결 방법을 물을 때)

Comment pourrais-je faire?
꼬망 뿌레 쥬 훼르?

그게 좋겠군요. 예약해주십시오.

Très bien. Faites-moi une réservation.
트레 비엥. 훼뜨 므와 윈느 레제르바씨옹

비행기편 번호[명]와(과) 출발시간을 알려주십시오.

Donnez-moi le numéro de vol et l'heure de départ, s'il vous plaît.
돈네 므와 르 뉘메로 드 볼 에 뢰르 드 데빠르, 씰 부 쁠레

그 항공권 요금은 어떻게 됩니까?

Quel est le prix du billet?
껠 렐 르 프리 뒤 비이예?

제가 가지고 있는 항공권에 대한 추가요금[차액]만 낼 수 있습니까?

Puis-je seulement payer le supplément à la valeur de mon ticket?
쀠 쥬 쐴르망 뻬이예 르 쒸쁠레망 알 라 발뢰르 드 몽 띠께?

안됩니다. 미사용 항공구간에 대해서는 한국에서 환불 받으십시오.

Non. Vous devez vous faire rembourser le parcours non utilisé à votre retour en Corée.
농. 부 드베 부 훼르 랑부르쎄 르 빠흐꾸르 농 위띨리제 아 보트르 르뚜르 앙 꼬레

대기자명단에 등재(登載)

inscription(f.) sur la liste d'attente
엥스크립씨용 쒸르 라 리스뜨 다땅뜨

[예약 변경 및 해약시]

예약을 변경하고 싶습니다.

Je voudrais changer ma réservation.
쥬 부드레 샹줴 마 레제르바씨용

에어 프랑스 748번 편 예약을 취소하고 싶습니다.

Je voudrais annuler ma réservation sur le vol Air France No. 748.
쥬 부드레 자뉠레 마 레제르바씨용 쒸르 르 볼 에어 프랑쓰 뉘메로 쎄뜨 쌍 까랑뜨 위뜨

제 이름은 김일수입니다. 7월 29일 ···행 748번 편에 좌석을 하나 예약했습니다.

Je m'appelle Il-Soo Kim. J'ai réservé une place sur le vol No. 748 du 29 juillet pour ···.
쥬 마뻴르 일수 킴. 줴 레제르베 윈느 쁠라쓰 쒸르 르 볼 뉘메로 세뜨 쌍 까랑뜨 위뜨 뒤 벵뜨 뇌프 쥐이예 뿌르 ···

어느 비행기편을 원하십니까?

Quel vol souhaitez-vous?
껠 볼 스웨떼 부?

7월 31일편으로 변경하고 싶습니다.

Je voudrais changer ma réservation pour le 31[trente et un] juillet.
쥬 부드레 샹줴 마 레제르바씨용 부르 르 트랑 떼 엉 쥐이예

두 편이 있습니다. 오전과 오후 어느 쪽을 선호하십니까?

Nous avons deux vols. Préférez-vous le vol du matin ou le vol de l' après-midi?
누 자봉 되 볼. 프레훼레 불 르 볼 뒤 마땡 우 르 볼 들 라프레 미디?

오후 편의 출발시간은 몇 시입니까?

Quelle est l' heure de départ du vol de l' après-midi?
껠 렐 뢰르 드 데빠르 뒤 볼 들 라프레 미디?

교 통

좋습니다. 예약을 해주십시오.

Très bien. Faites-moi la réservation, s' il vous plaît.
트레 비엥. 훼뜨 므와 라 레제르바씨용, 씰 부 쁠레

[예약 재확인시] ··

···행 에어 프랑스의 제 좌석 예약을 확인하고 싶습니다.

Je voudrais reconfirmer ma réservation à destination de ··· sur la ligne Air France.
쥬 부드레 르꽁피르메 마 레제르바씨용 아 데스띠나씨용 드 ··· 쒸르 라 리니으 에어 프랑쓰

날짜와 비행기편 번호[명]가(이) 어떻게 되십니까?

À quelle date et quel est votre numéro de vol?
아 껠르 다뜨 에 껠 레 보트르 뉘메로 드 볼?

모레 748번 편입니다.

Le vol No. 748 pour après-demain.
르 볼 뉘메로 쎄뜨 쌍 까랑뜨 위뜨 뿌르 아프레 드멩

예약을 재확인하고 싶습니다.

Je voudrais reconfirmer ma réservation.
쥬 부드레 르꽁피르메 마 레제르바씨용

153

며칠날 떠나십니까?	**Quel jour partez-vous?** 껠 쥬르 빠르떼 부?
7월 29일입니다.	**Le 29 juillet.** 르 벵뜨 뇌프 쥐이예
어느 비행기편입니까?	**Par quel vol?** 빠르 껠 볼?
…행 748번 편입니다.	**Le vol No. 748 pour ….** 르 볼 뉘메로 쎄뜨 쌍 까랑뜨 위뜨 뿌르 …
이름을 말씀해 주십시오.	**Votre nom, s'il vous plaît.** 보트르 농, 씰 부 쁠레
김, 케이 아이 엠입니다.	**Kim, K-I-M.** 낌, 까 이 엠므
당신은 예약되어 있지 않습니다.	**Je ne trouve aucune trace de votre réservation.** 쥬 느 트루브 오뀐느 트라쓰 드 보트르 레제르바씨옹
어떻게 그럴 수 있죠? 무슨 착오가 있는 게 분명합니다.	**Comment ça se fait? Il doit y avoir une erreur.** 꼬망 싸 쓰 훼? 일 드와 띠 아브와르 윈 네뢰르
하지만 괜찮습니다. 그 비행기편에 좌석들이 아직 남아 있습니다.	**Mais ça ne fait rien. Il reste encore des places sur le vol.** 메 싸 느 훼 리옝. 일 레스뜨 앙꼬르 데 쁠라쓰 쒸르 르 볼
당신의 예약이 재확인되었습니다.	**Votre réservation est reconfirmée.** 보트르. 레제르바씨옹 에 르꽁피르메
몇 시에 출발하는지 알고 싶습니다.	**Je voudrais savoir à quelle heure on part.** 쥬 부드레 싸브와르 아 껠 뢰르 옹 빠르
오후 1시 15분입니다.	**13 heures 15.** 트레 죄르 껭즈

비행기는 몇 시에 이륙합니까?

À quelle heure l'avion décolle?
아 껠 뢰르 라비용 데꼴르?

오를리 쉬드 공항에서 오후 1시 15분 이륙합니다.

Il décolle à 13 heures 15 de l'aéroport Orly-Sud.
일 데꼴르 아 트레 죄르 껭즈 들 라에로뽀르 오를리 쉬드

몇 시에 공항에 가야합니까?

À quelle heure dois-je être à l'aéroport?
아 껠 뢰르 드와 쥬 에트르 알 라에로뽀르?

늦어도 12시 15분까지는 도착하십시오.

Soyez là à 12[douze] heures 15[quinze] au plus tard.
스와이예 라 아 두 죄르 껭즈 오 쁠뤼 따르

몇 시까지 체크인[탑승수속]을 해야 합니까?

Jusqu'à quelle heure dois-je faire enregistrer mon billet?
쥐스까 껠 뢰르 드와 쥬 훼르 앙르지스트레 몽 비이예?

최소한 1시간 전까지는 수속해야 합니다.

Vous devez vous faire enregistrer au moins une heure avant le départ.
부 드베 부 훼르 앙르지스트레 오 므웽 윈 뇌르 아방 르 데빠르

비행도중 식사가 제공됩니까?

Est-ce qu'on sert un repas dans l'avion?
에 스 꽁 쎄르 떵 르빠 당 라비용?

채식주의자용/당뇨병환자용 식사를 원합니다.

Je voudarais un repas pour végétariens/diabétiques.
쥬 부드레 정 르빠 뿌르 베줴따리엥/디야베띠끄

연락처가 어떻게 되십니까?

Où peut-on vous contacter?
우 쁴 똥 부 꽁딱떼?

··· 호텔에 있습니다.

Je suis à l'Hôtel ···.
쥬 쒸이 자 로뗄 ···

[탑승수속]

이 짐들을 어디에서 체크인 해야 합니까?

Où dois-je enregistrer mes bagages?
우 드와 쥬 앙르지스트레 메 바가쥬?

(항공사 이름) … 카운터가 어디에 있습니까?

Où est le comptoir de …?
우 엘 르 꽁뜨와르 드 …?

에어 프랑스 카운터까지 이 짐을 운반해주십시오. (*포터에게 부탁시)

Veuillez porter ces bagages au comptoir d' Air France.
뵈이예 뽀르떼 쎄 바가쥬 오 꽁뜨와르 데어 프랑쓰

제 짐 좀 들어서, 저를 … 카운터까지 데려다 주십시오.

Prenez mes bagages et conduisez-moi au comptoir de …, s' il vous plaît.
프르네 메 바가쥬 에 꽁뒤제 므와 오 꽁뜨와르 드 …, 씰 부 쁠레

몇 시에 체크인 할 수 있습니까?

À quelle heure puis-je les enregistrer?
아 껠 뢰르 쀠 쥴 레 장르지스트레?

À quelle heure se fait l' enregistrement?
아 껠 뢰르 쓰 훼 랑르지스트르망?

안녕하십니까! …행 부탁합니다.

Bonjour! Pour …, s' il vous plaît.
봉쥬르! 뿌르 …, 씰 부 쁠레

비행기표와 여권을 보여주십시오.

Donnez-moi votre billet et votre passeport, s' il vous plaît.
돈네 므와 보트르 비이예 떼 보트르 빠쓰뽀르, 씰 부 쁠레

흡연석/금연석으로 부탁합니다.

Fumeurs/Non fumeurs, s' il vous plaît.
휘뫼르/농 휘뫼르, 씰 부 쁠레

금연석을 원합니다.

Je voudrais une place non fumeurs.
쥬 부드레 쥔느 쁠라쓰 농 휘뫼르

창문 쪽/통로 쪽 부탁합니다.

Près de la fenêtre/À côté du couloir, s'il vous plaît.
프레 들 라 프네트르/아 꼬떼 뒤 꿀르와르, 씰 부 쁠레

Je voudrais être du côté de la fenêtre/du couloir.
쥬 부드레 제트르 뒤 꼬떼 들 라 프네트르/뒤 꿀르와르

친구(남자/여자)와 함께 앉게 해주십시오.

Je voudrais être assis(e) à côté d'un/d'une ami(e).
쥬 부드레 제트르 아씨(즈) 아 꼬떼 덩/뒨 나미(으)

＊원래 ami(e)는 남·여성 동일발음이나 흔히 구분을 위해 달리 발음

앞좌석/뒷좌석을 주십시오.

Je préfère être à l'avant/à l'arrière.
쥬 프레훼르 에트르 알 라방/알 라리에르

짐이 몇 개입니까?

Combien de bagages avez-vous?
꽁비옝 드 바가쥬 아베 부?

체크인 할 짐이 2개입니다.

J'ai 2[deux] bagages à enregistrer.
줴 되 바가쥬 아 앙르지스트레

짐들 무게가 얼마나 됩니까?

Combien pèsent-ils?
꽁비옝 뻬즈 띨?

기내반입 핸드캐리 짐도 있습니까?

Avez-vous des bagages à main?
아베 부 데 바가쥬 아 멩?

이 가방은 맡기지 않겠습니다. (*직접 기내에 가지고 들어가겠다는 뜻)

Je garde ce sac avec moi.
쥬 가르드 쓰 싹 까베끄 므와

이것을 기내로 반입해도 되겠습니까?

Puis-je emporter ça dans l'avion?
쀠 쥬 앙뽀르떼 싸 당 라비옹?

이것은 깨지기 쉬운 짐입니다.

C'est un colis fragile.
쎄 떵 꼴리 프라질

교통

추가요금을 더 내셔야겠습니다.

Vous devez payer un supplément.
부 드베 뻬이예 엉 쒸쁠레망

손님 탑승카드 여기 있습니다.

Voici votre carte d'embarquement.
브와씨 보트르 까르뜨 당바르끄망

[탑 승]

이 비행기편 탑승구는 어디에 있습니까? (*탑승권을 보여주며)

Où est la porte d'embarquement pour ce vol?
우 엘 라 뽀르뜨 당바르끄망 뿌르 쓰 볼?

여기가 에어 프랑스 748번 편 탑승구 맞습니까?

Est-ce bien la porte pour le vol Air France No. 748?
에 스 비엥 라 뽀르뜨 뿌르 르 볼 에어 프랑쓰 뉘메로 쎄뜨 쌍 까랑뜨 위뜨?

탑승은 몇 시에 시작됩니까?

À quelle heure commence l'embarquement?
아 껠 뢰르 꼬망쓰 랑바르끄망?

탑승은 … 탑승구에서 9시 30분에 합니다.

L'embarquement a lieu à la porte … à 9[neuf] heures 30[trente].
랑바르끄망 따 리외 알 라 뽀르뜨 … 아 뇌 뵈르 트랑뜨

면세점은 어디에 있습니까?

Où est le magasin[la boutique] hors taxe?
우 엘 르 마가젱[라 부띠끄] 오르 딱쓰?

…행 에어 프랑스 748번 편 여객들은 즉시 탑승을 시작하십시오. (*안내멘트)

Passagers du vol Air France No. 748 à destination de … commencent l'embarquement immédiat.
레 빠싸줴 뒤 볼 에어 프랑쓰 뉘메로 쎄뜨 쌍 까랑뜨 위뜨 아 데스띠나씨용 드 … 꼬망쓰 랑바르끄망 이메디아

좌석번호 45에서 25까지인 분은 탑승구로 나와 주십시오.

Les passagers des places 45[quarante-cinq] à 25[vingt-cinq]

(*안내멘트)

sont priés de se présenter à la
porte d'embarquement.

레 빠싸줴 데 쁠라쓰 까랑뜨 쎙끄 아 벵 쎙끄 쏭
프리예 드 스 프레장떼 알 라 뽀르뜨 당바르끄망

이 좌석번호는 이미 탑승이
시작됐습니까? (*탑승권을 보
여주면서)

Avez-vous commencé l'embar-
quement pour ce numéro de
siège?

아베 부 꼬망쎄 랑바르끄망 뿌르 쓰 뉘메로 드 씨에쥬?

이 비행편은 어떻게 된 겁니
까? (*탑승이 지연될 때)

Qu'est-il arrivé à ce vol?

께 띨 아리베 아 쓰 볼?

에어 프랑스 748번 편은 탑
승이 지연되고 있습니다.
(*안내멘트)

L'embarquement pour le vol Air
France No. 748 est retardé.

랑바르끄망 뿌르 르 볼 에어 프랑쓰 뉘메로 쎄뜨 쌍
까랑뜨 위뜨 에 르따르데

…행 에어 프랑스 748번 편
은 2시간 지연되겠습니다.
(*안내멘트)

Le vol Air France No. 748 à
destination de … est retardé de
deux heures.

르 볼 에어 프랑쓰 뉘메로 쎄뜨 쌍 까랑뜨 위뜨 아
데스띠나씨용 드 … 에 르따르데 드 되 죄르

출발이 몇 시입니까?

À quelle heure est le départ?

아 껠 뢰르 엘 르 데빠르?

교
통

159

04 식사

● 레스토랑

[레스토랑 선택]

배가 고픕니다[시장합니다].

J'ai faim.
줴 횅

뭔가를 좀 먹고 싶습니다.

Je voudrais manger quelque chose.
쥬 부드레 망줴 껠끄 쇼즈

이 고장의 명물요리는 무엇입니까?

Quelle est la spécialité de cette région?
껠 렐 라 스뻬씨알리떼 드 쎄뜨 레지용?

이 고장 명물요리를 맛보고 싶습니다.

Je voudrias goûter des spécialités régionales.
쥬 부드레 구떼 데 스뻬씨알리떼 레지요날르

한국/중국/프랑스/일본 음식이 먹고 싶습니다.

Je voudrais la cuisine coréenne /chinoise/française/japonaise.
쥬 부드레 라 뀌진느 꼬레엔느/쉬느와즈/프랑쎄즈/
쟈뽀네즈

어느 동네[구역]에 레스토랑이 많습니까?

Dans quel quartier se trouvent beaucoup de restaurants?
당 껠 까르띠에 스 트루브 보꾸 드 레스또랑?

이 근처의 좋은 레스토랑들

Voudriez-vous me recommander

160

좀 추천해 주시겠습니까?

de bons restaurants près d'ici?
부드리예 부 므 르꼬망데 드 봉 레스또랑 프레 디씨?

이 근방에 비싸지 않고 좋은 레스토랑 하나 알려주시겠습니까?

Pourriez-vous m'indiquer un bon restaurant pas cher dans les environs?
뿌리예 부 멩디께 엉 봉 레스또랑 빠 쉐르 당 레 장비롱?

이 시간에 문을 연 레스토랑들이 있습니까?

Y a-t-il des restaurants ouverts à cette heure-ci?
이 아 띨 데 레스또랑 주베르 아 쎄 뙤르 씨?

함께 식사하러 가시겠습니까?

Si nous allions dîner ensemble?
씨 누 잘리용 디네 앙쌍블르?

(미리) 예약해야 합니까?

Faut-Il réserver (par avance)?
포 띨 레제르베 (빠르 아방쓰)?

Dois-je réserver (à l'avance)?
드와 쥬 레제르베 (알 라방쓰)?

여기서 예약할 수 있습니까? [예약 좀 해주시겠습니까?] (*호텔이나 관광안내소에서)

Puis-je réserver d'ici?
쀠 쥬 레제르베 디씨?

저희는 네 명입니다.

Nous sommes 4[quatre] (personnes).
누 쏨므 까트르 (뻬르쏜느)

전원 같은 자리로 부탁합니다.

Nous voudrions tous être à la même table.
누 부드리용 뚜쓰 에트르 알 라 멤므 따블르

저녁 8시에 갈 겁니다.

Nous arriverons à 20[vingt] heures.
누 자리브롱 아 벵 뙤르

우리가 몇 시에 가면 테이블이 있겠습니까?

À quelle heure peut-on avoir une table?
아 껠 뢰르 뾔 똥 나브와르 윈느 따블르?

정장을 입어야 합니까?

Doit-on s'habiller formellement?
드와 똥 싸비이에 포르멜르망?

그 레스토랑은 몇 시까지 영업합니까?

Jusqu'à quelle heure le restaurant est-il ouvert?
쥐스까 껠 뢰르 르 레스또랑 에 띨 우베르?

거기에 어떻게 갑니까?

Comment peut-on s'y rendre?
꼬망 쁴 똥 지 랑드르?

[레스토랑 예약]

여보세요, …입니까?
(*전화 예약시)

Allô, …?
알로, …?

오늘/내일 저녁 8시에 4인 좌석을 예약하고 싶습니다.

Je voudrais réserver une table pour 4[quatre] (personnes), pour ce soir/demain soir à 20[vingt] heures.
쥬 부드레 레제르베 윈느 따블르 뿌르 까트르 (뻬르쏜느),
뿌르 쓰 쓰와르/드멩 쓰와르 아 벵 뙤르

저녁 8시 반에 4인 좌석을 예약하고 싶습니다.

Je voudrais réserver une table de 4[quatre] (personnes) à 20[vingt] heures et demie.
쥬 부드레 레제르베 윈느 따블르 드 까트르 (뻬르쏜느)
아 벵 뙤르 에 드미

죄송합니다. 오늘은 이미 만원입니다.

Je suis désolé(e). C'est déjà complet aujourd'hui.
쥬 쒸이 데졸레. 쎄 데좌 꽁쁠레 또쥬르뒤이

몇 시에 좌석이 있겠습니까?

À quelle heure pourrais-je avoir des places?
아 껠 뢰르 뿌레 쥬 아브와르 데 쁠라쓰?

9시 30분경에 자리가 납니다.

Une table sera disponible vers 21[vingt et une] heures trente.

9시 반에 있습니다.

À 21 heures et demie.
아 벵 떼 윈 뇌르 에 드미

좋습니다. 9시 반으로 해주
십시오.

D'accord. À 21 heures et demie, s'il vous plaît.
다꼬르. 아 벵 떼 윈 뇌르 에 드미, 씰 부 쁠레

우린 창가 쪽/테라스에 있는
테이블을 원합니다.

Nous voudrions une table près de la fenêtre/sur la terrasse.
누 부드리용 윈느 따블르 프레 들 라 프네트르/쒸르 라 떼라쓰

우리 일행이 금연석 테이블
에 앉을 수 있겠습니까?

Pourrions—nous avoir une table dans un endroit pour non fumeurs?
뿌리용 누 자브와르 윈느 따블르 당 정 낭드르와 뿌르 농 휘뫼르?

우리 일행에게 정원이 보이
는 테이블을 주시겠습니까?

Pourrions—nous avoir une table qui donne sur le jardin?
뿌리용 누 자브와르 윈느 따블르 끼 돈느 쒸르 르 쟈르뎅?

네, 물론입니다. 어느 분 이
름으로 할까요?

Oui, bien entendu. À quel nom, s'il vous plaît?
위, 비엥 앙땅뒤. 아 껠 농, 씰 부 쁠레?

김으로 해주십시오.

Au nom de (Monsieur) Kim, s'il vous plaît.
오 농 드 (므씨외) 낌, 씰 부 쁠레

이름을 말씀해 주십시오.

Votre nom, s'il vous plaît.
보트르 농, 씰 부 쁠레

김일수입니다.

Il—Soo Kim.
일수 낌

식
사

163

저녁식사요금은 1인당 얼마 입니까?

Combien coûte un dîner pour une personne?
꽁비엥 꾸뜨 엉 디네 뿌르 윈느 뻬르쏜느?

1인당 30유로로 계획하고 있습니다.

Je compte 30[trente] euros par personne.
쥬 꽁뜨 트랑 뙤로 빠르 뻬르쏜느

그리고 우리는 그 레스토랑 의 특별요리를 맛보고 싶습 니다.

Et nous voudrions goûter la spécialité de votre restaurant.
에 누 부드리용 구떼 라 스뻬씨알리떼 드 보트르 레스또랑

좋습니다. 그럼 9시 반에 기 다리고 있겠습니다.

D'accord. Nous vous attendons à 21 heures et demie.
다꼬르. 누 부 자땅동 아 벵 떼 윈 뇌르 에 드미

복장에 대한 규칙이 있습니까?

Comment faut-il s'habiller?
꼬망 포 띨 싸비이예?

넥타이와 양복(상의)을(를) 착용해야 합니까?

Faut-il porter un veston et une cravate?
포 띨 뽀르떼 엉 베스통 에 윈느 크라바뜨?

여성은 정장을 입어야 합니까? (*이브닝드레스를 말하기도 함)

Est-ce que les dames portent une robe de soirée?
에 스 끄 레 담므 뽀르뜨 윈느 로브 드 스와레?

죄송합니다만, 예약을 취소 하고 싶습니다.

Je suis désolé(e), je voudrais annuler ma réservation.
쥬 쒸이 데졸레, 쥬 부드레 자뉠레 마 레제르바씨용

[레스토랑 도착시] ·····

■ 예약 했을 경우

안녕하십니까! 김으로/김일 수로 예약했습니다만.

Bonsoir! J'ai réservé au nom de (Monsieur) Kim.
봉쓰와르! 줴 레제르베 오 농 드 (므씨외) 낌

164

안녕하십니까! 4인 좌석을 예약했습니다.

Bonrsoir! Réservation pour Kim Il-Soo, s'il vous plaît.
봉쓰와르! 레제르바씨용 뿌르 낌 일 수, 씰 부 쁠레

Bonsoir! J'ai réservé une table pour 4[quatre] personnes.
봉쓰와르! 줴 레제르베 윈느 따블르 뿌르 까트르 뻬르쏜느

이름이 어떻게 되십니까?

Votre nom, s'il vous plaît?
보트르 농, 씰 부 쁠레?

제 이름은 김일수입니다.

Mon nom est Il-Soo Kim.
몽 농 에 일수 낌

김선생님, 아 네! (예약되어 있습니다.) 이쪽으로 오십시오.

Monsieur Kim, ah oui! Venez par ici, s'il vous plaît.
므씨외 낌, 아 위! 브네 빠르 이씨, 씰 부 쁠레

테이블로 곧 안내해드리겠습니다. 잠시만 기다려 주십시오.

Nous allons vous conduire à votre table. Veuillez patienter un instant, s'il vous plaît.
누 잘롱 부 꽁뒤르 아 보트르 따블르. 뵈이예 빠씨양떼 엉 넹스땅, 씰 부 쁠레

■ 예약 안했을 경우

안녕하십니까! 지금 아침식사/점심식사/저녁식사 할 수 있습니까?

Bonjour/Bonsoir! Peut-on petit-déjeuner/déjeuner/dîner maintenant?
봉쥬르/봉쓰와르! 뾔 똥 쁘띠 데죄네/데죄네/디네 멩뜨낭?

안녕하십니까! 아침/점심/저녁식사 서빙은 몇 시에 시작됩니까?

Bonjour/Bonsoir! À quelle heure est-ce qu'on commence à servir le petit-déjeuner/déjeuner/dîner?
봉쥬르/봉쓰와르! 아 껠 뢰르 에 스 꽁 꼬망쓰 아 쎄르비르 르 쁘띠 데죄네/데죄네/디네?

안녕하십니까! 몇 분이 식사/아침식사/점심식사/저녁식사 하실 겁니까? (*종업원이 묻는 말)	**Bonjour/Bonsoir! Combien d'entre vous désirent manger/petit-déjeuner/déjeuner/dîner?** 봉쥬르/봉쓰와르! 꽁비엉 당트르 부 데지르 망줴/쁘띠 데죄네/데죄네/디네?
안녕하십니까? 4인 좌석 있습니까?	**Bonjour/Bonsoir! Y a-t-il de la place pour 4[quatre] personnes?** 봉쥬르/봉쓰와르! 이 아 띨 들 라 쁠라쓰 뿌르 까트르 뻬르쏜느? **Bonjour/Bonsoir! Avez-vous une table pour 4[quatre] personnes?** 봉쥬르/봉쓰와르! 아베 부 쥔느 따블르 뿌르 까트르 뻬르쏜느?
네, 어서 오십시오.	**Oui. Entrez, je vous prie.** 위. 앙트레, 쥬 부 프리
잠시만 기다려주시겠습니까? (*종업원의 말)	**Pourriez-vous attendre un peu?** 뿌리예 부 자땅드르 엉 뾔?
아니요, 급합니다. 서둘러 주시겠습니까?	**Non, je suis pressé(e). Pourriez-vous vous dépêcher, s'il vous plaît?** 농, 쥬 쒸이 프레쎄. 뿌리예 부 부 데뻬쉐, 씰 부 쁠레?
네, 알겠습니다. 이쪽으로 오십시오.	**Oui, bien sûr. Venez par ici, s'il vous plaît.** 위, 비엥 쒸르. 브네 빠르 이씨, 씰 부 쁠레
감사합니다.	**Merci.** 메르씨
구석 자리를 선호합니다.	**Je préfère être dans un coin.** 쥬 프레훼르 에트르 당 정 끄웽
(전망이 좋은) 창가 옆을 원합니다.	**Je voudrais être près de la fenêtre (avec une bonne vue).**

쥬 부드레 제트르 프레 들 라 프네트르 (아벡 퓐느 본느 뷔)

테이블로 곧 안내해드리겠습니다. 잠시만 기다려 주십시오.

Nous allons vous conduire à votre table. Veuillez patienter un instant, s'il vous plaît.

누 잘롱 부 꽁뒤르 아 보트르 따블르. 뵈이예 빠씨앙떼 엉 넹스땅, 씰 부 쁠레

죄송하지만, 만원입니다. 기다리시겠는지요?

Je regrette, nous sommes complet. Si vous voulez bien patienter?

쥬 르그레뜨, 누 쏨므 꽁쁠레. 씨 부 불레 비옝 빠씨앙떼?

얼마나 기다려야겠습니까?

Combien de temps faut-il attendre?

꽁비옝 드 땅 포 띨 아땅드르?

우린 늦은 시간까지도 기다릴 수 있습니다.

Nous pouvons attendre jusqu'à l'heure tardive.

누 뿌봉 자땅드르 쥐스까 뢰르 따르디브

이 테이블에 임자가 있습니까?

Est-ce que cette table est occupée?

에 스 끄 쎄뜨 따블르 에 또뀌뻬?

[묻고 주문하기]

메뉴판 좀 보여주십시오.

Puis-je voir [avoir] la carte, s'il vous plaît?

쀠 쥬 브와르 [아브와르] 라 까르뜨, 씰 부 쁠레?

(Donnez-moi) La carte, s'il vous plaît.

(돈네 므와) 라 까르뜨, 씰 부 쁠레

영문/한글 메뉴판이 있습니까?

Avez-vous une carte en anglais /coréen?

아베 부 쥔느 까르뜨 앙 낭글레/꼬레엥?

식사

주문하시겠습니까? (*종업원이 묻는 말)

Puis-je prendre votre commande?
뿨 쥬 프랑드르 보트르 꼬망드?

Votre commande?
보트르 꼬망드?

뭘 좀 마시시겠습니까? (*종업원이 묻는 말)

Voulez-vous boire quelque chose?
불레 부 브와르 껠끄 쇼즈?

네, 아페리티프 주십시오.

Oui, un apéritif, s'il vous plaît.
위, 엉 나뻬리띠프, 씰 부 쁠레

어떤 아페리티프로 하시겠습니까?

Quel apéritif voulez-vous?
껠 아뻬리띠프 불레 부?

아페리티프부터 시작하시겠습니까? (*식사 전에 마시는 식욕촉진용 술)

Est-ce que vous commencez par un apéritif?
에 스 끄 부 꼬망쎄 빠르 엉 나뻬리띠프?

아페리티프로 무엇이 있습니까?

Qu'avez-vous comme apéritif?
까베 부 꼼므 아뻬리띠프?

병맥주/외제 맥주 있습니까?

Avez-vous de la bière en bouteilles/étrangere?
아베 부 들 라 비이예르 앙 부떼이으/에트랑쉐르?

맥주/진토닉/마르티니/셰리주를 주십시오.

Une bière/Un gin tonic/Un Martini/Du xérès, s'il vous plaît.
윈느 비이예르/엉 진 또니끄/엉 마르띠니/뒤 그제레쓰, 씰 부 쁠레

한 잔 더 주십시오.

Encore un verre, s'il vous plaît.
앙꼬르 엉 베르, 씰 부 쁠레

전채요리를 드시겠습니까?

Voulez-vous un hors-d'oeuvre?
불레 부 정 노르 되브르?

네, 제게는 새우칵테일을, 제 친구에게는 훈제연어를 주십시오.

Oui, un cocktail de crevette pour moi et du saumon fumé pour mon ami.

위, 엉 꼭뗄 드 크르베뜨 뿌르 므와 에 뒤 쏘몽 휘메
뿌르 몽 나미

네, 새우칵테일과 훈제연어
말씀이지요. (*종업원이 주문
내용 확인차 반복하는 말)

**Oui, un cocktail de crevette et
du saumon fumé.**
위, 엉 꼭뗄 드 크르베뜨 에 뒤 쏘몽 휘메

그렇습니다.

C'est ça.
쎄 싸

수프는요?

De la soupe?
들 라 수쁘?

토마토 수프를 2개 부탁합
니다.

**2 [Deux] soupes aux tomates, s'il
vous plaît.**
되 수쁘 조 또마뜨, 씰 부 쁠레

생선과 육류요리[주요리]는
요?

Du poisson et une entrée?
뒤 쁘와쏭 에 윈 낭트레?

생선은 필요 없습니다.

Pas de poisson, s'il vous plaît.
빠 드 쁘와쏭, 씰 부 쁠레

육류요리[주요리]는 어떤 것
으로 원하십니까?

Quelle entrée voulez-vous?
껠 랑트레 불레 부?

소고기/새끼양고기/돼지고기/
송아지고기를 원합니다.

**Je voudrais du boeuf/de l'agneau
/du porc/du veau.**
쥬 부드레 뒤 뵈프/들 라뇨/뒤 뽀르/뒤 보

샤또브리앙/티본 스테이크/
등심 스테이크 2인분 주십
시오.

**2 [Deux] chateaubriands/côtes
de boeuf/entrecôtes, s'il vous
plaît.**
되 샤또브리양/꼬뜨 드 뵈프/앙트르꼬뜨, 씰 부 쁠레

스테이크는 어느 정도로 구워
드릴까요?

**Comment aimeriez-vous votre
steak?**
꼬망 뗌므리예 부 보트르 스떽끄?

웰던/미디움/레어로 해주십시오. (*겉만 아주 살짝 익힐 경우엔 bleu(블뢰)라고 함)	**Bien cuit/ À point/Saignant, s'il vous plaît.** 비엥 뀌/아 쁘웽/쎄니양, 씰 부 쁠레
이 레스토랑의 특별요리는 무엇입니까?	**Quelle est la spécialité de ce restaurant [de la maison]?** 껠 렐 라 스뻬씨알리떼 드 쓰 레스또랑[들 라 메종]?
이 집은 생선요리 전문이지요?	**Vous êtes spécialiste en poisson, n'est-ce pas?** 부 제뜨 스뻬씨알리스뜨 앙 쁘와쏭, 네 쓰 빠?
생선을 원합니다.	**Je voudrais du poisson.** 쥬 부드레 뒤 쁘와쏭
어떤 종류의 해산물이 있습니까?	**Quelle sorte de fruits de mer servez-vous?** 껠르 쏘르뜨 드 프뤼 드 메르 쎄르베 부?
오늘의 특별요리는 무엇입니까?	**Quel est le plat [la spécialité] du jour?** 껠 렐 르 쁠라[라 스뻬씨알리떼] 뒤 쥬르? **Qu'est-ce que vous avez au menu du jour?** 께 스 끄 부 자베 조 므뉘 뒤 쥬르?
오늘의 특별요리는 레몬 곁들인 넙치구이입니다.	**La spécialité du jour est une sole grillée au citron.** 라 스뻬씨알리떼 뒤 쥬르 에 뛴느 쏠르 그리예 오 씨트롱
오늘의 주방장 추천메뉴는 이것입니다.	**C'est ce que le chef recommande aujourd'hui.** 세 스 끄 르 쉐프 르꼬망드 오쥬르뒤이
정식[세트메뉴] 있습니까?	**Avez-vous un menu à prix fixe?** 아베 부 정 므뉘 아 프리 픽쓰?

제게 뭘 추천해주시겠습니까?

Que me recommandez-vous?
끄 므 르꼬망데 부?

빨리 되는 요리가 있습니까?

Avez-vous des plats vite prêts?
아베 부 데 쁠라 비뜨 프레?

소화가 잘되는 음식을 주시
겠습니까?

**Voudriez-vous me donner
quelque chose facile à digérer?**
부드리예 부 므 돈네 껠끄 쇼즈 화씰 아 디줴레?

저는 식이요법 중입니다.

Je suis au régime.
쥬 쒸이 조 레짐므

Je suis à la diète.
쥬 쒸이 잘 라 디예뜨

우리는 식이요법 중입니다.
그래서 가벼운 음식으로 하
겠습니다.

**Nous suivons un régime. Alors
nous prendrons des repas légers.**
누 쒸봉 정 레짐므. 알로 누 프랑드롱 데 르빠 레줴

식
사

저는 식이요법 중입니다. 밀
가루/지방/소금/설탕이 든
음식을 피해야 합니다.

**Je suis au régime. Je dois éviter
les plats contenant de la farine/
du gras/du sel/du sucre.**
쥬 쒸이 조 레짐므. 쥬 드와 제비떼 레 쁠라 꽁뜨낭 들
라 화린느/뒤 그라/뒤 쎌/뒤 쒸크르

당뇨병 환자를 위한 특별 메
뉴 있습니까?

**Avez-vous un menu spécial pour
diabétiques?**
아베 부 정 므뉘 스뻬씨알 뿌르 디야베띠끄?

채식주의 음식이 있습니까?

Avez-vous des plats végétariens?
아베 부 데 쁠라 베줴따리엥?

이것은 무엇입니까?

Qu'est-ce que c'est?
께 스 끄 쎄?

이것은 어떤 종류의 음식입
니까?

**Quelle sorte de plat (est-ce),
celui-ci?**
껠르 쏘르뜨 드 쁠라 (에 스), 쓸뤼 씨?

무엇으로 드릴까요?[무엇을 주문하시겠습니까?] (*종업원이 묻는 말)

Qu'est-ce que je vous sers?
께 스 끄 쥬 부 쎄르?

아직 정하지 못했습니다. 잠시만 기다려 주십시오.

Je n'ai pas encore choisi. Un petit moment, s'il vous plaît.
쥬 네 빠 장꼬르 슈와지. 엉 쁘띠 모망, 씰 부 쁠레

실례지만, 드시고 계신 그 음식 이름이 무엇입니까? (*옆의 다른 손님에게 물어볼 때)

Excusez-moi, voudriez-vous me dire le nom de votre plat?
엑쓰뀌제 무와, 부드리예 부 므 디르 르 농 드 보트르 쁠라?

주문하겠습니다.

Je voudrais commander.
쥬 부드레 꼬망데

저것과 같은 음식으로 주십시오. (*옆의 다른 손님이 먹고 있는 것을 가리키며)

Apportez[Servez]-moi le même plat que celui-là, s'il vous plaît.
아뽀르떼[쎄르베] 무와 르 멤므 쁠라 끄 쓸뤼 라, 씰 부 쁠레

Approtez[Servez]-moi la même chose que ça, s'il vous plaît.
아뽀르떼[쎄르베] 무와 라 멤므 쇼즈 끄 싸, 씰 부 쁠레

이것을/저것을 주십시오. (*메뉴를 가리키며)

Je prends ceci/ça.
쥬 프랑 쓰씨/싸

당신이 추천하는 음식을 주문하겠습니다.

Je prends le plat que vous recommandez.
쥬 프랑 르 쁠라 끄 부 르꼬망데

마실 것을 포함해서 30유로로 한도 내에서 하고 싶습니다.

Je ne veux pas dépenser plus de 30 euros, boisson comprise.
쥬 느 뵈 빠 데빵쎄 쁠뤼 드 트랑 뙤로, 브와쏭 꽁프리즈

음식은 금방 나옵니까?

Pouvez-vous servir tout de suite?
뿌베 부 쎄르비르 뚜 드 쉬이뜨?

샐러드를 드시겠습니까?

Voulez-vous de la salade?
불레 부 들 라 쌀라드?

어떤 샐러드가 있습니까?

Quelle salade servez-vous?
껠르 쌀라드 쎄르베 부?

야채샐러드를 주십시오.

De la salade verte, s'il vous plaît.
들 라 쌀라드 베르뜨, 씰 부 쁠레

드레싱은 어떤 것으로 하시
겠습니까?

À quelle sauce?
아 껠르 쏘쓰?

프렌치드레싱으로 해주십시
오. (*식초와 식용유로 된 것)

De l'huile et du vinaigre, s'il vous plaît.
드 륄르 에 뒤 비네그르, 씰 부 쁠레

음료수는 무엇을 드시겠습니
까?

Qu'est-ce que vous prenez comme boisson?
께 스 끄 부 프르네 꼼므 브와쏭?

포도주 리스트를 보여주십시
오.

Je voudrais voir la carte des vins.
쥬 부드레 브와르 라 까르뜨 데 벵

Puis-je avoir la carte des vins?
쀠 쥬 아브와르 라 까르뜨 데 벵?

어떤 종류의 포도주가 있습
니까?

Quelle sorte de vin avez-vous?
껠르 쏘르뜨 드 벵 나베 부?

이 지방산 포도주를 맛보고
싶습니다.

J'aimerais bien goûter le vin du pays.
젬므레 비엥 구떼 르 벵 뒤 뻬이

저를 위해 좋은 포도주를 하
나 선택해주십시오.

Choisissez un bon vin pour moi, s'il vous plaît.
슈와지쎄 엉 봉 벵 뿌르 므와, 씰 부 쁠레

프랑스산 (적/백) 포도주를
한 병/반 병 가져다주십시오.

Apportez-moi une bouteille/une demi-bouteille de vin (rouge/blanc) francais, s'il vous plaît.
아뽀르떼 므와 윈느 부떼이으/윈느 드미 부떼이으 드
벵 (루쥬/블랑) 프랑쎄, 씰 부 쁠레

이 포도주는 어디 지역산입니까?	De quelle région vient ce vin? 드 껠르 레지용 비엥 쓰 벵?
샴페인 한 병 부탁합니다.	Une bouteille de champagne, s'il vous plaît. 윈느 부떼이으 드 샹빠니으, 씰 부 쁠레
하우스 와인 있습니까?	Avez-vous la cuvée du patron? 아베 불 라 뀌베 뒤 빠트롱?
포도주를 잔으로 시킬 수 있습니까?	Peut-on commander le vin par verre? 뾔 똥 꼬망데 르 벵 빠르 베르?
포도주 한 잔 주문할 수 있습니까?	Peut-on avoir un verre de vin? 뾔 똥 나브와르 엉 베르 드 벵?
디저트를 주문하겠습니다.	Je voudrais commander un dessert. 쥬 부드레 꼬망데 엉 데쎄르 Je voudrais prendre un dessert, s'il vous plaît. 쥬 부드레 프랑드르 엉 데쎄르, 씰 부 쁠레
디저트는 무엇이 있습니까?	Qu'est-ce que vous avez comme dessert? 께 스 끄 부 자베 꼼므 데쎄르? Qu'y a-t-il comme dessert? 끼 아 띨 꼼므 데쎄르?
메뉴판을 다시 볼 수 있습니까?	Pourrais-je voir la carte encore une fois? 뿌레 쥬 브와르 라 까르뜨 앙꼬르 윈느 프와?
어떤 디저트로 하시겠습니까?	Quel dessert? 껠 데쎄르?

가벼운 걸로 하고 싶습니다.

Quelque chose de léger, s'il vous plaît.
껠끄 쇼즈 드 레줴, 씰 부 쁠레

(우리에게) 딸기 아이스크림 2개 주십시오.

2[Deux] glaces à la fraise (pour nous).
되 글라쓰 잘 라 프레즈 (뿌르 누)

이것은 어떤 치즈입니까? (*손으로 가리키며)

Quel est ce fromage?
껠 레 쓰 프로마쥬?

이 치즈를 조금만 주십시오.

Donnez-moi un petit morceau de ce fromage, s'il vous plaît.
돈네 므와 엉 쁘띠 모르쏘 드 쓰 프로마쥬, 씰 부 쁠레

과일은 어떤 것이 있습니까?

Qu'avez-vous comme fruits?
까베 부 꼼므 프뤼?

신선한 과일이 있습니까?

Avez-vous des fruits frais?
아베 부 데 프뤼 프레?

그레이프프루트/신선한 과일 샐러드로 하겠습니다.

Je voudrais un pamplemousse/ une salade de fruits frais.
쥬 부드레 정 빵쁠르무쓰/췬느 쌀라드 드 프뤼 프레

그밖에 또 없으신가요? (*더 주문할 것이 없냐고 묻는 말)

Ce sera tout?
쓰 쓰라 뚜?

음료수는요? (*종업원이 묻는 말)

Une boisson?
윈느 브와쏭?

(블랙/밀크) 커피/(레몬/밀크) 홍차 한 잔 주십시오.

Un café (noir/au lait)/thé (au lait /au citron), s'il vous plaît.
엉 까페 (느와르/올 레)/떼 (올 레/오 씨트롱), 씰 부 쁠레

무(無)카페인 커피 있습니까?

Avez-vous du café décaféiné?
아베 부 뒤 까페 데까페이네?

무(無)카페인 커피/엑스프레쏘 한 잔 주십시오.	**Un déca[café décaféiné]/ express, s'il vous plaît.** 엉 데까[까페 데까페이네]/엑쓰프레쓰, 씰 부 쁠레
알겠습니다.	**Très bien.** 트레 비엥

[식사 중]

제가 주문한 음식이 아직 나오지 않았습니다.	**Je ne suis pas encore servi(e).** 쥬 느 쒸이 빠 장꼬르 쎄르비 **On ne m'a toujours pas servi(e).** 옹 느 마 뚜쥬르 빠 쎄르비
왜 이렇게 오래 걸리는 겁니까?	**Pourquoi y a-t-il autant d'attente?** 뿌르끄와 이 아 띨 오땅 다땅뜨?
이 음식은 제가 주문한 것이 아닙니다.	**Ce plat n'est pas ce que j'ai commandé.** 쓰 쁠라 네 빠 스 끄 줴 꼬망데 **Je n'ai pas commandé ce plat.** 쥬 네 빠 꼬망데 쓰 쁠라
착오가 있는 것이 분명합니다.	**Il doit y avoir une erreur.** 일 드와 띠 아브와르 윈 네뢰르
이것을 바꿔주시겠습니까?	**Pourriez-vous me changer ceci?** 뿌리예 부 므 샹줴 쓰씨?
맛있게 드십시오!	**Bon appétit!** 봉 나뻬띠!
건배!	**À votre santé!** 아 보트르 쌍떼!
이 음식은 어떻게 먹습니까?	**Comment manger ce plat?** 꼬망 망줴 쓰 쁠라?

이것/저것을 어떻게 먹는지 가르쳐주십시오.

Expliquez-moi comment on mange ceci/ça, s'il vous plaît.
엑쓰쁠리께 므와 꼬망 똥 망쥬 쓰씨/싸, 씰 부 쁠레

고기가 웰던이 아닙니다.

La viande n'est pas bien cuite.
라 비양드 네 빠 비엥 뀌뜨

고기가 지나치게 익/너무 설 익었습니다.

La viande est trop cuite/trop saignante.
라 비양드 에 트로 뀌뜨/트로 쎄니양뜨

고기가 (너무) 질깁니다.

La viande est (trop) dure.
라 비양드 에 (트로) 뒤르

이것은 충분히 익지 않았습니다.

Ce n'est pas assez cuit.
쓰 네 빠 자쎄 뀌

이것은 (너무) 십니다/씁니다/짭니다/답니다.

C'est (trop) aigre/amer/salé/sucré.
쎄 (트로) 에그르/아메르/쌀레/쒸크레

이것은 (너무) 차갑/뜨겁습니다.

C'est (tout) froid/chaud.
쎄 (뚜) 프르와/쇼

이것은 신선/청결 하지가 않습니다.

Ce n'est pas frais/propre.
쓰 네 빠 프레/프로프르

이 포도주에서 코르크마개 맛이 납니다.

Ce vin a un goût de bouchon.
쓰 벵 나 엉 구 드 부숑

대단히 맛있습니다.

C'est excellent.
쎄 떽쎌랑

스푼/포크/칼이 없습니다.

Je n'ai pas de cuillière/fourchette/couteau.
쥬 네 빠 드 뀌이예르/푸르쉐뜨/꾸또

접시/유리잔 한 개가 모자랍니다.

Il manque une assiette/un verre.
일 망끄 윈 나씨예뜨/엉 베르

물/냅킨/재떨이이 좀 주시겠습 니까?	**Puis-je avoir de l'eau/une serviette/un cendrier, s'il vous plaît?** 뿨 쥬 아브와르 들 로/윈느 쎄르비예뜨/엉 쌍드리예, 씰 부 쁠레?
냅킨	**serviette (de table)(f.)** 쎄르비예뜨 (드 따블르)
종이 냅킨	**serviette en papier(f.)** 쎄르비예뜨 앙 빠삐예
(여보세요,) 실례지만 물 한 병 가져다주십시오. (*미네랄 워터가 아닌 유리병에 담긴 수 돗물)	**(Monsieur,) S'il vous plaît, apportez-moi un carafe d'eau.** (므씨외,) 씰 부 쁠레, 아뽀르떼 므와 엉 까라프 도
미네랄워터 가져다주십시오.	**Apportez-moi de l'eau minérale, s'il vous plaît.** 아뽀르떼 므와 들 로 미네랄르, 씰 부 쁠레
탄산가스 들어있는 물/탄산 가스 안 들어 있는 물 부탁 합니다.	**De l'eau gazeuse/plate[non gazeuse], s'il vous plaît.** 들 로 가죄즈/쁠라뜨[농 가죄즈], 씰 부 쁠레
소금/후추를 가져다주시겠습 니까?	**Pourriez-vous m'apporter du sel/poivre, s'il vous plaît?** 뿌리예 부 마뽀르떼 뒤 쎌/뿨와브르, 씰 부 쁠레?
네, 곧 가져오겠습니다.	**Oui, une minute.** 위, 윈느 미뉘뜨
소금 좀 건네주시겠습니까? (*같은 테이블이나 옆 테이블의 사람에게)	**Voudriez-vous me passer du sel?** 부드리예 부 므 빠쎄 뒤 쎌?
빵 좀 더 주십시오.	**Encore un peu de pain, s'il vous plaît.** 앙꼬르 엉 쁴 드 뺑, 씰 부 쁠레

…을 좀 더 주시겠습니까?

Puis-je avoir encore un peu de …?
뿨 쥬 아브와르 앙꼬르 엉 쀠 드 …?

제 스푼/포크/나이프를 떨어
뜨렸습니다.

**J'ai laissé tomber ma cuillière/
ma fourchette/mon couteau.**
쥬에 레쎄 똥베 마 뀌이예르/마 푸르쉐뜨/몽 꾸또

제 옷에 얼룩이 졌습니다.
없앨 만 한 것이 있습니까?

**J'ai fait une tache sur mon
vêtement. Avez-vous quelque
chose pour l'enlever?**
쥬에 훼 윈느 따쓔 쒸르 몽 베뜨망. 아베 부 껠끄 쇼즈
뿌르 랑르베?

감사하지만, 이것으로 충분
히 됐습니다. (*권하는 음식을
이미 충분히 취해서 사양시)

J'ai assez mangé, merci.
쥬에 아쎄 망줴. 메르씨

Ça me suffit, merci bien.
싸 므 쒸피, 메르씨 비옝

C'est suffisant, merci.
쎄 쒸피장, 메르씨

Je suis servi(e), merci.
쥬 쒸이 쎄르비, 메르씨

양이 매우 푸짐합니다. 다
먹을 수가 없습니다.

**C'est très copieux. Je ne peux
pas tout finir.**
쎄 트레 꼬삐외. 쥬 느 쀠 빠 뚜 피니르

커피는 지금 드시겠습니까?

**Voulez-vous votre café
maintenant?**
불레 부 보트르 까페 멩뜨낭?

아니요, 지금 말고 나중에
주십시오.

**Non, pas maintenant. Plus tard,
s'il vous plaît.**
농, 빠 멩뜨낭. 쁠뤼 따르, 씰 부 쁠레

아침식사/점심식사/저녁식사
는 마음에 드셨습니까?

**Le petit-déjeuner/déjeuner/dîner
vous a plu?**
르 쁘띠 데죄네/데죄네/디네 부 자 쁠뤼?

맛있었습니까? (*종업원이 식사를 마친 접시를 가져가면서 물을 때)

C'était bon?
쎄떼 봉?

네, 맛있었습니다. 감사합니다.

Oui, c'était bon! Merci.
위, 쎄떼 봉! 메르씨

대단히 맛있었습니다. 감사합니다. (*식사를 마친 후)

C'était délicieux. Merci.
쎄떼 델리씨외, 메르씨

Il était très bien. Merci.
일 에떼 트레 비엥. 메르씨

[계 산]

계산서 좀 주십시오.

L'addition, s'il vous plaît.
라디씨용, 씰 부 쁠레

여기 있습니다. (*종업원이 계산서를 주며 하는 말)

Voilà, Monsieur/Madame/Mademoiselle.
브왈라, 므씨외/마담므/마드므와젤르

전부 얼마입니까?

Combien cela fait-il en tout?
꽁비엥 쓸라 훼 띨 앙 뚜?

전부 포함된 겁니까?

Est-ce que tout est compris?
에 스 끄 뚜 떼 꽁프리?

봉사료가 포함되어 있습니까?

Le service est-il compris?
르 쎄르비쓰 에 띨 꽁프리?

봉사료 (15%) 불포함 (*계산서 하단에 표기된 문구)

Service 15% non compris
쎄르비쓰 껭즈 뿌르쌍 농 꽁프리

봉사료 포함

Service compris
쎄르비쓰 꽁프리

각자 따로 계산하고 싶습니다.

Nous voudrions payer chacun notre part.
누 부르디용 뻬이예 샤껑 노트르 빠르

Pourrions-nous payer séparément?
뿌리용 누 뻬이예 쎄빠헤망?

제가 계산하겠습니다. (*일행
에게 자기가 한턱내겠다는 말)

C'est moi qui paie.
쎄 므와 끼 뻬

Je vous invite.
쥬 부 젱비뜨

계산이 잘못된 것 같습니다.

Je pense que c'est mal calculé.
쥬 빵스 끄 쎄 말 깔뀔레

**Je crois qu'il y a une erreur
dans l'addition.**
쥬 크르와 낄 리 야 윈 네뢰르 당 라디씨옹

이 요금은 무엇입니까?

À quoi correspond ce montant?
아 끄와 꼬레스뽕 쓰 몽땅?

Que représente ce montant?
끄 흐프레장뜨 쓰 몽땅?

식
사

이 음식은 먹지 않았습니다.

Je n'ai pas mangé ce plat.
쥬 네 빠 망줴 쓰 쁠라

어디에서 계산합니까?

Où est-ce qu'on paie?
우 에 스 꽁 뻬?

Où paie-t-on?
우 뻬 똥?

여기서 계산합니까?

On paie ici?
옹 뻬 이씨?

여행자 수표를 받으십니까?

**Acceptez [Prenez] -vous les
chèques de voyage?**
악쎕떼 [프르네] 불 레 쉐끄 드 브와이야쥬?

이 신용카드로 지불해도 되
겠습니까?

**Puis-je payer avec cette carte
de crédit?**
쀠 쥬 뻬이예 아베끄 쎄뜨 까르뜨 드 크레디?

현금으로 지불해도 됩니까?	**Puis-je payer en liquide [en espèce] ?** 뿨 쥬 뻬이예 앙 리끼드[앙 네스뻬쓰]? **Puis-je payer cash?** 뿨 쥬 뻬이예 까쓔? (*비어(卑語)적인 표현)
어디에 서명을 해야 합니까?	**Où dois-je signer?** 우 드와 쥬 씨니예?
거스름돈이 맞지 않습니다.	**Cette monnaie ne correspond pas au total.** 쎄뜨 모네 느 꼬레스뽕 빠 조 또딸 **Je crois qu'il y a une erreur dans la monnaie.** 쥬 크르와 낄 리 야 원 네뢰르 당 라 모네
감사합니다. 이것은 가지십시오. (*팁을 주면서)	**Merci. Voici pour vous.** 메르씨. 브와씨 뿌르 부
감사합니다. 잔돈은 가지십시오.	**Merci. Gardez la monnaie.** 메르씨. 가르데 라 모네
계산은 호텔비에 달아 놓으십시오. (*호텔 내 레스토랑 이용시)	**Veuillez ajouter le montant à ma note.** 뵈이예 자쥬떼 르 몽땅 아 마 노뜨
잘 먹었습니다. 고맙습니다.	**Le repas était délicieux. Merci.** 르 르빠 에떼 델리씨외. 메르씨 **C'était très bien. Merci.** 쎄떼 트레 비옝. 메르씨

카페테리아 (*셀프서비스의 간이식당)	**cafétéria (f.)** 까페떼리야
셀프서비스	**libre-service (m.)** 리브르 쎄르비쓰
쟁반을 드시고 카운터에서 계산하십시오. (*음식들을 골라 쟁반에 담은 후 계산하라는 뜻)	**Prenez un plateau et payez à la caisse.** 프르네 정 쁠라또 에 뻬이예 잘 라 께쓰
저런 햄스테이크로 하나 주시되, 더/덜 두꺼운 걸로 주십시오.	**Donnez-moi une tranche de gigot comme ça, mais plus/moins épaisse, s'il vous plaît.** 돈네 므와 윈느 트랑슈 드 지고 꼼므 싸, 메 쁠뤼/므웽 제뻬쓰, 씰 부 쁠레
얼마입니까?	**Ça fait combien?** 싸 훼 꽁비옝

식
사

카페 [경식당]	**café (m.)** 까페
커피와 샌드위치를 주십시오.	**Un café et un sandwitch, s'il vous plaît.** 엉 까페 에 엉 쌍드위츄, 씰 부 쁠레
무슨 샌드위치를 드릴까요?	**Quel sandwitch voulez-vous?** 쎌 쌍드위츄 불레 부?
햄/치즈 샌드위치 하나 주십시오.	**Un sandwitch au jambon/au fromage, s'il vous plaît.** 엉 쌍드위츄 오 쟝봉/오 프로마쥬, 씰 부 쁠레

(아무 것도 안 넣은/버섯/치즈/햄) 오믈렛을 원합니다.	**Je voudrais une omelette (nautre /aux champignons/au fromage/ au jambon).** 쥬 부드레 쥔 노믈레뜨 (나뛰르/오 샹삐니용/오 프로마쥬/오 쟝봉)
토마토 주스 한 잔 주십시오.	**Un verre de jus de tomate, s'il vous plaît.** 엉 베르 드 쥐 드 또마뜨, 씰 부 쁠레
생맥주 500cc 한 잔 주십시오.	**Un demi, s'il vous plaît.** 엉 드미, 씰 부 쁠레
생맥주 250cc 한 잔 주십시오.	**Un bock, s'il vous plaît.** 엉 복끄, 씰 부 쁠레
(적/백) 포도주 한 잔 주십시오.	**Un verre de vin (rouge/blanc), s'il vous plaît.** 엉 베르 드 벵 (루쥬/블랑), 씰 부 쁠레
500cc/250cc	**un demi/un quart** 엉 드미/엉 까르
한 병/반 병	**une carafe/une demi-carafe** 윈느 까라프/윈느 드미 까라프 (*carafe는 원래 수돗물을 담는 물병을 말하지만, 하우스와인 등을 담아내어 그 분량을 표현하기도 함.)

🔴 스낵류점

설탕/잼을 넣은 크레프 하나와 콜라 주십시오.	**Une crêpe au sucre/à la confiture et un coca, s'il vous plaît.** 윈느 크레쁘 오 쒸크르/알 라 꽁피뛰르 에 엉 꼬까, 씰 부 쁠레

핫도그 하나/감자튀김을 주십시오.	**(Donnez-moi) Un hot-dog/Des frites, s'il vous plaît.** (돈네 므와) 엉 옷 도그/데 프리뜨, 씰 부 쁠레
야채샐러드(도) 주십시오.	**Des cruidités (aussi), s'il vous plaît.** 데 크뤼디쎄 (오씨), 씰 부 쁠레
테이크 아웃할 겁니다.	**À emporter, s'il vous plaît.** 아 앙뽀르떼, 씰 부 쁠레 **C'est pour emporter.** 쎄 뿌르 앙뽀르떼
핫도그 2개 포장 부탁합니다. (*테이크 아웃할 것이란 뜻)	**Deux hot-dogs pour emporter, s'il vous plaît.** 되 옷 도그 뿌르 앙뽀르떼, 씰 부 쁠레
케챱/마요네즈도 발라주십시오.	**Avec du ketchup/de la mayonnaise, s'il vous plaît.** 아베끄 뒤 께첩/들 라 마요네즈, 씰 부 쁠레
양파/겨자도 넣어주십시오.	**Avec des oignons/de la moutarde, s'il vous plaît.** 아베끄 데 조니용/들 라 무따르드, 씰 부 쁠레
크로크 무슈/크로크 마담 하나 주십시오. (*둘 다 구운 식빵에 햄, 치즈를 넣은 샌드위치)	**Un croque-monsieur/croque-madame, s'il vous plaît.** 엉 크로끄 므씨외/크로끄 마담므, 씰 부 쁠레
구운 통닭 한/반 마리 원합니다.	**Je voudrais un poulet/un demi-poulet grillé.** 쥬 부드레 정 뿔레/정 드미 뿔레 그리예
먼저 계산을 해야 합니까?	**Est-ce qu'on paie par avance?** 에 스 꽁 뻬 빠르 아방쓰?
이게 뭡니까?	**Qu'est-ce que c'est?** 께 스 끄 쎄?

185

덥히지 않고 먹을 수 있습니까?	**Peut-on manger sans réchauffer?** 뾔 똥 망줴 쌍 레쇼페?
어느 것이 더 싸고 맛있는 겁니까?	**Lequel est moins cher et délicieux?** 르껠 레 므웽 쉐르 에 델리씨외?
이것 1개와 저것 2개를 주십시오.	**Donnez-moi 1[un] de celui-ci et 2[deux] de celui-là, s'il vous plaît.** 돈네 므와 엉 드 쓸뤼 씨 에 되 드 쓸뤼 라, 씰 부 쁠레
얼마 동안이나 보관할 수 있습니까?	**Ça dure pour combien de temps?** 싸 뒤르 뿌르 꽁비옝 드 땅?
가게에서 먹어도 됩니까?	**Peut-on goûter dans le magasin?** 뾔 똥 구떼 당 르 마가젱?
앉을 좌석이 있습니까?	**Y a-t-il des places pour s'asseoir?** 이 아 띨 데 쁠라쓰 뿌르 싸쓰와르?
여기 앉아도 되겠습니까? (*상대에게 빈 자리냐고 물을 때)	**Puis-je m'asseoir ici?** 쀠 쥬 마쓰와르 이씨? **Il y a quelqu'un?** 일 리 야 껠껑? **C'est occupé?** 쎄 또뀌뻬?
포크와 나이프는 어디에 있습니까?	**Où peut-on prendre des fourchettes et des couteaux?** 우 뾔 똥 프랑드르 데 푸르쉐뜨 에 데 꾸또?

05 관광 · 관람 · 오락

● 관광안내소

관광안내소는 어디에 있습니까?

Où est le bureau[l'office] de tourisme?
우 엘 르 뷔로[로피스] 드 뚜리씀므?

시내 지도를 하나 얻을 수 있을까요?

Puis-je avoir un plan de ville?
쀠 쥬 아브와르 엉 쁠랑 드 빌르?

이 지방[지역] 안내서를 원합니다.

Je voudrais un guide de ce pays [cette région].
쥬 부드레 정 기드 드 쓰 뻬이[쎄뜨 레지용]

저는 …에 관심이 있습니다.

Je m'intéresse à ….
쥬 멩떼레쓰 아 …

저는 …을 보고 싶습니다.

Je voudrais voir ….
쥬 부드레 브와르 …

…에 가고 싶습니다.

Je voudrais aller à ….
쥬 부드레 잘레 아 …

경치 좋은 곳이 어디에 있습니까?

Où y a-t-il un endroit pittoresque?
우 이 아 띨 엉 낭드르와 삐또레스끄?

시내 전체를 내려다 볼 수 있는 곳이 있습니까?

Y a-t-il un joli point de vue de toute la ville?
이 아 띨 엉 졸리 쁘웽 드 뷔 드 뚜뜨 라 빌르?

어디에 가면 젊은이들이 많이 있습니까?

Où y a-t-il beaucoup de jeunes?
우 이 아 띨 보꾸 드 쥔느?

관광 · 관람 · 오락

가장 흥미로운[볼만한] 기념물들은 어떤 것입니까?	**Quels sont les monuments les plus intéressants?** 껠 쏭 레 모뉘망 레 쁠뤼 젱떼레쌍?
(시내/교외의) 멋진 장소[관광명소] 몇 곳을 추천해주시겠습니까?	**Voudriez-vous me recommander quelques beaux endroits (de la ville/dans la banlieu)?** 부르디예 부 므 르꼬망데 껠끄 보 장드르와 (들 라 빌르/당 라 방리외)?
명소(名所)	**lieu célèbre (m.)** 리외 쎌레브르
3시간/하루/반나절에 돌아볼만한 장소 몇 군데 소개해 주시겠습니까?	**Pourriez-vous me proposer quelques endroits pour visiter en 3 [trois] heures/pendant la journée/en une demi-journée?** 뿌리예 부 므 프로뽀제 껠끄 장드르와 뿌르 비지떼 앙 트르와 죄르/빵당 라 쥬르네/앙 뉜느 드미 쥬르네?
시내/교외에 있는 3시간/하루/반나절에 돌아 볼 수 있는 흥미로운 장소[관광명소]로 뭐가 있습니까?	**Qu'est-ce qu'il y a dans la ville /banlieue comme lieux intéressants qu'on peut visiter en 3 [trois] heures/en un jour/en une demi-journée?** 께 스 낄 리 야 당 라 빌르/방리외 꼼므 리외 젱떼레쌍 꽁 뾔 비지떼 앙 트르와 죄르/앙 넝 쥬르/앙 뉜느 드미 쥬르네?
3시간/당일/반나절에 갔다 올 수 있습니까?	**Peut-on faire l'aller et retour en 3 [trois] heures/en un jour/en une demi-journée?** 뾔 똥 훼르 랄레 에 르뚜르 앙 트르와 죄르/앙 넝 쥬르/앙 뉜느 드미 쥬르네?
여기에서 멉니까?	**Est-ce loin d'ici?** 에 스 르웽 디씨?

…에 어떻게 갑니까?	**Comment va-t-on à …?** 꼬망 바 똥 아 …?
	Comment peut-on se rendre à …? 꼬망 뾔 똥 스 랑드르 아 …?
	Comment puis-je me rendre à …? 꼬망 쀠 쥬 므 랑드르 아 …?
그곳에 걸어서/버스로 갈 수 있습니까?	**Peut-on y aller à pied/en autobus?** 뾔 똥 니 알레 아 삐예/앙 노또뷔쓰?
걸어서/버스로 몇 분 정도 걸립니까?	**Combien de temps faut-il pour y aller à pied/en autobus?** 꽁비옝 드 땅 포 띨 뿌르 이 알레 아 삐예/앙 노또뷔쓰?
…에 기차나 버스로 갈 수 있습니까?	**Peut-on aller à … en train ou en autobus?** 뾔 똥 날레 아 … 앙 트렝 우 앙 노또뷔쓰?
…에 가는 가장 값싼 방법을 알려 주시겠습니까?	**Pourriez-vous me dire le moyen le meilleur marché d'aller à …?** 뿌리예 부 므 디르 르 므와이옝 르 메이외르 마르쉐 달레 아 …?
관광마차를 타고 싶은데 비용이 얼마입니까?	**J'ai envie de faire une pormenade en fiacre. C'est combien?** 줴 앙비 드 훼르 윈느 프로므나드 앙 피아크르. 쎄 꽁비옝?
관광선/유람선은 있습니까?	**Y a-t-il des bateaux de tourisme /d'excursion?** 이 아 띨 데 바또 드 뚜리씀므/덱쓰뀌르씨용?
바또 무슈(*파리 세느강 유람선)/유람선은 어디에서 탑니까?	**Où est-ce qu'on peut prendre 'le Bateau-Mouche'/des bateaux d'excursion?** 우 에 스 꽁 뾔 프랑드르 르 바또 무슈/데 바또 덱쓰뀌르씨용?

관광·관람·오락

189

선착장은 어디입니까?	**Où se trouve l'embarcadère [le débarcadère]?** 우 스 트루브 랑바르까데르[르 데바르까데르]?
여기에서 어느 정도의 거리에 있습니까?	**À quelle distance d'ici se trouve -t-il?** 아 껠르 디스땅쓰 디씨 스 트루브 띨?
요금이 얼마입니까?	**Quel est le tarif?** 껠 렐 르 따리프?
어디에서 예약을 할 수 있습니까?	**Où peut-on faire la réservation?** 우 뾔 똥 훼르 라 레제르바씨옹?
여기에서 예약할 수 있습니까?	**Peut-on réserver d'ici?** 뾔 똥 레제르베 디씨?
여기에서 표를 살 수 있습니까?	**Peut-on prendre les billets ici?** 뾔 똥 프랑드르 레 비이예 이씨?
영어/한국어를 말할 줄 아는 가이드 한 명 원합니다.	**Je voudrais avoir un guide parlant anglais/coréen.** 쥬 부드레 자브와르 엉 기드 빠흘랑 땅글레/꼬레엥
영어/한국어를 말할 줄 아는 가이드를 한 명 반나절/하루 쓰고 싶습니다.	**Je voudrais retenir un guide parlant anglais/coréen pour une demi-journée/une journée.** 쥬 부드레 르뜨니르 엉 기드 빠흘랑 땅글레/꼬레엥 뿌르 윈느 드미 쥬르네/윈느 쥬르네
택시로 관광하고 싶습니다.	**Je voudrais faire une excursion en taxi.** 쥬 부드레 훼르 윈 넥쓰뀌르씨옹 앙 딱씨
하루 요금이 얼마입니까?	**Quel est le tarif journalier?** 껠 렐 르 따리프 쥬르날리예?
…는 오늘/이번 시즌에 개장 중입니까?	**Est-ce que … est ouvert(e) aujourd'hui/cette saison?**

에 스 끄 … 에 우베르(뜨) 오쥬르뒤이/쎄뜨 쎄종?

…는 일요일에도 문을 엽니까?

Est-ce que … est ouvert(e) le dimanche?

에 스 끄 … 에 우베르(뜨) 르 디망슈?

몇 시부터 문을 엽니까?

À partir de quelle heure est-ce ouvert?

아 빠르띠르 드 껠 뢰르 에 스 우베르?

몇 시부터 몇 시까지 문을 엽니까?

De quelle heure et à quelle heure est-ce ouvert?

드 껠 뢰르 에 아 껠 뢰르 에 스 우베르?

…는 몇 시에 문을 닫습니까?

À quelle heure ferme(nt) …?

아 껠 뢰르 훼름므 …? (*주어의 수(數)에 따라)

Quelle est l'heure de fermeture de …?

껠 렐 뢰르 드 훼르므뛰르 드 …?

정오에서 두 시까지[점심시간에] 문을 닫습니까?

Y a-t-il une fermeture entre midi et deux?

이 아 띨 윈느 훼르므뛰르 앙트르 미디 에 되?

무슨 요일에 문을 닫습니까?

Quel jour de la semaine est-ce fermé?

껠 쥬르 들 라 스멘느 에 스 훼름메?

Quel est le jour de fermeture hebdomadaire?

껠 렐 르 쥬르 드 훼르므뛰르 에브도마데르?

관광 · 관람 · 오락

여행사는 어디에 있습니까?	**Où est l'agence de voyage?** 우 에 라쟝쓰 드 브와이야쥬?
이곳에서 인기 있는 단체관광을 가르쳐주시겠습니까?	**Voudriez-vous me dire quel voyage organisé est populaire ici?** 부드리예 부 므 디르 껠 브와이야쥬 오르가니제 에 뽀쀨레르 이씨?
다른 단체관광들도 있습니까?	**Avez-vous d'autres voyages organisés?** 아베 부 도트르 브와이야쥬 오르가니제?
영어/한국어를 말할 줄 아는 가이드가 동행하는 단체관광이 있습니까?	**Avez-vous un voyage organisé avec un guide qui parle anglais /coréen?** 아베 부 졍 브와이야쥬 아벡 껑 기드 끼 빠흘르 앙글레/꼬레엥?
야간 관광여행은 있습니까?	**Avez-vous un voyage de nuit?** 아베 부 졍 브와이야쥬 드 뉘이?
…에 가는 단체관광이 있습니까?	**Y a-t-il un voyage organisé pour …?** 이 아 띨 엉 브와이야쥬 오르가니제 뿌르 …?
…에 가는 단체관광에 참가하고 싶습니다.	**Je voudrais participer à un voyage organisé pour ….** 쥬 부드레 빠르띠씨뻬 아 엉 브와이야쥬 오르가니제 뿌르 …
…에 가는 가장 값싼 단체관광은 어느 것입니까?	**Quel voyage est le moins cher pour visiter …?** 껠 브와이야쥬 엘 르 므웽 쉐르 뿌르 비지떼 …?
이 관광여행은 요금이 얼마입니까?	**Quel est le prix de ce voyage?** 껠 렐 르 프리 드 쓰 브와이야쥬?

어디에서 몇 시에 출발합니까?	**On part d'où et à quelle heure?** 옹 빠르 두 에 아 껠 뢰르?
이 관광여행은 시간이 얼마나 걸립니까?	**Combien de temps dure ce voyage?** 꽁비엥 드 땅 뒤르 쓰 브와이야쥬?
당일/반나절 관광여행입니까?	**C'est un voyage d'une journée/ d'une demi-journée?** 쎄 떵 브와이야쥬 뒨느 쥬르네/뒨느 드미 쥬르네?
이 관광여행 중엔 어디를 가보게 됩니까?	**Où est-ce qu'on visite dans ce voyage?** 우 에 스 꽁 비지뜨 당 쓰 브와이야쥬?
이 관광여행은 어디에서 몇시에 끝나게 됩니까?	**Où et à quelle heure se termine ce voyage?** 우 에 아 껠 뢰르 쓰 떼르민느 쓰 브와이야쥬?
점심식사도 포함되어 있습니까?	**Est-ce que le déjeuner est compris?** 에 스 끄 르 데죄네 에 꽁프리?
이 관광여행은 매일 있습니까?	**Y a-t-il tous les jours ce voyage?** 이 아 띨 뚜 레 쥬르 쓰 브와이야쥬?
어떤 교통편을 이용하게 됩니까?	**Quels moyens de transport prendra-t-on?** 껠 므와이엥 드 트랑스뽀르 프랑드라 똥?
다음 관광여행은 몇 시에 출발합니까?	**À quelle heure partira le porchain voyage?** 아 껠 뢰르 빠르띠라 르 프로쉥 브와이야쥬?
예약이 필수적입니까?	**La réservation est nécessaire?** 라 레제르바시용 에 네쎄쎄르?

관광버스 투어

(영어판) 투어 안내 팜플렛 하나 주십시오.	**Je voudrais un dépliant [une brochure] sur les excursions (en anglais).** 쥬 부드레 정 데쁠리양[윈느 브로쉬르] 쒸르 레 젝쓰뀌르씨용 (앙 낭글레)
투어를 하고 싶습니다.	**Je voudrais faire une excursion.** 쥬 부드레 훼르 윈 넥쓰뀌르씨용
어떤 종류의 투어가 있습니까?	**Quelle sorte d'excursions avez-vous?** 껠르 쏘르뜨 덱쓰쉬르씨용 아베 부?
영어/한국어를 말할 줄 아는 가이드가 동행하는 투어 있습니까?	**Avez-vous des excursions avec un guide parlant anglais/coréen?** 아베 부 데 젝쓰뀌르씨용 아벡 껑 기드 빠흘랑 땅글레/꼬레엥?
하루/반나절에 할 수 있는 투어를 알려주시겠습니까?	**Pourriez-vous m'indiquer des excursions à faire dans la journée /en une demi-journée?** 뿌리예 부 멩디께 데 젝쓰뀌르씨용 아 훼르 당 라 쥬르네/앙 뉜느 드미 쥬르네?
오전/오후 투어는 있습니까?	**Y a-t-il des excursions pour la matinée/l'après-midi?** 이 아 띨 데 젝쓰뀌르씨용 뿌르 라 마띠네/라프레 미디?
야간 투어는 있습니까?	**Avez-vous des excursions de nuit?** 아베 부 데 젝쓰뀌르씨용 드 뉘이?
다른 투어들도 있습니까?	**Avez-vous d'autres excursions?** 아베 부 도트르 젝쓰뀌르씨용?
시간이 어느 정도 계십니까? (*직원이 묻는 말)	**Combien de temps avez-vous?** 꽁비옝 드 땅 아베 부?

194

오늘 저는 온종일 시간이 있습니다.

Je suis libre aujourd'hui.
쥬 쒸일 리브르 오쥬르뒤이

J'ai toute la journée aujourd'hui.
줴 뚜뜨 라 쥬르네 오쥬르뒤이

8시간 있습니다.

8[Huit] heures.
위 뙤르

그렇다면 당신께 적합한 것이 있습니다. (*직원의 말)

Alors nous avons une excursion qui peut vous convenir.
알로르 누 자봉 윈 넥쓰뀌르씨용 끼 쀠 부 꽁브니르

당일 투어입니다.

C'est une excursion d'une journée.
쎄 뛴 넥쓰뀌르씨용 뒨느 쥬르네

그 투어는 어떤 곳들을 도는 것입니까?

Quel est le parcours de cette excursion?
껠 렐 르 빠흐꾸르 드 쎄 떽쓰뀌르씨용?

어떤 곳들을 방문하게 됩니까?

Quels endroits visitons-nous?
껠 장드르와 비지똥 누?

A 호수, B 대성당, 그리고 C 숲입니다.

Le lac A, la cathédrale B, et le forêt C.
르 라끄 아, 라 까떼드랄르 베, 엘 르 포레 쎄

흥미로울 것 같군요.

Ça me paraît intéressant.
싸 므 빠레 뗑떼레쌍

그 투어는 몇 시에 시작합니까?

À quelle heure commence l'excursion?
아 껠 뢰르 꼬망쓰 렉쓰뀌르씨용?

오전 9시에 시작해서 오후 5시에 끝이 납니다.

Elle commence à 9[neuf] heures et se termine à 17[dix-sept] heures.
엘르 꼬망쓰 아 뇌 뵈르 에 쓰 떼르민느 아 디 쎄 뙤르

195

…에 정차합니까?	**Est-ce qu'on s'arrête à …?** 에 스 꽁 싸렛 따 …?
…에서 자유시간이 있습니까?	**A-t-on du temps libre à …?** 아 똥 뒤 땅 리브르 아 …?
1인당 요금은 얼마입니까?	**Combien est-ce par personne?** 꽁비엥 에 스 빠르 뻬르쏜느? **Quel est le tarif par personne?** 껠 렐 르 따리프 빠르 뻬르쏜느?
버스요금, 가이드료, 입장료 포함해서 35 유로입니다.	**35[Trente-cinq] euros y compris le prix d'autocar, la rémunération du guide et les tickets d'entrée.** 트랑뜨 쎙 꾀로 이 꽁프리 르 프리 도또까르, 라 레뮈네라씨용 뒤 기드 에 레 띠께 당트레
학생을 위한 할인이 있습니까?	**Y a-t-il la réduction pour les étudiants?** 이 아 띨 라 레뒥씨용 뿌르 레 제뛰디양?
식사도 포함되어 있습니까?	**Est-ce que le repas est compris?** 에 스 끄 르 르빠 에 꽁프리?
점심식사는 어디에서 할 수 있습니까?	**Où est-ce que je peux déjeuner?** 우 에 스 끄 쥬 뾔 데죄네?
반드시 예약을 해야만 합니까?	**La réservation est obligatoire?** 라 레제르바씨용 에 또블리가뜨와르?
여기에서 예약할 수 있습니까?	**Peut-on réserver d'ici?** 뾔 똥 레제르베 디씨?
어디에서 표를 살 수 있습니 까?	**Où peut-on acheter les billets?** 우 뾔 똥 나슈떼 레 비이예?

버스 시티투어 있습니까?	**Y a-t-il des circuits d'autocars touristiques en ville?** 이 아 띨 데 씨르뀌 도또까르 뚜리스띠끄 앙 빌르?
1일/반나절 버스투어 있습니까?	**Avez-vous des circuits d'une journée/d'une demi-journée?** 아베 부 데 씨르뀌 뒨느 쥬르네/뒨느 드미 쥬르네?
…를 통과하는 버스 투어 있습니까?	**Avez-vous un circuit qui passe par …?** 아베 부 정 씨르뀌 끼 빠쓰 빠르 …?
그 버스 투어는 시간이 얼마나 걸립니까?	**Combien de temps dure le circuit?** 꽁비엥 드 땅 뒤르 르 씨르뀌?
그 버스 투어는 어디에서 출발합니까?	**Où commence le circuit?** 우 꼬망쓰 르 씨르뀌? **D'où part-il le circuit?** 두 빠르 띨 르 씨르뀌?
출발은 몇 시에 합니까?	**À quelle heure est le départ?** 아 껠 뢰르 엘 르 데빠르?
그 버스 투어는 몇 시에 끝이 납니까?	**À quelle heure se termine le circuit?** 아 껠 뢰르 쓰 떼르민느 르 씨르뀌?
그 버스 투어는 어디에서 몇 시에 끝이 납니까?	**À quel endroit et à quelle heure se termine le circuit?** 아 껠 앙드르와 에 아 껠 뢰르 쓰 떼르민느 르 씨르뀌?
몇 시에 돌아오게 됩니까?	**À quelle heure serons-nous de retour?** 아 껠 뢰르 쓰롱 누 드 르뚜르?
그 버스 투어를 … 호텔에서	**Puis-je prendre ce circuit à**

197

타고 시작할 수 있습니까?	l' Hôtel …?
	뿨 쥬 프랑드르 쓰 씨르귀 알 로뗄 …?
그 버스가 우리를 … 호텔로 태우러 옵니까?	L' autocar nous prendra-t-il à l' Hôtel …?
	로또까르 누 프랑드라 띨 알 로뗄 …?
그 버스 투어를 하고 … 호텔에서 내릴 수 있습니까?	Pourrais-je quitter le circuit à l' Hôtel …?
	뿌레 쥬 끼떼 르 씨르퀴 알 로뗄 …?
공연도 보는 투어들 있습니까?	Y a-t-il des excursions avec spetacle?
	이 아 띨 데 젝쓰뀌르씨용 아베끄 스뻭따끌르?
그런 투어 요금들은 얼마입니까?	Quels sont les prix de telles excursions?
	껠 쏭 레 프리 드 뗄르 젝쓰뀌르씨용?
공연입장료는 포함되어 있습니까?	L' entrée des spectacles est-elle comprise?
	랑트레 데 스뻭따끌르 에 뗄 꽁프리즈?
여기에서 예약할 수 있습니까?	Peut-on réserver d' ici?
	뾔 똥 레제르베 디씨?
어디에서 표를 살 수 있습니까?	Où peut-on acheter les billets?
	우 뾔 똥 나슈떼 레 비이예?

 관광 중

저것은 무엇입니까?	Qu' est-ce que c' est?
	께 스 끄 쎄?
그것은 얼마나 오래된 것입니까?	Quel âge a-t-il(elle)?
	껠 라쥬 아 띨(뗄)? (*주어의 성(性)에 따라)

198

이 길 이름은 무엇입니까?	**Quel est le nom de cette rue?** 껠 레 르 농 드 쎄뜨 뤼?
이 건물/다리/강/산/호수 이름은 무엇입니까?	**Comment s'appelle ce bâtiment /ce pont/cette rivière/cette montagne/ce lac?** 꼬망 싸뻴르 쓰 바띠망/쓰 뽕/쎄뜨 리비예르/쎄뜨 몽따니으/쓰 락끄?
여기에서 얼마 동안 정차합니까?	**Combien de temps s'arrête-t-on ici?** 꽁비엥 드 땅 싸렛 똥 이씨?
사진 찍을 시간은 있습니까?	**Avons-nous le temps de prendre des photos?** 아봉 눌 르 땅 드 프랑드르 데 포또?
몇 시까지 버스로 돌아오면 됩니까?	**À quelle heure faut-il revenir à l'autocar?** 아 껠 뢰르 포 띨 르브니르 알 로또까르?
이 건물은 무엇입니까?	**Quel est ce bâtiment?** 껠 레 쓰 바띠망?
누가 그것을 건축했습니까?	**Qui l'a construit?** 끼 라 꽁스트뤼?
…의 생가(生家)는 어디에 있습니까?	**Où est la maison natale de …?** 우 엘 라 메종 나딸르 드 …?
…가 살았던 집은 어디에 있습니까?	**Où est la maison de …?** 우 엘 라 메종 드 …?
이리로 들어가도 됩니까?	**Peut-on entrer par ici?** 뾔 똥 낭트레 빠르 이씨?
저 탑 위로 올라갈 수 있습니까?	**Peut-on monter sur cette tour-là?** 뾔 똥 몽떼 쒸르 쎄뜨 뚜르 라?

199

거기에 들어가도 됩니까?

Peut-on y enter?
쀠 똥 니 앙트레?

출입금지

Entrée Interdite
앙트레 엥떼르디뜨
Défense d' Entrer
데팡쓰 당트레

이 성/성당/농장을 방문할 수 있습니까?

Peut-on visiter ce château/cette église/cette ferme?
쀠 똥 비지떼 쓰 샤또/쎄 떼글리즈/쎄뜨 훼름므?

어디에서 허가를 받아야 합니까?

Où faut-il demander l' autorisation?
우 포 띨 드망데 로또리자씨옹?

여기에선 멋진 전경을 볼 수 있습니다.

D' ici on peut avoir une vue panoramique.
디씨 옹 쀠 따브와르 윈느 뷔 빠노라미끄

식사할 수 있는 곳이 있습니까?

Y a-t-il un endroit où on peut manger?
이 아 띨 엉 낭드르와 우 옹 쀠 망줴?

카페테리아는 어디에 있습니까?

Où est la cafétéria?
우 엘 라 까페떼리아?

이 투어는 매우 즐거웠습니다. 감사합니다.

Cette excursion a été très agréable. Merci.
쎄 떽쓰뀌르씨옹 나 에떼 트레 자그레아블르. 메르씨

어디에서 필름을 팝니까?

Où vend-on des pellicules?
우 방 똥 데 뻴리뀔르?

24장/36장짜리 흑백/컬러
필름 한 통 주십시오.

**Une pellicule (en) noir et blanc/
(en) couleur(s) de 24 [vingt-quatre]
/36 [trente-six] poses, s'il vous
plaît.**
윈느 뻴리뀔르 (앙) 느와르 에 블랑/(앙) 꿀뢰르 드
벵 까트르/트랑뜨 씨 포즈, 씰 부 쁠레

이 사진기에 사용할 필름 한
통을 원합니다.

**Je voudrais un film pour cet
appareil (de) photo, s'il vous plaît.**
쥬 부드레 정 필름 뿌르 쎄 따빠레이으 (드) 포또, 씰
부 쁠레

이 숫자의 필름 감광도로 주
십시오. (*숫자를 적거나 보여
주면서)

**Ce chiffre ISO [ASA/DIN], s'il
vous plaît.**
쓰 쉬프르 이조 [아자/딘], 씰 브 쁠레

건전지 한 개 주십시오.

**Donnez-moi une pile, s'il vous
plaît.**
돈네 므와 윈느 삐르, 씰 부 쁠레

사진기에 필름을 넣어주시겠
습니까?

**Pourriez-vous mettre la pellicule
dans l'appareil (de) photo?**
뿌리예 부 메트르 라 뻴리뀔르 당 라빠레이으 (드) 포또?

일회용 카메라는 어디에서
살 수 있습니까?

**Où peut-on acheter la caméra
jetable?**
우 쀠 똥 나슈떼 라 까메라 쥬따블르?

디지털카메라

**caméra numérique [digital] (f.)/
appareil photo numérique
[digital] (m.)**
까메라 뉘메리끄 [디지딸]/아빠레이으 포또 뉘메리끄
[디지딸]

관광·관람·오락

201

비디오카메라[캠코더]	caméscope(m.) 까메스꼬쁘
카메라 폰	téléphone caméra(m.)/téléphone appareil photo(m.) 뗄레폰느 까메라/뗄레폰 나빠레이으 포또
어디에서 건전지/배터리를 충전할 수 있습니까?	Où peut-on recharger la pile/la batterie? 우 쁴 똥 르솨르줴 라 삘르/라 바뜨리?
여기에서 사진을 찍어도 됩니까?	Peut-on prendre des photos ici? 쁴 똥 프랑드르 데 포또 이씨?
저 다리/저 터널을 사진 찍어도 됩니까?	Puis-je prendre une photo de ce pont/ce tunnel? 쀠 쥬 프랑드르 윈느 포또 드 쓰 뽕/쓰 뛰넬?
플래시를 사용해도 됩니까?	Peut-on utiliser un flash? 쁴 똥 뉘띨리제 엉 플라쓔?
실례지만, 제 사진 좀 찍어 주시겠습니까?	Excusez-moi, pourriez-vous me prendre en photo? 뿌리예 부 므 프랑드르 앙 포또? Excusez-moi, voudriez-vous me photographier? 엑스뀌제 므와, 부드리예 부 므 포또그라피예?
그것은 어떻게 작동합니까?	Comment fonctionne-t-il(elle)? 꼬망 퐁씨욘느 띨(뗄)? (*주어의 성(性)에 따라)
그냥 셔터만 눌러 주시면 됩니다.	Appuiez juste sur le déclencheur/l'obturateur, s'il vous plaît. 아쀠이예 쥐스뜨 쒸르 르 데끌랑쉐르/롭뛰라뙤르, 씰 부 쁠레
여기를 눌러주시기만 하면 됩니다.	Appuiez ici, c'est tout. 아쀠이예 이씨, 쎄 뚜

준비되셨습니까?

Vous êtes prêt(e)?
부 제뜨 프레(뜨)?

네, 찍으십시오. 저는 준비됐
습니다.

Oui, allez-y. Je suis prêt(e).
위, 알레 지. 쥬 쒸이 프레(뜨)

다시 한 장 부탁합니다.

Encore une, s'il vous plaît.
앙꼬르 윈느, 씰 부 쁠레

당신 사진을 찍어도 되겠습
니까?

Puis-je vous prendre en photo?
쀠 쥬 부 프랑드르 앙 포또?

Puis-je prendre votre photo?
쀠 쥬 프랑드르 보트르 포또?

**Pourrais-je prendre une photo
de vous?**
뿌레 쥬 프랑드르 윈느 포또 드 부?

저와 함께 사진을 찍어주시
겠습니까?

**Est-ce qu'on peut vous
photographier avec moi?**
에 스 꽁 쀠 부 포또그라피에 아베끄 므와?

저는 사진이 잘 받질 않습니다.

Je ne suis pas photogénique.
쥬 느 쒸이 빠 포또줴닉끄

전 그렇게 생각지 않습니다
[천만예요 그렇지 않습니다].
(*상대방이 스스로에 대해 겸손
하게 표현할 때 응답으로)

Je ne suis pas d'accord.
쥬 느 쒸이 빠 다꼬르

함께 사진을 찍읍시다!

**On va se faire photographier
ensemble!**
옹 바 쓰 훼르 포또그라피에 앙쌍블르!

곧 단체사진을 찍습니다.

**Nous allons prendre une photo
du groupe entier.**
누 잘롱 프랑드르 윈느 포또 뒤 그루쁘 앙띠에

당신도 우리와 함께 사진을 찍으시겠습니까?

Voudriez-vous vous joindre à nous?
부드리예 부 부 쥬웽드르 아 누?

기꺼이 그렇게 하겠습니다.

Volontiers.
볼롱띠예

가운데 서주십시오.

Mettez-vous au centre.
메떼 부 조 쌍트르

우리와 함께 사진 찍어 주셔서 감사합니다.

Nous vous remercions.
누 부 르메르씨용

천만에요.

Pas du tout.
빠 뒤 뚜

사진을 보내드리겠습니다. 이름과 주소를 가르쳐주시겠습니까?

Je vous enverrai la photo. Voudriez-vous me donner votre nom et adresse?
쥬 부 장베레 라 포또. 부드리예 부 므 돈네 보트르 농 에 아드레쓰?

그렇게 해주시겠다니 참 친절하시네요.

C'est bien gentil de votre part.
쎄 비엥 쟝띠 드 보트르 빠르

당신 이름과 주소를 여기에 써주십시오.

Ecrivez votre nom et adresse ici, s'il vous plaît.
에크리베 보트르 농 에 아드레쓰 이씨, 씰 부 쁠레

 사진 현상

이 필름을 현상해주시겠습니까?

Pourriez-vous me développer cette pellicule?
뿌리예 부 므 데블로뻬 쎄뜨 뻴리필르?

현상비가 얼마입니까?	**Combien coute le développement?** 꽁비옝 꾸뜨 르 데블로쁘망?
각각 한 장씩 뽑아 주십시오.	**Tirez-moi une épreuve de chaque.** 띠레 므와 윈느 에프뢰브 드 샤끄
각각의 네가를 3장씩 (무광택/광택 인화지에) 뽑 아주십시오.	**Je voudrais 3[trois] copies de chaque négatif (sur papier mat/ brillant).** 쥬 부드레 트르와 꼬삐 드 샤끄 네가띠프 (쒸르 빠삐예 마/브리양)
이것의 추가인화를 원합니다.	**Je voudrais le tirage supplémentaire de ceci.** 쥬 부드레 르 띠라쥬 쒸쁠레망떼르 드 쓰씨
이것을 확대인화 해주십시오.	**Veuillez agrandir ceci, s'il vous plaît.** 뵈이예 자그랑디르 쓰씨, 씰 부 쁠레
이 사이즈로 부탁드립니다. (*샘플을 보여주거나 가리키며)	**Ce format, s'il vous plaît.** 쓰 포르마, 씰 부 쁠레
언제 사진이 다 되겠습니까?	**Quand les photos seront-elles prêtes?** 깡 레 포또 쓰롱 뗄 프레뜨?
필름이 끼었습니다. (*사진기 내에서)	**Le film est bloqué.** 르 필름 에 블로께 **La pellicule est coincée.** 라 뻴리뀔르 에 끄웽쎄
사진관	**atelier de photographe (m.)** 아뜰리예 드 포또그라프
스튜디오	**salon de pose (m.)** 쌀롱 드 뽀즈

관광 · 관람 · 오락

| 증명사진을 찍고 싶습니다. | **Je voudrais me faire faire des photos d'identité.**
쥬 부드레 므 훼르 훼르 데 포또 디당띠떼 |
| 증명사진을 찍어주시겠습니까? | **Pourriez-vous me faire des photos d'identité?**
뿌리에 부 므 훼르 데 포또 디당띠떼? |

● 박물관 · 미술관 관람

이 전시회 오늘 있습니까?	**Y a-t-il cette exposition aujourd'hui?** 이 아 띨 쎄 떽쓰뽀지씨용 노쥬르뒤이?
입장료는 얼마입니까?	**Combien coûte l'entrée [l'admission/le billet d'entrée]?** 꽁비엥 꾸뜨 랑트레[라드미씨용/르 비이예 당트레]?
할인됩니까?	**Faites-vous des réductions?** 훼뜨 부 데 레뒥씨용?
아동/장애인/단체/학생 위한 할인 있습니까?	**Y a-t-il des réductions pour les enfants/handicapés/groupes/étudants?** 이 아 띨 데 레뒥씨용 뿌르 레 장팡/장디까뻬/그루쁘/제뛰디양?
학생증이 있으면 할인이 됩니까?	**Y a-t-il la réduction avec la carte d'étudiant?** 이 아 띨 라 레뒥씨용 나베끄 라 까르뜨 데뛰디양?
학생표 1장 주십시오.	**1[Un] billet etudiant, s'il vous plaît.** 엉 비이예 떼뛰디양, 씰 부 쁠레

무료 입장

ENTRÉE LIBRE
앙트렐 리브르

오늘 몇 시까지 문을 엽니까?

Aujourd'hui, vous êtes ouvert jusqu'à quelle heure?
오쥬르뒤이, 부 제뜨 우베르 쥐스 까 껠 뢰르?

그 짐은 가지고 들어갈 수 없습니다.

Vous ne pouvez pas entrer avec ça.
부 느 뿌베 빠 장트레 아베끄 싸

제 짐들을 맡아주시겠습니까?

Pourriez-vous garder mes bagages?
뿌리예 부 가르데 메 바가쥬?

이 박물관의 (영어판) 안내 팜플렛 하나 얻을 수 있습니까?

Puis-je avoir un dépliant[une brochure] de ce musée (en anglais)?
쀠 쥬 아브와르 엉 데쁠리양[윈느 브로쉬르] 드 쓰 뮈제 (앙 낭글레)?

그것을 사야만 합니까? 무료 팜플렛 있습니까?

Faut-il l'acheter? Avez-vous des brochures gratuites?
포 띨 라슈떼? 아베 부 데 브로쉬르 그라뛰뜨?

어디에서 그것을 살 수 있습니까?

Où peut-on l'acheter?
우 쀠 똥 라슈떼?

관내 투어는 몇 시에 있습니까?

À quelle heure commence la visite guidée?
아 껠 뢰르 꼬망쓰 라 비지뜨 기데?

누가 저 그림을 그렸습니까? [저 그림의 작가가 누구입니까?]

Qui a peint cette toile?
끼 아 뻬 쎄뜨 뜨왈르?

Qui est l'auteur de ce tableau?
끼 엘 로뙤르 드 쓰 따블로?

레오나르도 다빈치의 그림들은 어디에 있습니까?

Où sont les tableaux de Léonard de Vinci?
우 쏭 레 따블로 드 레오나르 드 벵씨?

… 실(室)은 어디에 있습니까?

Où se trouve la salle de …?
우 스 트루브 라 쌀르 드 …?

이곳에서 사진 촬영이 허용됩니까?

Peut-on prendre des photos ici?
쀠 똥 프랑드르 데 포또 이씨?

Peut-on photographier ici?
쀠 똥 포또그라피예 이씨?

Est-il permis de prendre des photos ici?
에 띨 뻬흐미 드 프랑드르 데 포또 이씨?

사진 촬영이 금지되어 있습니다.

Il est interdit de prendre des photos.
일 레 뗑떼르디 드 프랑드르 데 포또

사진 촬영 금지

Défense[Interdiction] de Photographier
데팡쓰[엥떼르딕씨용] 드 포또그라피예

플래시 금지

Flash Interdit
플라쓔 엥떼르디

Interdit du Flash
엥떼르디 뒤 플라쓔

Défense d'Utiliser un Flash
데팡쓰 뒤띨리제 엉 플라쓔

스케치 금지

Dessin Interdit
데쌩 넹떼르디

손대지[만지지] 마시오. (게시판)

Ne Pas Toucher(, S.V.P.)
느 빠 뚜쉐(, 씰 부 쁠레)

Prière de Ne Pas Toucher.
프리예르 드 느 빠 뚜쉐

여기에 유명한 작품들이 있습니까?	**Y a-t-il des oeuvres celèbres ici?** 이 아 띨 데 죄브르 쎌레브르 이씨?
저는 조각에 관심이 있습니다.	**Je m'intéresse à la sculpture.** 쥬 멩떼레쓰 알 라 스뀔뛰르
저 조각품은 무엇입니까?	**Quelle est cette sculpture?** 껠 레 쎄뜨 스뀔뛰르?
저 그림/조각은 어느 시대의 것입니까?	**De quelle époque date ce tableau /cette sculpture?** 드 껠 레뽀끄 다뜨 쓰 따블로/쎄뜨 스뀔뛰르?
기념품점은 어디에 있습니까?	**Où est le magasin[la boutique] de souvenirs?** 우 엘 르 마가젱[라 부띠끄] 드 쑤브니르?
…의 복제품을 한 점 사고 싶습니다.	**Je voudrais acheter une reproduction[une copie] de …** 쥬 부드레 자슈떼 윈느 흐프로뒥씨용[윈느 꼬삐] 드 …
그림엽서 있습니까?	**Avez-vous des cartes postales illustrées?** 아베 부 데 까르뜨 뽀스딸르 일뤼스트레?
그림엽서 한 장 주십시오.	**Donnez-moi une cartes postale illustrée, s'il vous plaît.** 돈네 므와 윈느 까르뜨 뽀스딸르 일뤼스트레, 씰 부 쁠레
출구는 어디입니까?	**Où est la sortie?** 우 엘 라 쏘르띠?

시내공연정보지들이 있습니까?

Y a-t-il des magazines des spectacles en ville?
이 아 띨 데 마가진느 데 스뻭따끌르 앙 빌르?

파리스코프(파리의 주간 문화예술정보지) 있습니까? (*신문가판대나 서점, 혹은 호텔에서)

Avez-vous le Pariscope?
아베 불 르 빠리스꼬쁘?

…에 가고 싶습니다.

Je voudrais aller à ….
쥬 부드레 잘레 아 …

…을 보고 싶습니다.

Je voudrais voir ….
쥬 부드레 브와르 …

…을 보러 가고 싶습니다.

Je voudrais aller voir ….
쥬 부드레 잘레 브와르 …

록 콘서트에 가고 싶습니다.

Je voudrais aller au concert du rock.
쥬 부드레 잘레 오 꽁쎄르 뒤 록끄

오늘 저녁이나 내일 저녁에 콘서트가 있습니까?

Y a-t-il un concert ce soir ou demain soir?
이 아 띨 엉 꽁쎄르 쓰 쓰와르 우 드멩 쓰와르?

오페라/발레/뮤지컬 한 작품 보고 싶습니다.

Je voudrais voir un opéra/un ballet/une comédie musicale.
쥬 부드레 브와르 엉 노뻬라/엉 발레/윈느 꼬메디 뮈지깔르

오페라/발레/뮤지컬은 어디에서 볼 수 있습니까?

Où peut-on voir un opéra/un ballet/une comédie musicale?
우 뾔 똥 브와르 엉 노뻬라/엉 발레/윈느 꼬메디 뮈지깔르?

좋은 뮤지컬/연극 한 작품
추천해주시겠습니까?

Pourriez-vous me recommander une bonne comédie musicale/ une bonne pièce de théâtre?
뿌리예 부 므 르꼬망데 윈느 본느 꼬메디 뮈지깔르/
윈느 본느 삐예쓰 드 떼아트르?

… 공연극장에선 무엇을 공
연하고 있습니까?

Que donne-t-on au théâtre …?
끄 돈느 똥 노 떼아트르 …?

오늘 저녁에 … 공연극장에
선 무슨 공연이 있습니까?

Qu'est-ce qu'il y a ce soir au théâtre …?
께 스 낄 리 야 쓰 쓰와르 오 떼아트르 …?

오늘 저녁엔 어떤 오페라를/
뮤지컬을 공연합니까?

Quel opéra/Quelle comédie musicale donne-t-on ce soir?
껠 오뻬라/껠르 꼬메디 뮈지깔르 돈느 똥 쓰 쓰와르?

오늘 프로그램은 무엇입니까?

Quel est le programme d'aujourd'hui?
껠 렐 르 프로그람므 도쥬르뒤이?

그 공연은 언제까지 합니까?

Jusqu'à quand donne-t-on ce spetacle?
쥐스까 깡 돈느 똥 쓰 스뻭따끌르?

현재 인기 있는 연극은 무엇
입니까?

Quelle est actuellement la pièce (de théâtre) à succès?
껠 레 딱뛰엘르망 라 삐예쓰 (드 떼아트르) 아 쒹쎄?

어떤 종류의 연극입니까?

De quel genre de pièce de théâtre s'agit-il?
드 껠 쟝르 드 삐예쓰 드 떼아트르 싸지 띨?

지금 즉시 입장권 한 장 살
수/구할 수 있을까요?

Puis-je acheter/obtenir un billet tout de suite?
쀠 쥬 아슈떼/옵뜨니르 엉 비이예 뚜 드 쉬이뜨?

어디에서 입장권을 살 수 있습니까?

Où peut-on acheter des billets?
우 뾔 똥 나슈떼 데 비이예?

입장권예매처가 어디입니까?

Où est la location[le bureau de location]?
우 엘 라 로까씨용[르 뷔로 들 로까씨용]?

좌석을 하나 예약하고 싶습니다.

Je voudrais réserver une place.
쥬 부드레 레제르베 윈느 쁠라쓰

오늘 당일 입장권 있습니까?

Avez-vous des billets pour aujourd'hui?
아베 부 데 비이예 뿌르 오쥬르뒤이?

오늘 저녁 좌석/입장권이 아직 남아 있습니까?

Reste-t-il encore des places/billets pour ce soir?
레스뜨 띨 앙꼬르 데 쁠라쓰/비이예 뿌르 쓰 쓰와르?

Avez-vous encore des places/billets pour ce soir?
아베 부 장꼬르 데 쁠라쓰/비이예 뿌르 쓰 쓰와르?

죄송하지만, 만원입니다.

Je suis désolé(e), c'est complet.
쥬 쒸이 데졸레, 쎄 꽁쁠레

그럼 내일은요?

Et pour demain?
에 뿌르 드멩?

발코니에 몇 좌석만이 남아 있습니다.

Il ne reste que quelques places au balcon.
일 느 레스뜨 끄 껠끄 쁠라쓰 오 발꽁

남은 좌석들은 언제 것입니까?

Pour quand vous reste-t-il des places?
뿌르 깡 부 레스띨 데 쁠라쓰?

그 좌석들은 얼마입니까?

Quel est le prix de ces places?
껠 레 르 프리 드 쎄 쁠라쓰?

Combien coûtent les places?
꽁비옝 꾸뜨 레 쁠라쓰?

좌석별 요금이 어떻게 됩니까?	**Quel est le prix selon la place?** 껠 렐 르 프리 쓸롱 라 쁠라쓰?
관람이 불편한[시야가 한정된] 좌석이라도 있습니까?	**Avez-vous des places à visibilité reduite?** 아베 부 데 쁠라쓰 아 비지빌리떼 레뒤뜨?
공연 바로 직전에 할인요금으로 입장권을 팝니까?	**Vendez-vous des billets à prix réduit juste avant la représentation?** 방데 부 데 비이예 자 프리 레뒤 쥐스뜨 아방 라 흐프레장따씨옹?
가장 싼/비싼 좌석 한 장에 얼마입니까?	**Combien coûte une place la moins /la plus chère?** 꽁비엥 꾸뜨 윈느 쁠라쓰 라 므웽/라 쁠뤼 쉐르? **Quel est le prix d'une place la moins/la plus chère?** 껠 렐 르 프리 뒨느 쁠라쓰 라 므웽/라 쁠뤼 쉐르?
가장 싼 좌석 한 장 주십시오.	**Une place la moins chère, s'il vous plaît.** 윈느 쁠라쓰 라 므웽 쉐르, 씰 부 쁠레
아래층/발코니 좌석 한 장 원합니다.	**Je voudrais une place au parterre/balcon.** 쥬 부드레 쥔느 쁠라쓰 오 빠흐떼르/발꽁
입석(立席)	**place debout (f.)** 쁠라쓰 드부
얼마입니까?	**Combien ça coûte?** 꽁비엥 싸 꾸뜨?
몇 시에 시작합니까?	**Ça commence à quelle heure?** 싸 꼬망쓰 아 껠 뢰르?
막간 휴식시간은 얼마 동안입니까?	**Combien de temps dure l'entracte?** 꽁비엥 드 땅 뒤르 랑트락뜨?

관광 · 관람 · 오락

몇 시에 끝납니까?	**Ça se termine à quelle heure?** 싸 쓰 떼르민느 아 껠 뢰르?
프로그램 한 부 주십시오.	**Un programme, s'il vous plaît.** 엉 프로그람므, 씰 부 쁠레
이런 복장으로 입장할 수 있습니까?	**Peut-on y entrer habillé comme ça?** 뾔 똥 니 앙트레 아비이예 꼼므 싸?
청바지와 운동화 차림으로 입장할 수 있습니까?	**Peut-on y entrer en jeans et en chaussures de sports?** 뾔 똥 니 앙트레 앙 진 에 앙 쇼쒸르 드 스뽀르?
… 공연극장/영화관/콘서트 홀은 어디에 있습니까?	**Où se trouve le théâtre/le cinéma /la salle de concert …?** 우 스 트루브 르 떼아트르/르 씨네마/라 쌀르 드 꽁쎄르 …?
이 공연극장/영화관으로 가는 길이 어떻게 됩니까?	**Quel est le chemin pour aller à ce théâtre/cinéma?** 껠 레 르 슈멩 뿌르 알레 아 쓰 떼아트르/씨네마?
지금 어떤 영화들이 상영 중입니까?	**Quels films sont passés maintenant?** 껠 필름 쏭 빠쎄 멩뜨낭?
…의 새 영화는 어느 영화관에서 상영합니까?	**Dans quel cinéma passe le nouveau film de …?** 당 껠 씨네마 빠쓰 르 누보 필름 드 …?
누가 주연입니까?	**Qui joue le rôle principal?** 끼 쥬 르 롤 프렝씨빨?
어떤 영화가 인기 있습니까?	**Quel film est populaire?** 껠 필름 에 뽀쀨레르?
그 영화는 어디서 상영 중입니까?	**Où passe-t-on ce film?** 우 빠쓰 똥 쓰 필름?

⋯ 영화관에선 무엇을 상영 중입니까?	## Que passe-t-on au cinéma ⋯? 끄 빠쓰 똥 노 씨네마 ⋯?
오늘 저녁에 ⋯ 영화관에선 무슨 영화를 상영합니까?	## Qu'est-ce qu'il y a ce soir au cinéma ⋯? 께 스 낄 리 야 쓰 쓰와르 오 씨네마 ⋯?
그 영화는 언제까지 상영됩니까?	## Jusqu'à quand passe-t-on ce film? 쥐스까 깡 빠쓰 똥 쓰 필름?
그 영화 상영시간은 얼마나 됩니까?	## Quelle est la durée de ce film? 껠 렐 라 뒤레 드 쓰 필름?
영어 대사입니까?	## C'est en anglais? 쎄 땅 낭글레?
시작 시간이 각각 몇 시입니까?	## À quelle heure commence chaque séance? 아 껠 리르 꼬망쓰 샤끄 쎄앙쓰?
학생을 위한 할인이 있습니까?	## Y a-t-il la réduction pour les étudiants? 이 아 띨 라 레뒥씨용 뿌르 레 제뛰디앙?
가장 싼 입장권 2장 주십시오.	## 2[Deux] billets les moins chers, s'il vous plaît. 되 비이예 레 므웽 쉐르, 씰 부 쁠레
18세 미만 사절	## Interdit aux Moins de 18 Ans 엥떼르디 또 므웽 드 디 쥣 땅

축구/야구 경기를 관람하고 싶습니다.	**Je voudrais voir un match de football/base-ball.** 쥬 부드레 브와르 엉 마츄 드 풋볼/베즈 볼
축구/야구 경기에 대한 정보를 얻고 싶습니다.	**Je voudrais des renseignements sur le match de football/base-bal.** 쥬 부드레 데 랑쎄니으망 쒸르 르 마츄 드 풋볼/베즈 볼
어디에서 문의할 수 있습니까?	**Où peut-on demander des renseignements?** 우 쀠 똥 드망데 데 랑쎄니으망?
며칠 내로 좋은 경기들이 있습니까?	**Y a-t-il de bons matchs d'ici quelques jours?** 이 아 띨 드 봉 마츄 디씨 껠끄 쥬르?
이번 토요일에 어디선가 축구/야구 경기가 있습니까?	**Y a-t-il un match de football/base-ball quelque part ce samedi?** 이 아 띨 엉 마츄 드 풋볼/베즈 볼 껠끄 빠르 쓰 쌈디?
어느 팀이 출전합니까?	**C'est joué par quelles équipes?** 쎄 쥬웨 빠르 껠르 제끼쁘?
어디에서 열립니까? [경기장이 어디입니까?]	**Où se déroule-t-il?** 우 스 데룰르 띨?
그 경기장까지 어떻게 갑니까?	**Comment va-t-on au stade?** 꼬망 바 똥 노 스따드?
식사할 수 있는 곳이 있습니까?	**Y a-t-il un endroit où on peut manger?** 이 아 띨 엉 낭드르와 우 옹 쀠 망줴?
몇 시에 시작합니까/끝납니까?	**À quelle heure commence/se termine-t-il?** 아 껠 뢰르 꼬망쓰/쓰 떼르민느 띨?

몇 시간 동안 진행[계속]됩니까?	**Combien de temps dure-t-il?** 꽁비옝 드 땅 뒤르 띨?
표를 구할 수 있겠습니까?	**Peut-on avoir des billets?** 뾔 똥 나브와르 데 비이예?
예약할 수 있겠습니까?	**Peut-on réserver?** 뾔 똥 레제르베?
입장권은 어디에서 살 수 있습니까?	**Où peut-on acheter des billets?** 우 뾔 똥 나슈떼 데 비이예?
아직 좌석이 남아 있습니까?	**Reste-t-il encore des places?** 레스뜨 띨 앙꼬르 데 쁠라쓰?
입장료는 얼마입니까?	**Combien coûte l'entrée?** 꽁비옝 꾸뜨 랑트레?
2장 주십시오.	**Je voudrais 2[deux] billets, s'il vous plaît.** 쥬 부드레 되 비이예, 씰 부 쁠레

디스코장

춤 출 수 있는 곳이 있습니까?	**Y a-t-il un endoit où on peut danser?** 이 아 띨 엉 낭드르와 우 옹 뾔 당쎄?
디스코장에 춤추러 가고 싶습니다.	**Je voudrais aller danser à la discothèque.** 쥬 부드레 잘레 당쎄 알 라 디스꼬떼끄
이 근처에/시내에 디스코장이 있습니까?	**Y a-t-il une discothèque près d'ici/en ville?** 이 아 띨 윈느 디스꼬떼끄 프레 디씨/앙 빌르?

관광·관람·오락

여기에서 걸어서 갈 수 있습니까?	**Peut-on y aller à pied d'ici?** 뾔 똥 니 알레 아 삐예 디씨?
젊은 사람들이 많습니까?	**Y a-t-il beaucoup de jeunes?** 이 아 띨 보꾸 드 죈느?
몇 시에 시작합니까?	**Ça commence à quelle heure?** 싸 꼬망쓰 아 껠 뢰르?
디스코장은 몇 시에 문을 엽니까/닫습니까?	**À quelle heure est-ce que la discothèque ouvre/ferme?** 아 껠 뢰르 에 스 끄 라 디스꼬떼끄 우브르/훼름므?
예약을 해야만 합니까?	**Faut-il réserver?** 포 띨 레제르베?
입장료는 얼마입니까?	**Combien coûte l'entrée?** 꽁비옝 꾸뜨 랑드레?
1인당 요금이 얼마입니까?	**Quel est le tarif par personne?** 껠 렐 르 따리프 빠르 뻬르쏜느?
음료수는 포함된 겁니까?	**La consommation est-elle comprise?** 라 꽁쏘마씨용 에 뗄 꽁프리즈?
여성 할인이 있습니까?	**Y a-t-il la réduction pour femmes?** 이 아 띨 라 레뒥씨용 뿌르 홤므?
저 혼자도 들어갈 수 있습니까?	**Puis-je entrer tout(e) seul(e)?** 쀠 쥬 앙트레 뚜(뜨) 쐴(르)?
이곳에선 어떤 종류의 음악을 틀어줍니까?	**Quel genre de musique est-ce qu'on passe ici?** 껠 쟝르 드 뮈지끄 에 스 꽁 빠쓰 이씨?
악단이 있습니까?	**Y a-t-il un orchestre?** 이 아 띨 엉 노께스트르?

이곳에선 어떤 종류의 음악을 연주합니까?

Quel genre de musique joue-t-on ici?
껠 쟝르 드 뮈지끄 쥬 똥 이씨?

저와 함께 춤추시겠습니까?

Voulez-vous danser avec moi?
불레 부 당쎄 아베끄 므와?

당신은 매우 미남/미녀 이십니다.

Vous êtes très beau/belle.
부 제뜨 트레 보/벨르

당신 아주 멋지십니다!

Vous êtes super!
부 제뜨 쒸뻬흐!

당신 너무나 멋집니다! (*특히 옷차림 등에 대한 찬사로)

Vous êtes très chic!
부 제뜨 트레 쉬끄

그거 정말 멋지네요[훌륭하네요]!

C'est chouette/magnifique/fantastique/excellent!
쎄 슈에뜨/마니피끄/황따스띠끄/텍쎌랑!

● 나이트클럽 · 극장식 카바레

이 근처에 좋은 나이트클럽 있습니까?

Y a-t-il une bonne boîte de nuit par ici?
이 아 띨 윈느 본느 브와뜨 드 뉘이 빠르 이씨?

좋은 나이트클럽 좀 알려 주시겠습니까?

Pourriez-vous m'indiquer une bonne boîte de nuit?
뿌리예 부 멩디께 윈느 본 브와뜨 드 뉘이?

쇼 공연이 있습니까?

Y a-t-il un spectacle?
이 아 띨 엉 스뻭따끌르?

이 클럽의 쇼는 어떤 종류입니까?

Quel genre de spectacle y a-t-il dans ce club?
껠 쟝르 드 스뻭따끌르 이 아 띨 당 쓰 끌뤼?

쇼는 몇 시에 시작합니까?	**À quelle heure commence le spectacle?** 아 껠 뢰르 꼬망쓰 르 스뻭따끌르?
얼마 정도 비용이 듭니까?	**Combien ça coûte?** 꽁비엥 싸 꾸뜨?
저녁식사를 할 수 있습니까?	**Peut-on dîner?** 뾔 똥 디네?
예약을 해야만 합니까?	**Faut-il réserver?** 포 띨 레제르베?
여기에서 예약할 수 있습니까?	**Puis-je réserver d'ici?** 쀠 쥬 레제르베 디씨?
정장을 해야 합니까?	**Faut-il en tenue de soirée?** 포 띨 앙 뜨뉘 드 스와레? **La tenue de soiree est exigée?** 라 뜨뉘 드 스와레 에 떼그지줴?
제/저희 자리로 안내해주십시오. (*안내인에게)	**Veuillez me/nous conduire à ma place/nos places.** 뵈이예 므/누 꽁뒤르 아 마/노 쁠라쓰
저는 무대 가까운 좌석을 원합니다.	**Je voudrais une place près de la scène.** 쥬 부드레 쥔느 쁠라쓰 프레 들 라 쎈느
우린 자리를 옮겨서 첫 줄에 앉고 싶은데, 가능하겠습니까?	**Nous aimerions changer de place et nous asseoir au premier rang, est-ce possible?** 누 젬므리용 샹줴 드 쁠라쓰 에 누 자쓰와르 오 프르미예 랑, 에 스 뽀씨블르?
아마 괜찮을 것 같긴 한데요, 지배인에게 물어보겠습니다.	**Peut-être bien, mais je vais demander au directeur.** 뾔떼트르 비엥, 메 쥬 베 드망데 오 디렉뙤르

좋은 카지노 한 곳 가르쳐주시겠습니까?

Pourriez-vous m'indiquer un bon casino?
뿌리예 부 멩디께 엉 봉 까지노?

칩은 어디에서 바꿀 수 있습니까?

Où peut-on échanger les jetons?
우 뾔 똥 네샹줴 레 쥬똥?

100유로 어치의 칩을 주십시오.

Donnez-moi 100 [cent] euros en jetons, s'il vous plaît.
돈네 므와 쌍 뙤로 앙 쥬똥, 씰 부 쁠레

어떤 게임들이 있습니까?

Quels jeux y a-t-il?
껠 죄 이 아 띨?

룰렛을/바카라를 해보고 싶습니다.

Je voudrais essayer la roulette/ le baccara.
쥬 부드레 제쎄이예 라 룰레뜨/르 바까라

이것은 어떻게 하는 것입니까?

Comment y joue-t-on?
꼬망 이 쥬 똥?

이 번호에 20유로 어치 걸겠습니다.

Je place 20 euros sur ce numéro.
쥬 쁠라쓰 벵 뙤로 쒸르 쓰 뉘메로

계속하겠습니다.

Je continue.
쥬 꽁띠뉘

그만하겠습니다.

J'arrête.
쟈레뜨

구경해도 됩니까?

Peut-on regarder?
뾔 똥 르가르데?

이 칩들을 현금으로 바꾸고 싶습니다.

Je voudrais me faire rembourser ces jetons.
쥬 부드레 므 훼르 랑부르쎄 쎄 쥬똥

관광 · 관람 · 오락

221

이발소 · 미용실

이발소, 미용실	**salon de coiffure (m.)** 쌀롱 드 끄와퓌르
이발사, 미용사	**coiffeur(se) (n.)** 끄와퓌르(퓌즈) (*특히 이발사는 barbier(m.) 바르비예)
예약 안 해도 괜찮습니까?	**Ça va aller sans réservation?** 싸 바 알레 쌍 레제르바씨용?
오늘 저녁 5시에 예약하고 싶습니다.	**Je voudrais prendre rendez-vous pour 17[dix-sept] heures aujourd' hui.** 쥬 부드레 프랑드르 랑데 부 뿌르 디 쎄 뙤르 오쥬르뒤이
금요일날로 예약할 수 있겠습니까?	**Puis-je prendre rendez-vous pour jeudi?** 쀠 쥬 프랑드르 랑데 부 뿌르 죄디?
어떤 손질을 원하십니까?	**Quel traitement voulez-vous?** 껠 트레뜨망 불레 부?
샴푸만 하길 원합니다.	**Un shampooing seulement, s' il vous plaît.** 엉 샹쁘웽 쐴르망, 씰 부 쁠레
(샴푸는 안하고) 세트/커트를 원합니다.	**Une mise en plis/Une coupe (sans shampooing), s' il vous plaît.** 윈느 미 장 쁠리/윈느 꾸쁘 (쌍 샹쁘웽), 씰 부 쁠레

샴푸와 아울러 세트/커트를 원합니다.

Un shampooing et une mise en plis/une coupe, s'il vous plaît.

엉 샹쁘웽 에 윈느 미 장 쁠리/윈느 꾸쁘, 씰 부 쁠레

어떻게 손질해드릴까요?

Comment les voulez-vous?

꼬망 레 불레 부?

끝만 조금 다스려 주십시오.

Epointez seulement, s'il vous plaît.

에쁘웽떼 쐴르망, 씰 부 쁠레

너무 짧지 않게 해주십시오.

(Ne me les coupez) Pas trop court, s'il vous plaît.

(느 므 레 꾸뻬) 빠 트로 꾸르, 씰 부 쁠레

보통으로 깎아[잘라]주십시오.

Faites-moi une coupe ordinaire.

훼뜨 므와 윈느 꾸쁘 오르디네르

3cm 정도 깎아[잘라]주십시오.

Coupez-les 3[trois]cm à peu près.

꾸뻬 레 트르와 쌍띠메트르 아 쁴 프레

아주 짧게 깎아[잘라]주십시오.

Coupez-les très court.

꾸뻬 레 트레 꾸르

뒷통수/목덜미/양옆머리/정수리 부분을 조금 더 깎아[잘라]주십시오.

Dégagez un peu plus derrière/la nuque/les côtés/le haut de la tête, s'il vous plaît.

데가줴 정 쁴 쁠뤼쓰 데리예르/라 뉘끄/레 꼬떼/르 오 들 라 떼뜨, 씰 부 쁠레

오른쪽/왼쪽을 조금 더 깎아[잘라]주십시오.

Coupez un peu plus le côté droit /gauche, s'il vous plaît.

꾸뻬 정 쁴 쁠뤼쓰 르 꼬떼 드르와/고슈, 씰 부 쁠레

여기 말입니까?

Ici?

이씨?

아니, 앞쪽/뒤쪽으로요, 거기요, 바로 거기입니다.

Non, vers l'avant/le derriere, là, voilà.

농, 베르 라방/르 데리예르, 라, 브왈라

223

그 정도면 됐습니다. [지금 좋습니다.]	**C'est bien comme ça.** 쎄 비엥 꼼므 싸
옆 가리마를 타주십시오.	**Faites la raie de côté, s'il vous plaît.** 훼뜨 라 레 드 꼬떼, 씰 부 쁠레
헤어토닉을 발라드릴까요?	**Est-ce que je mets un produit fortifiant?** 에 스 끄 쥬 메 정 프로뒤 포르띠피양?
네, 아주 조금만 발라주십시오.	**Oui, juste un peu, s'il vous plaît.** 위, 쥐스뜨 엉 뾔, 씰 부 쁠레
어떤 헤어스타일을 원하십니까?	**Quel style de coiffure voulez-vous?** 껠 스띨 드 끄와퓌르 불레 부?
당신께 맡기겠습니다. (*알아서 해달라는 뜻)	**Je vous donne ma confiance.** 쥬 부 돈느 마 꽁피앙쓰
파리의 최신유행 스타일로 해주십시오.	**Coiffure à la mode à Paris, s'il vous plaît.** 끄와퓌르 알 라 모드 아 빠리, 씰 부 쁠레
헤어스타일 책 있습니까? 그것을 좀 보여주십시오.	**Avez-vous un album de coiffures? Montrez-le moi, s'il vous plaît.** 아베 부 정 날범 드 끄와퓌르? 몽트레 르 므와, 씰 부 쁠레
이런 식으로 해주십시오.	**Coiffez-moi comme ça, s'il vous plaît.** 끄와페 므와 꼼므 싸, 씰 부 쁠레
파마를 해주십시오.	**Faites-moi une permanente, s'il vous plaît.** 훼뜨 므와 윈느 뻬흐마낭뜨, 씰 부 쁠레

살짝/세게 파마 해주십시오.

Je voudrais une permanente légère/forte.
쥬 부드레 쥔느 뻬흐마낭뜨 레줴르/포르뜨

헤어스프레이는 뿌리지 말아 주십시오.

Je ne veux pas de laque.
쥬 느 뵈 빠 들 라끄

면도를 해주십시오.

Je voudrais me faire raser.
쥬 부드레 므 훼르 라제

턱수염/콧수염/구렛나루를 다듬어 주시겠습니까?

Pourriez-vous me rafraîchir la barbe/la moustache/les favoris?
뿌리예 부 므 라프레쉬르 라 바르브/라 무스따쓔/레 화보리?

07 세탁과 드라이클리닝

● 세탁 · 드라이클리닝

세탁물 맡길 것이 있습니다.

J'ai du linge à faire laver.
쥐 뒤 렝쥬 아 훼르 라베

무엇을 세탁하시겠습니까?

Qu'avez-vous?
까베 부?

흰 와이셔츠 1장과 양말 2켤레입니다.

Une chemise blanche et deux paires de chaussettes.
윈느 슈미즈 블랑슈 에 되 뻬르 드 쇼쎄뜨

이 옷들 세탁/다림질 해주십시오.

Je voudrais faire laver/repasser ces vêtements.
쥬 부드레 훼르 라베/르빠쎄 쎄 베뜨망

이 옷들 드라이클리닝 해주십시오.

Je voudrais faire nettoyer à sec ces vêtements.
쥬 부드레 훼르 네뜨와이예 아 쎄끄 쎄 베뜨망

드라이클리닝을 원합니다.

Je voudrais un nettoyage à sec.
쥬 부드레 정 네뜨와이야쥬 아 쎄끄

이 옷을 세탁/다림질/드라이클리닝 하는데 시간이 얼마나 걸립니까?

Combien de temps faut-il pour laver/repasser/nettoyer à sec ce vetêment?
꽁비엥 드 땅 포 띨 뿌르 라베/르빠쎄/네뜨와이예 아 쎄끄 쓰 베뜨망?

그것/그것들은 언제 다 되겠습니까?	**Quand sera-il(elle) prêt(e)?** 깡 쓰라 띨(뗄) 프레(뜨)? (*성(性)에 따라) **Quand seront-ils(elles) prêt(e)s?** 깡 쓰롱 띨(뗄) 프레(뜨)? (*수(數)에 따라)
그것들은 내일 다 되겠습니까?	**Seront-ils prêts demain?** 쓰롱 띨 프레 드멩?
내일 정오경에 되겠습니다.	**On vous les rendra demain vers midi.** 옹 불 레 랑드라 드멩 베르 미디
오늘 저녁까지 다 해주십시오.	**Je voudrais les avoir pour ce soir.** 쥬 부드레 레 자브와르 뿌르 쓰 쓰와르
그것들이 오늘 저녁/내일/목요일전에 필요합니다.	**Il me les faut ce soir/demain/ avant jeudi.** 일 므 레 포 쓰 쓰와르/드멩/아방 죄디
제 세탁물이 다 됐습니까?	**Mon linge est-il prêt?** 몽 렝쥬 에 띨 프레?
제 옷들이 아직 안 왔습니다. (*호텔에서 세탁서비스 이용시)	**On ne m'a pas encore rapporté mes vêtements.** 옹 느 마 빠 장꼬르 라뽀르떼 메 베뜨망
그것은 제 것이 아닙니다.	**Ce n'est pas à moi.** 쓰 네 빠 자 므와
제 옷 하나가 빠졌습니다.	**Il me manque un vêtement.** 일 므 망끄 엉 베뜨망
이것은 제대로 세탁/다림질/드라이클리닝 되지 않았습니다.	**Ce n'est pas bien lavé/repassé/ nettoyé à sec.** 쓰 네 빠 비엥 라베/르빠쎄/네뜨와이예 아 쎄끄
이 옷에 구멍이 있습니다.	**Ce vêtement a un trou.** 쓰 베뜨망 따 엉 트루

이것을 수선해/(천을 대서) 기워/꿰매 주십시오.	**Veuillez raccommoder/rapiécer/ recoudre ceci, s'il vous plaît.**
	뵈이예 라꼬모데/라삐예쎄/르꾸드르 쓰씨, 씰 부 쁠레
여기를 짜깁기해 주시겠습니까?	**Pourriez-vous faire stopper ceci?**
	뿌리예 부 훼르 스또뻬 쓰씨?
단추 하나 달아주시겠습니까?	**Pourriez-vous coudre un bouton?**
	뿌리예 부 꾸드르 엉 부똥?
과일/기름 얼룩이 있습니다.	**Il y a une tache de fruit/gras.**
	일 리 야 윈느 따쓔 드 프뤼/그라
이 얼룩을 빼주십시오.	**Veuillez enlever cette tache, s'il vous plaît.**
	뵈이예 장르베 쎄뜨 따쓔, 씰 부 쁠레
	Pourriez-vous faire partir cette tache?
	뿌리예 부 훼르 빠르띠르 쎄뜨 따쓔?
이 옷의 얼룩을 빼는 데 시간이 얼마나 걸리겠습니까?	**Combien de temps faut-il pour détacher ce vêtement?**
	꽁비영 드 땅 포 띨 뿌르 데따쉐 쓰 베뜨망?
전체를 다 세탁해주십시오. (*얼룩 부분만이 아니라)	**Je voudrais un nettoyage complet.**
	쥬 부드레 정 네뜨와이야쥬 꽁쁠레
가능한 한 빨리 해주십시오.	**Il me le faut le plus tôt possible.**
	일 므 르 포 르 쁠뤼 또 뽀씨블르

08 쇼핑

쇼핑시

어디에 가면 젊은이들이 많습니까?

Où y a-t-il beaucoup de jeunes?
우 이 아 띨 보꾸 드 쥔느?

시내 중심가가/시장이 어디에 있는지 말씀해주시겠습니까?

Pourriez-vous me dire où se trouve le centre ville / la place du marché?
뿌리예 부 므 디르 우 스 트루브 르 쌍트르 빌르/라 쁠라쓰 뒤 마르쉐

쇼핑을 하고 싶습니다. 상가 지구는 어디에 있습니까?

J'aimerais faire des courses. Où est le quartier commerçant?
쥄므레 훼르 데 꾸르쓰. 우 엘 르 까르띠에 꼬메르쌍?

가장 큰 쇼핑센터는 어디에 있습니까?

Où est le plus grand centre commercial?
우 엘 르 쁠뤼 그랑 쌍트르 꼬메르씨알?

이 동네에 백화점이 있습니까?

Y a-t-il des grands magasins dans ce quartier?
이 아 띨 데 그랑 마가젱 당 쓰 까르띠에?

벼룩시장은 어디에 있습니까?
(*파리의 대표적인 벼룩시장은 북쪽에 쎙뚜앙, 동쪽에 알리그르, 몽트뢰이으, 남쪽에 방브 등이 있음)

Où sont les marchés aux puces?
우 쏭 레 마르쉐 조 쀠쓰?

쇼
핑

229

여기서 가장 가까운 벼룩시장은 어디에 있습니까?	**Où est le marché aux puces le plus proche d'ici?** 우 엘 르 마르쉐 오 쀼쓰 르 쁠뤼 프로슈 디씨?
가는 길을 가르쳐주십시오.	**Veuillez m'expliquer le chemin, s'il vous plaît.** 뵈이예 멕쓰쁠리께 르 슈멩, 씰 부 쁠레
이 지방특산품은 무엇입니까?	**Qu'y a-t-il comme produits régionaux?** 끼 아 띨 꼼므 프로뒤 레지요노?
이 도시의 특산물이 무엇입니까?	**Quelle est la spécialité de la ville?** 껠 렐 라 스뻬씨알리떼 들 라 빌르?
그것을 어디에서 살 수 있습니까?	**Où peut-on acheter ça?** 우 쀠 똥 나슈떼 싸?
이 근처에 면세점이 있습니까?	**Y a-t-il des boutiques hors taxes près d'ici?** 이 아 띨 데 부띠끄 오르 딱쓰 프레 디씨?
가게들 영업시간은 몇 시부터 몇 시까지입니까?	**Quelles sont les heures d'ouverture des magasins?** 껠르 쏭 레 죄르 두베르뛰르 데 마가젱?
…을 사고 싶습니다.	**Je voudrais acheter ….** 쥬 부드레 자슈떼 …
어디에서 …을 살 수 있습니까?	**Où peut-on acheter …?** 우 쀠 똥 나슈떼 …?
어딜 가야 선택의 여지가 많습니까?	**Où y a-t-il le plus de choix?** 우 이 아 띨 르 쁠뤼 드 슈와?
그곳에 어떻게 갈 수 있습니까?	**Comment puis-je m'y rendre?** 꼬망 쀠 쥬 미 랑드르?

비매품	**PAS EN VENTE** 빠 장 방뜨
매매용, 팔려고 내놓은 것임	**À VENDRE** 아 방드르
염가특매	**EN SOLDE** 앙 쏠드
바겐세일	**SOLDES** 쏠드
(판촉을 위한) 할인판매	**VENTE PROMOTIONNELLE** 방뜨 프로모씨오넬르
특가판매	**EN PROMOTION** 앙 프로모씨용
품절입니다.	**Le stock est épuisé.** 르 스똑 에 떼쀠제
어서 오십시오. 무엇을 찾으십니까? [뭘 도와드릴까요?] (*상점 · 호텔 · 레스토랑 등 서비스업체 종업원의 질문)	**Bonjour. Que désirez-vous?** 봉쥬르. 끄 데지레 부? **Bonjour. Vous désirez?** 봉쥬르. 부 데지레? **Bonjour. Puis-je vous être utile?** 봉쥬르. 쀠 쥬 부 제트르 위띨? *상대의 도움을 원할 때는 'Oui', 거절할 때는 'Non merci'라고 답하면 됨.
안녕하세요. 구경만 하는 겁니다. 감사합니다.	**Bonjour. Je regarde simplement. Merci.** 봉쥬르. 쥬 르가르드 쌩쁠르망. 메르씨 **Bonjour. Je suis venu(e) voir seulement. Merci.** 봉쥬르. 쥬 쒸이 브뉘 브와르 쐴르망. 메르씨
안녕하세요. 좀 도와주시겠습니까?	**Bonjour. Pourriez-vous m'aider?** 봉쥬르. 뿌르예 부 메데?

용건을 말씀하셨습니까?	**Est-ce qu'on s'occupe de vous?**
(*상점 등에서 물건을 찾아달라고 한 후 기다리고 있거나 카운터에서 기다리고 있을 때 다른 종업원이 건네오는 질문)	에 스 꽁 쏘뀌쁘 드 부?

네. 지금 기다리는 중입니다.	**Oui. J'attends maintenant.**
(*이미 용건을 부탁한 경우)	위. 좌땅 멩뜨낭

그것은 당신에게 잘 어울립니다.	**Ça vous va bien.** 싸 부 바 비엥

그것은 제 마음에 듭니다.	**Ça me plaît.** 싸 므 쁠레
	Ça me convient. 싸 므 꽁비엥
	Ça m'arrange. 싸 마랑쥬

A/S 받을 수 있습니까?	**Avez-vous un service après-vente?** 아베 부 정 쎄르비쓰 아프레 방뜨?

좋은/나쁜	**bon(ne) / mauvais(e)** 봉(본느)/모베(즈)

큰/작은	**grand(e) / petit(e)** 그랑(드)/쁘띠(뜨)

긴/짧은	**long(ue) / court(e)** 롱(그)/꾸르(뜨)

느슨한/너무 죄는	**lâche / trop serré(e)** 라쓔/트로 쎄레

무거운/가벼운	**lourd(e) / léger(ère)** 루흐(드)/레줴(르)

견고한, 튼튼한/부드러운, 연한	**solide / tendre** 쏠리드/땅드르

두꺼운/얇은	**épais(se) / fin(e)**
	에뻬(쓰)/휑(핀느)
밝은/어두운	**clair(e) / sombre**
	끌레르/쏭브르
화려한/수수한	**voyant(e) / sobre**
	브와이양(뜨)/쏘브르
최신의[아주 새로운, 최근의, 최신 유행의]	**tout(e) nouveau(nouvelle)**
	뚜(뜨) 누보(누벨르)
최신 유행의	**à la mode**
	알 라 모드
유행에 뒤진	**démodé(e)**
	데모데

● 의류 · 잡화

실례합니다, 문의 좀 하겠습니다.	**Excusez-moi, s'il vous plaît.**
	엑스뀌제 므와, 씰 부 쁠레
의류 매장은 어디에 있습니까? (*백화점이나 쇼핑센터에서)	**Où est le rayon de vêtements?**
	우 엘 르 레이용 드 베뜨망?
3층에 있습니다.	**C'est au deuxième étage.**
	쎄 또 되지엠므 에따쥬
엘리베이터는 어디에 있습니까?	**Où est l'ascenseur?**
	우 엘 라쌍쐬르?
에스컬레이터는 어디에 있습니까?	**Où est l'escalier roulant/ mécanique?**
	우 엘 레스깔리예 룰랑/메까니끄?

장갑/스카프/가방/허리띠/가죽제품 있습니까?

Avez-vous des gants/foulards/sacs/ceintures/articles de cuir?
아베 부 데 강/풀라르/싸끄/쎙뛰르/자르띠끌르 드 뀌르?

털장갑/실크스카프/손가방/서류가방/가죽지갑/가죽허리띠/바퀴달린 여행가방/우산을 원합니다.

Je voudrais des gants en laine/un foulard en soie/un sac à main/un attaché-case [une serviette]/une porte-feuille en cuir/une ceinture de cuir/une valise à roulettes/une parapluie.
쥬 부드레 데 강 장 렌느/엉 풀라르 앙 스와/엉 싹 까 멩/엉 나따쉐 께즈[윈느 쎄르비예뜨]/윈느 뽀르뜨푀이으 앙 뀌르/윈느 쎙뛰르 드 뀌르/윈느 발리즈 아 룰레뜨/윈느 빠라쁠뤼

블라우스를 한 장 사고 싶습니다.

Je voudrais acheter une chemise.
쥬 부드레 자슈떼 윈느 슈미즈

7살짜리 여아용 치마/남아용 바지를 찾고 있습니다.

Je cherche une jupe/un pantalon pour une fille/un garçon de 7 [sept] ans.
쥬 쉐르쥬 윈느 쥐쁘/엉 빵달롱 뿌르 윈느 피이으/엉 가르쏭 드 쎄 땅

제 사이즈에 맞을만한 것을 보여주십시오.

Montrez-moi quelque chose à ma taille.
몽트레 므와 껠끄 쇼즈 아 마 따이으

저 티셔츠 좀 보여주십시오.

Montrez-moi ce T-shirt-là, s'il vous plaît.
몽트레 므와 쓰 띠 셔뜨 라, 씰 부 쁠레

작은/큰 사이즈의 스웨터를 보여주십시오.

Montrez-moi des pulls-overs de petite/grande taille.
몽트레 므와 데 쀨 오베르 드 쁘띠뜨/그랑드 따이으

우아한/캐주얼한 옷을 찾고 있습니다.

Je cherche des vêtements élégants/style sport.
쥬 쉐르슈 데 베뜨망 젤레강/스띨 스뽀르

제가 찾는/원하는 것과 좀 다릅니다. (*찾아준 물건에 대해)	**Ce n'est pas exactement ce que je cherche/veux.** 쓰 네 빠 제그작뜨망 스 끄 쥬 쉐르슈/뵈
진열장에 있는 것이 마음에 듭니다.	**J'aime bien celui/celle qui est en vitrine.** 쥄므 비엥 쓸뤼/쎌르 끼 에 땅 비트린느 **Celui/celle qui est en vitrine me plaît.** 쓸뤼/쎌르 끼 에 땅 비트린느 므 쁠레 (*그 물건이 남성이면 celui, 여성이면 celle)
이것을 좀 보고 싶습니다.	**Je voudrais voir ça.** 쥬 부드레 브와르 싸
이것을 만져 봐도 됩니까?	**Puis-je toucher ça?** 쀠 쥬 뚜쒜 싸?
저것과 같은 것이 있습니까?	**Avez-vous la même chose que celui-là/celle-là?** 아베 불 라 멤므 쇼즈 끄 쓸뤼 라/쎌르 라? (*저것이 남성이면 celui-là, 여성이면 celle-là)
몇 살짜리 아동을 위한 것입니까?	**C'est pour un enfant de quel âge?** 쎄 뿌르 엉 낭팡 드 껠 아쥬?
다른 것들을 보여주시겠습니까?	**Pourriez-vous m'en montrer d'autres?** 뿌리예 부 망 몽트레 도트르?
옷감이 무엇입니까?	**Qu'est-ce que c'est comme tissu?** 께 스 끄 쎄 꼼므 띠쒸?
너무 화려/수수합니다.	**C'est trop voyant/discret.** 세 트로 브와이양/디스크레

더 밝은/단순한 것 없습니까?	**Vous n'avez rien de plus gai/simple?** 부 나베 리옝 드 쁠뤼 게/쎙쁠르?
좀 너무 큽니다/작습니다.	**C'est un peu trop grand/petit.** 쎄 떵 쁴 트로 그랑/쁘띠
더 큰/작은 것은 없습니까?	**Vous n'en avez pas de plus grand(e)/petit(e)?** 부 낭 나베 빠 드 쁠뤼 그랑(드)/쁘띠(뜨)?
이것보다 더 큰/작은 사이즈가 있습니까?	**Avez-vous la taille au-dessus/au-dessous?** 아베 불 라 따이으 오 드쒸/오 드쑤?
이것과 어울릴 만한 것을 원합니다.	**Je voudrais quelque chose d'assorti à cela.** 쥬 부드레 껠끄 쇼즈 다쏘르띠 아 쓸라
이 색깔/디자인은 좋아하지 않습니다.	**Je n'aime pas cette couleur/ce style.** 쥬 넴므 빠 쎄뜨 꿀뢰르/쓰 스띨
같은 물건으로 다른 색깔 있습니까?	**Avez-vous le(la) même d'une autre couleur?** 아베 불 르(라) 멤므 뒨 노트르 꿀뢰르? (*물건의 성(性)에 따라)
그걸로 무슨 색깔들이 있습니까?	**Vous l'avez en quelles couleurs?** 불 라베 장 껠르 꿀뢰르?
그걸로 초록 색깔 있습니까?	**En avez-vous un(une) vert(e)?** 앙 나베 부 정(쥔느) 베르(뜨)? (*물건의 성(性)에 따라) **Avez-vous le(la) même en vert?** 아베 불 르(라) 멤므 앙 베르? (*물건의 성(性)에 따라)
다른 디자인 있습니까?	**En avez-vous d'un autre style?** 앙 나베 부 덩 노트르 스띨?

Avez-vous un autre modèle?
아베 부 정 노트르 모델르?

다른 디자인을 보여주십시오.

Montrez-moi d'autres modèles,
s'il vous plaît.
몽트레 므와 도트르 모델르, 씰 부 쁠레

저는 프랑스 사이즈를 모릅니다.

Je ne connais pas les tailles
françaises.
쥬 느 꼬네 빠 레 따이으 프랑쎄즈

제 사이즈를 재주시겠습니까?

Pourriez-vous prendre mes
mesures?
뿌리예 부 프랑드르 메 므쥐르?

저는 36 사이즈를 입습니다.

Je porte 36[trente-six].
쥬 뽀르뜨 트랑뜨 씨쓰

입어 봐도 됩니까?

Puis-je l'essayer?
쀠 쥴 레쎄이예?

시착실(試着室)은 어디에 있습니까?

Où est la cabine d'essayage?
우 엘 라 까빈느 데쎄이아쥬?

거울은 어디에 있습니까?

Où est le miroir?
우 엘 르 미르와르?

거울 좀 봐도 되겠습니까?

Puis-je me voir dans un miroir?
쀠 쥬 므 브와르 당 정 미르와르?

바로 제 사이즈 입니다.

C'est juste ma taille.
쎄 쥐스뜨 마 따이으

제게 아주 잘 맞습니다.

Ça me va très bien.
싸 므 바 트레 비엥

제 사이즈가 아닙니다.

Ce n'est pas ma taille.
쓰 네 빠 마 따이으

제게 안 맞습니다.	**Ça ne me va pas.** 싸 느 므 바 빠
너무 짧습니다/깁니다/낍니다/헐렁합니다.	**C'est trop court/long/serré/lâche.** 쎄 트로 꾸르/롱/쎄레/라슈
여기가 꼭 낍니다.	**C'est trop serré ici.** 쎄 트로 쎄레 이씨
손질 좀 해주실 수 있습니까?	**Pourriez-vous faire des retouches?** 뿌리예 부 훼르 데 르뚜슈?
허리 치수를 2cm 늘려/줄여 주십시오.	**Elargissez/Resserrez la taille de 2[deux]cm, s'il vous plaît.** 엘라르쥐쎄/르쎄레 라 따이으 드 되 쌍띠메트르, 씰 부 블레
시간이 오래 걸립니까?	**Est-ce que cela va prendre longtemps?** 에 스 끄 쓸라 바 프랑드르 롱땅?
손질하는데 시간이 어느 정도 걸릴 걸로 예상해야 합니까?	**Combien de temps faut-il compter pour la retouche?** 꽁비엥 드 땅 포 띨 꽁떼 뿌르 라 르뚜슈?
다시 한번 입어 봐도 됩니까?	**Puis-je l'essayer encore une fois?** 쀠 쥬 레쎄이예 앙꼬르 윈느 프와?
이것이 저한테 어울립니까?	**Ceci me va bien?** 쓰씨 므 바 비엥?
어느 것이 더 좋습니까?	**Lequel(Laquelle) est mieux?** 르껠(라 껠르) 에 미외? (*물건의 성(性)에 따라)
어느 것을 권해주시겠습니까?	**Lequel(Laquelle) me recommandez-vous?** 르껠(라 껠르) 므 르꼬망데 부? (*물건의 성(性)에 따라)

그것을 손빨래/세탁기 세탁 할 수 있습니까?	Peut-on laver cela à la main/à la machine? 뾔 똥 라베 쓸라 알 라 멩/알 라 마쉰느?
빨면 줄어듭니까?	Est-ce que cela rétrécit au lavage? 에 스 끄 쓸라 레트레씨 또 라바쥬?
감사합니다. 생각 좀 해보겠 습니다.	Merci. Je vais réfléchir. 메르씨. 쥬 베 레플레쉬르
감사합니다. 다시 들르겠습 니다.	Merci. Je repasserai. 메르씨. 쥬 르빠쓰레
외출복	tenue de sortie (f.) 뜨니 뒤 쏘르띠
야회복, 정장	tenue de soirée (f.)/habit [costume] de soirée (m.)/robe de soirée (f. 여성용 이브닝드레스) 뜨뉘 드 스와레/아비[꼬스뜀므] 드 스와레/로브 드 스와레
스모킹, 턱시도 (남성용 약식 (略式) 야회복)	smoking (m.) 스모낑
양복 한 벌 (남성용 정장(正裝))	costume (m.)/ensemble (m.)/complet (m.) 꼬스뜀므/앙쌍블르/꽁쁠레
뚱뚱한, 굵은/마른, 가는	gros(se)/maigre 그로(쓰)/메그르
체크무늬의	à carreaux 아 까로
줄무늬의	à raies [à rayure] 아 레[아 레이위르]

물방울무늬의	**à pois** 아 쁘와
무늬가 없는, 단색의	**uni(e)** 위니
모직/견직/면/마(麻) (의[으로 된])	**(de/en) laine/soie/coton/lin** (드/앙) 렌느/스와/꼬똥/렝
울 (의[로 된])	**(de/en) laine [toison]** (드/앙) 렌느[뜨와종]
나일론/폴리에스테르 (의[로 된])	**(de/en) nylon/polyester** (드/앙) 닐롱/뽈리예스떼르
수직의[로 된]	**tissé(e) à domicile** 띠쎄 아 도미씰르
자수의[로 된]	**brodé(e)** 브로데
깃, 칼라	**col (m.)** 꼴
칼라의 치수	**encolure (f.)** 앙꼴뤼르
라운드형 네크라인의	**à encolure ronde** 아 앙꼴뤼르 롱드
긴소매의/반소매의	**à manches longues/courtes** 아 망슈 롱그/꾸르뜨
맞춤의	**sur mesure** 쒸르 므쥐르
반맞춤옷	**demi-mesure (f.)** 드미 므쥐르

신사화/숙녀화

**chaussures pour hommes/
chaussures pour femmes**
쇼쒸르 뿌르 옴므/쇼쒸르 뿌르 팜므

신발[구두] 한 켤레

une paire de chaussures
윈느 뻬르 드 쇼쒸르

샌들/부츠/앵글부츠/스니커즈[테니스화]/모카신/스포츠화/낮은 굽의 구두/높은 굽의 구두[하이힐]/가는 굽의 구두/두꺼운 굽의 구두/야회용 구두 한 켤레 원합니다.

**Je voudrais une paire de
sandales/bottes/bottines/tennis/
mocassins/chaussures de sport/
chaussures à talons plats [bas]/
chaussures à talons hauts/
chaussures à talons fins/
chaussures à talons épais/
chaussure de soirée.**
쥬 부드레 윈느 뻬르 드 쌍달르/보뜨/보띤느/떼니쓰/
모까셍/쇼쒸르 드 스뽀르/쇼쒸르 아 딸롱 쁠라[바]/쇼
쒸르 아 딸롱 오/쇼 쒸르 아 딸롱 휑/쇼쒸르 아 딸롱
제뻬/쇼쒸르 드 스와레

진열장에 있는 모델을 보고/신어보고 싶습니다.

**Je voudrais voir/essayer le
modèle qui est en vitrine.**
쥬 부드레 브와르/제쎄이예 르 모델르 끼 에 땅 비트린느

끝이 뾰족한/둥근 것을 원합니다.

Je voudrais un bout pointu/rond.
쥬 부드레 정 부 쁘웽뛰/롱

저는 37 사이즈를 신습니다.

Je chausse du 37 [trente-sept].
쥬 쇼쓰 뒤 트랑뜨 쎄뜨

이것은 너무 좁습/넓습니다.
(*신발 폭이)

Ceux-ci sont trop étroits/larges.
쐬 씨 쏭 트로 에트르와/라르쥬

이것은 너무 큽/작습니다.

Ceux-ci sont trop grands/petits.
쐬 씨 쏭 트로 그랑/쁘띠

쇼
핑

| 더 큰/작은 사이즈 있습니까? | **Avez-vous une pointure plus grande/petite?** |
| | 아베 부 쥔느 쁘웽뛰르 쁠뤼 그랑드/쁘띠뜨? |

| 같은 건데 베이지색으로 있습니까? | **Avez-vous les mêmes en beige?** |
| | 아베 불 레 멤므 앙 베쥬? |

| 진짜 가죽입니까? | **Est-ce du cuir véritable?** |
| | 에 스 뒤 뀌르 베리따블르? |

| 천/가죽/스웨이드/고무로 된 | **en toile/en cuir/en daim/en caoutchouc** |
| | 앙 뜨왈르/앙 뀌르/앙 뎅/앙 까우츄 |

| 구두약/구두끈을 원합니다. | **Je voudrais du cirage/des lacets.** |
| | 쥬 부드레 뒤 씨라쥬/데 라쎄 |

화장품

| 저는 건성피부/지성피부/복합성피부/민감성피부입니다. | **J'ai la peau sèche/grasse/mixte/sensible.** |
| | 줴 라 뽀 쎄슈/그라쓰/믹쓰뜨/쌍씨블르 |

| …을 찾고 있습니다. | **Je cherche ….** |
| | 쥬 쉐르슈 … |

| …을 원합니다. | **Je voudrais ….** |
| | 쥬 부드레 … |

| 향수/오드뜨왈렛/오데콜롱/데오도랑/클린징크림/클린징로션/아이리무버/미용마스크/아스트린젠트/아이크림/모이스처라이징크림/데이크림/ | **l'eau de parfum/l'eau de toilette/l'eau de cologne/le déodorant/la crème démaquillante/le lait démaquillant/le démaquillant pour les yeux/le masque beauté/** |

나이트크림/썬블록[자외선 차단]크림/화운데이션/아이라이너/아이펜슬/아이쉐도우/볼연지/콤팩트파우더/페이스파우더/퍼프/립스틱/매니큐어/네일리무버/헤어무쓰/헤어젤/헤어스프레이/화장용 솜 (*여성용품들)

l' astringent/la crème contour des yeux/la crème hydratante/la crème de jour/la crème de nuit/la crème solaire/le fond de teint/l' eye-liner/le crayon pour les yeux/le fard à paupières/le fard à joues/la poudre compacte/la poudre libre/la houppette/le rouge à lèvres/le vernis à ongles/le dissolvant/la mousse coiffante/le gel coiffant/la laque à cheveux/le cotton-démaquillant[les disquettes démaquillantes]

로 드 빠르핑/로 드 뜨왈레뜨/로 드 꼴로니으/르 데 오도랑/라 크렘므 데마끼양뜨/르 레 데마끼양/르 데 마끼양 뿌르 레 지외/르 마스그 보떼/라스트렝촹/라 크렘므 꽁뚜르 데 지외/라 크렘므 이드라땅뜨/라 크렘므 드 쥬르/라 크렘므 드 뉘이/라 크렘므 쏠레르/르 퐁 드 뗑/라이 라이너/르 크레이용 뿌르 레 지외/르 화르 아 뽀삐예르/르 화르 아 쥬/라 뿌드르 꽁빡뜨/라 뿌드를 리브르/라 우뻬뜨/르 루쥬 알 레브르/르 베르니 아 옹글르/르 디쏠방/라 무쓰 끄와팡뜨/르 젤 끄와팡/라 라끄 아 슈뵈/르 꼬똥 데마끼양[레 디스께뜨 데마끼양뜨]

면도기/면도솔/면도용 크림/에프터쉐이브로션/헤어로션/머릿기름/족집게 (*남성용품들)

le rasoir/le blaireau/la crème à raser/la lotion après rasage/la lotion capillaire/la brillantine/la pince à épiler

르 라즈와르/르 블레로/라 크렘므 아 라제/라 로씨옹 나프레 라자쥬/라 로씨옹 까삘레르/라 브리양띤느/라 뺑쓰 아 에삘레

샘플 좀 주시겠습니까?

Puis-je avoir des échantillons?

쀠 쥬 아브와르 데 제샹띠이용?

| (시력교정용) 안경을 원합니다. | **Je voudrais une paire de lunettes (de vue).** |
| | 쥬 부드레 쥔느 뻬르 드 뤼네뜨 (드 뷔) |

시력 검사를 받고 싶습니다.
Je voudrais faire contrôler ma vue.
쥬 부드레 훼르 꽁트롤레 마 뷔

저는 근시/원시/난시입니다.
Je suis myope/presbyte/astigmate.
쥬 쒸이 미욥쁘/프레스비뜨/아스띠그마뜨

색깔이 들어간 렌즈/이중초점 렌즈를 원합니다.
Je voudrais des verres teintés/ des verres à double foyer.
쥬 부드레 데 베르 뗑떼/데 베르 아 두블르 프와이예

금테/은테/뿔테를 원합니다.
Je voudrais une monture en or/argent/écaille.
쥬 부드레 쥔느 몽뛰르 앙 노르/나르쟝/네까이으

하드/소프트 콘택트렌즈를 원합니다.
Je voudrais des lentilles de contact dures/souples.
쥬 부드레 데 랑띠으 드 꽁딱뜨 뒤르/쑤쁠르

일회용/일주일 착용/일개월 착용/일년 착용 콘택트렌즈를 원합니다.
Je voudrais des lentilles (de contact) jetables/hebdomadaires/ mensuelles/annuelles.
쥬 부드레 데 랑띠으 (드 꽁딱뜨) 쥬따블르/에브도마데르 /망쒸엘르/아뉘엘르

콘택트렌즈 한 쪽을 분실했습니다.
J'ai perdu une lentille de contact.
줴 뻬흐뒤 윈느 랑띠으 드 꽁딱뜨

다른 걸로 한 쪽 주시겠습니까? (*분실한 한 쪽만 살 때)
Pourriez-vous m'en donner une autre?
뿌리예 부 망 돈네 윈 노트르?

콘택트렌즈용 용액 있습니까?	**Avez-vous un liquide pour lentilles de contact?** 아베 부 정 리끼드 뿌르 랑띠으 드 꽁딱뜨?
선글라스를 하나 사고 싶습니다.	**Je voudrais acheter une paire de lunettes de soleil.** 쥬 부드레 자슈떼 윈느 뻬르 드 뤼네뜨 드 쏠레이으
거울 좀 봐도 되겠습니까?	**Puis-je me voir dans un miroir?** 쀠 쥬 므 브와르 당 정 미르와르?
안경케이스를 하나 주시겠습니까?	**Puis-je avoir un étui à lunettes?** 쀠 쥬 아브와르 엉 네뛰이 알 뤼네뜨?
안경을 부서[부러]뜨렸습니다.	**J'ai cassé mes lunettes.** 줴 까쎄 메 뤼네뜨
안경테가 부서[부러]졌습니다.	**La monture est cassée.** 라 몽뛰르 에 까쎄
안경렌즈가 깨졌습니다.	**Les verres sont cassés.** 레 베르 쏭 까쎄
고쳐주실 수 있습니까?	**Pourriez-vous me les réparer?** 뿌리예 부 므 레 레빠레?
언제 다 됩니까?	**Quand seront-elles prêtes?** 껑 쓰롱 뗄 프레뜨?
잠수 안경	**lunettes de plongeur sous-marine (f.pl.)** 뤼네뜨 드 쁠롱죄르 쑤마린느

좋은 귀금속상인을 알려주시 겠습니까?	**Pourriez-vous m'indiquer un bon bijoutier?** 뿌리예 부 멩디께 엉 봉 비쥬띠에?
(결혼) 반지/팔찌/목걸이/팬 던트/십자가/체인/귀걸이/브 로치/시계를 원합니다.	**Je voudrais un anneau (d'allliance) /un bracelet/un collier/un pendentif/une croix/une chaînette /des boucles d'oreilles/une broche/une montre.** 쥬 부드레 정 나노 (달리앙쓰)/정 브라쓸레/정 꼴리예/ 정 빵당띠프/쥔느 크르와/쥔느 쉐네뜨/데 부끌르 도레 이으/쥔느 브로쓔/쥔느 몽트르
라이터/담배케이스/넥타이핀 /커프스 버튼/보석함/뮤직박스	**un briquet/un étui à cigarettes/ une épingle de cravate[un fixe-cravate]/des boutons de manchette /un coffret à bijoux/une boîte à musique** 엉 브리께/엉 네뛰이 아 씨가레뜨/윈 네뼁글르 드 크 라바뜨[엉 픽쓰 크라바뜨]/데 부똥 드 망쉐뜨/엉 꼬프 레 아 비쥬/윈느 브와뜨 아 뮈지끄
보석(寶石)/다이아몬드/루비 /사파이어/에메랄드/진주/자 수정/호박/카메오/산호/상아	**des pierres précieuses/un diamant /un rubis/un saphir/une émeraude /une perle/une améthyste/un ambre jaune/un caméo/un corail /un ivoire** 윈느 삐예르 프레씨외즈/엉 디야망/엉 뤼비/엉 싸피르 /윈 네메로드/윈느 뻬흘르/윈 나메띠스뜨/엉 낭브르 죤느/엉 까메오/엉 꼬라이으/엉 니브와르
탄생석	**pierre de naissance (f.)** 삐예르 드 네쌍쓰

이것 좀 볼 수 있겠습니까?	**Pourrais-je voir ceci, s'il vous plaît?** 뿌레 쥬 브와르 쓰씨, 씰 부 쁠레?
이것은 무엇으로 만들어졌습니까?	**En quoi est-ce?** 엉 꼬와 에 스?
금/은/백금으로 된 것이 있습니까?	**Avez-vous quelque chose en or/argent/platine?** 아베 부 껠끄 쇼즈 앙 노르/나르쟝/쁠라띤느?
이것은 금도금/은도금 된 겁니까?	**C'est plaqué d'or/d'argent?** 쎄 쁠라께 도르/다르쟝? **C'est en plaqué or/argent?** 쎄 땅 쁠라께 오르/아르쟝?
순금 24K/18K/14K	**l'or fin 24[vingt-quatre] carats/l'or 18[dix-huit] carats/l'or 14 [quatorze] carats** 로르 휑 벵 까트르 까라/로르 디즈 위뜨 까라/로르 까또르즈 까라
이것은 순은입니까?	**Est-ce de l'argent véritable?** 에 스 들 라르쟝 베리따블르?
이 다이아몬드는 몇 캐럿입니까?	**Combien de carats fait ce diamant?** 꽁비옝 드 까라 훼 쓰 디야망?
이것을 사겠습니다.	**Je le prends.** 쥘 르 프랑 **Je l'achète.** 쥘 라쉐뜨
이것은 얼마 동안 품질보증이 됩니까?	**Combien de temps est-ce garanti?** 꽁비옝 드 땅 에 스 가랑띠?

쇼핑

247

…의 노래들/영화들이 있습니까?

Avez-vous des chansons/films de …?
아베 부 데 샹쏭/필름 드 …?

…의 최신 앨범/영화 있습니까?

Avez-vous le dernier album/film de …?
아베 불 르 데르니예 알범/필름 드 …?

그것이 카세트/CD로 있습니까?

L'avez-vous en cassette/disque compact?
라베 부 장 까세뜨/디스끄 꽁빡뜨?

그것이 비디오카세트/DVD로 있습니까?

L'avez-vous en videocassette/ DVD?
라베 부 장 비데오까세뜨/데베데?

그것을 들어볼 수 있습니까?

Puis-je l'écouter?
쀠 쥴 레꾸떼?

…의 카세트/CD/비디오카세트/DVD를 하나 원합니다.

Je voudrais une cassette/un disque compact/une vidéocassette /un DVD de …
쥬 부드레 쥔느 까세뜨/정 디스끄 꽁빡뜨/쥔느 비데오 까세뜨/정 데베데 드 …

…의 최신 소설/책이 있습니까?

Avez-vous le dernier roman/livre de …?
아베 불 르 데르니예 로망/리브르 드 …?

외국어로 된 책들이 있습니까?

Avez-vous des livres en langue étrangère?
아베 부 델 리브르 앙 랑그 에트랑줴르?

좋은 소설/책 하나 추천해 주시겠습니까?

Pourriez-vous me recommander un bon roman/livre?
뿌리예 부 므 르꼬망데 엉 봉 로망/리브르?

선물할 만한 것을 찾고 있습니다.

Je cherche quelque chose pour faire un cadeau.
쥬 쉐르슈 껠끄 쇼즈 뿌르 훼르 엉 까도

Je cherche quelque chose qui fasse cadeau.
쥬 쉐르슈 껠끄 쇼즈 끼 화쓰 까도

제 아버지/어머니/남자애인/여자애인에게 줄 선물을 찾고 있습니다.

Je cherche un cadeau pour mon père/ma mère/mon petit ami/ma petite amie.
쥬 쉐르슈 엉 까도 뿌르 몽 뻬르/마 메르/몽 쁘띠 따미/마 쁘띠 따미오
(*원래 ami(e)는 남·여성 동일발음이나 흔히 구분을 위해 달리 발음)

프랑스의 기념품을 몇 가지 사고 싶습니다.

Je voudrais acheter quelques souvenirs de France.
쥬 부드레 자슈떼 껠끄 쑤브니르 드 프랑쓰

이 도시/지방의 특산품을 원합니다.

Je voudrais des objets typiques de cette ville/ce pays.
쥬 부드레 데 조브줴 띠삐끄 드 쎄뜨 빌르/쓰 뻬이

무엇을 제게 추천해주시겠습니까?

Que me conseillez-vous?
끄 므 꽁쎄이예 부?

어디에서 만든 것입니까?

Où est-ce fabriqué?
우 에 스 화브리께?

좀 더 전형적으로 프랑스적인 것이 있습니까?

Avez-vous quelque chose de plus typiquement francais?
아베 부 껠끄 쇼즈 드 쁠뤼 띠삐끄망 프랑쎄?

이것은 어떻습니까?

Et ceci?
에 쓰씨?

쇼핑

249

이것/그것[저것]을 사겠습니다.	**Je prends ceci/cela.** 쥬 프랑 쓰씨/쓸라
좀 더 싼 것이 있습니까?	**Avez-vous quelque chose de moins cher?** 아베 부 껠끄 쇼즈 드 므웽 쉐르?
이것과 같은 것을 3개 주십시오.	**Donnez-m'en 3[trois] pareils (pareilles).** 돈네 망 트르와 빠레이으 (*물건의 성(性)에 따라) **J'en prends 3[trois] comme ça.** 쟝 프랑 트르와 꼼므 싸
그 밖에 또 필요하신 것 있으십니까?	**Et avec ça vous désirez autre chose?** 에 아베끄 싸 부 데지레 조트르 쇼즈?
아니오, 그게 전부입니다.	**Non, c'est tout.** 농. 쎄 뚜 **Non, ce sera tout.** 농, 쓰 쓰라 뚜

🔵 주 문

죄송합니다. 재고가 없습니다. (*점원의 말)	**Je suis désolé(e). Notre stock est épuisé.** 쥬 쒸이 데졸레. 노트르 스똑 에 떼쀠제
그것을 주문해드릴까요? (*점원이 묻는 말)	**Pouvons-nous le(la) commander?** 뿌봉 눌 르(라) 꼬망데? (*물건의 성(性)에 따라)
저를 위해 그것을 주문해주실 수 있습니까?	**Pourriez-vous me le(la) commander?** 뿌리예 부 믈 르(라) 꼬망데? (*물건의 성(性)에 따라)

시간이 얼마나 걸리겠습니까?	**Combien de temps cela prendra -t-il?** 꽁비옝 드 땅 쓸라 프랑드라 띨?

● 흥정 · 지불

(전부) 얼마입니까?	**C'est combien (en tout)?** 쎄 꽁비옝 (앙 뚜)? **Ça fait combien (en tout)?** 싸 훼 꽁비옝 (앙 뚜)? **Combien ça coûte (en tout)?** 꽁비옝 싸 꾸뜨 (앙 뚜)? **Combien vous dois-je (en tout)?** 꽁비옝 부 드와 쥬 (앙 뚜)?
세금이 포함되어 있습니까?	**La taxe[TVA] est comprise?** 라 딱쓰[떼베아] 에 꽁프리즈?
세금을 내야합니까?	**Dois-je payer la taxe[TVA]?** 드와 쥬 뻬이에 라 딱쓰[떼베아]?
면세로 살 수 있습니까?	**Pourriez-vous me détaxer?** 뿌리예 부 므 데딱쎄? **Puis-je avoir la détaxe?** 쀠 쥬 아브와르 라 데딱쓰?
이것/그것[저것]은 면세가 됩니까?	**Puis-je faire ceci/ça détaxer?** 쀠 쥬 훼르 쓰씨/싸 데딱쎄?
(제게는) 너무 비쌉니다.	**C'est trop cher (pour moi).** 쎄 트로 쉐르 (뿌르 므와)
가진 돈이 충분치 않습니다.	**Je n'ai pas assez d'argent.** 쥬 네 빠 자쎄 다르쟝

쇼
핑

251

30유로 이상은 지출하고 싶지 않습니다.	**Je ne veux pas dépenser plus de 30[trente] euros.** 쥬 느 뵈 빠 데빵쎄 쁠뤼 드 트랑 뙤로
30유로 정도 되는 게 뭐가 있습니까?	**Avez-vous quelque chose pour environ 30 euros?** 아베 부 껠끄 쇼즈 뿌르 앙비롱 트랑 뙤로?
더 싼 것도 있습니까?	**Il y en a de moins chers?** 일 리 앙 나 드 므웽 쉐르?
가격만 알고 싶습니다.	**Je veux seulement savoir le prix.** 쥬 뵈 쐴르망 싸브와르 르 프리
가격이 얼마나 할인됩니까?	**Combien de remise peut-on obtenir?** 꽁삐엥 드 르미즈 뾔 똥 놉뜨니르?
할인 좀 해주십시오[값 좀 깎아 주십시오].	**Faites-moi un prix/une réduction, s'il vous plaît.** 훼뜨 므와 엉 프리/윈느 레뒥씨용, 씰 부 쁠레
(그것을 3개 사면,) 조금 할인해 [깎아]주시겠습니까?	**Pourriez-vous baisser un peu le prix(, si j'en achète 3[trois])?** 뿌리예 부 베쎄 엉 뾔 르 프리(, 씨 쟝 나쉐뜨 트르와)?
제 친구들에게 이 가게를 소개해 드릴 테니 할인해주십시오.	**Je parlerai de chez vous à mes amis, donc faites-moi un prix, s'il vous plaît.** 쥬 빠흘르레 드 쉐 부 아 메 자미, 동 훼뜨 므와 엉 프리, 씰 부 쁠레
…에 대해서만 할인해드립니다. (*점원의 말)	**Nous ne faisons des réductions que sur ….** 누 느 프종 데 레뒥씨용 끄 쒸르 …
특별 가격인 55유로에 해드리겠습니다. (*점원의 말)	**Je peux vous faire un prix spécial de 55[cinquante cinq] euros.** 쥬 뾔 부 훼르 엉 프리 스뻬씨알 드 쌩깡뜨 쌩 꾀로

가진 돈이 50유로 밖에 없습니다.	**J'ai seulement 50 [cinquante] euros.** 줴 쐴르망 쎙깡 뙤로
3개에 50유로에 해주십시오.	**50 euros pour 3 [trois], s'il vous plaît.** 쎙깡 뙤로 뿌르 트르와, 씰 부 쁠레
카운터는 어디에 있습니까?	**Où est la caisse?** 우 엘 라 께쓰?
어떻게 지불하시겠습니까? (*점원의 말)	**Comment payez-vous?** 꼬망 뻬이예 부?
여행자 수표로 지불할 수 있습니까?	**Puis-je payer par [en] chèque de voyage?** 쀠 쥬 뻬이예 빠르[앙] 쉐끄 드 브와이야쥬?
신용카드/달러를 받습니까?	**Acceptez-vous les cartes de crédit/les dollars?** 악쎕떼 불 레 까르뜨 드 크레디/레 돌라르?
할부도 가능합니까?	**Puis-je payer en plusieurs fois?** 쀠 쥬 뻬이예 앙 쁠뤼지외르 프와? **Est-ce possible de payer à tempérament?** 에 스 뽀씨블르 드 뻬이예 아 땅베라망?
3개월 할부로 하겠습니다.	**Je voudrais payer par échelonnement sur 3 mois.** 쥬 부드레 뻬이예 빠르 에슐론느망 쒸르 트르와 므와
수수료는 얼마입니까?	**C'est combien la commission?** 쎄 꽁비옝 라 꼬미씨옹?
현금으로 지불해도 됩니까?	**Puis-je payer en liquide/en espèce?** 쀠 쥬 뻬이예 앙 리끼드/앙 네스뻬쓰?

	Puis-je payer cash?
	쀠 쥬 뻬이예 까쓔? (*비어(卑語)적인 표현)
한국화폐 원으로 지불할 수 있습니까?	**Puis-je payer en wons coréens?**
	쀠 쥬 뻬이예 앙 원 꼬레엥?
여권/탑승권을 보여주시겠습니까? (*면세점의 경우)	**Puis-je voir votre passeport/ carte d'embarquement?**
	쀠 쥬 브와르 보트르 빠쓰뽀르/까르뜨 당바르끄망?
네, 여기 있습니다.	**Oui, le(la) voici.**
	위, 르(라) 브와씨 (*여권은 le로, 탑승권은 la로 받음)
계산서를 주십시오.	**Donnez-moi une facture, s'il vous plaît.**
	돈네 므와 윈느 확뛰르, 씰 부 쁠레
	Pourriez-vous me faire une facture?
	뿌리예 부 므 훼르 윈느 확뛰르?
계산에 착오가 있지 않습니까?	**N'y a-t-il pas une erreur dans les calculs?**
	니 아 띨 빠 윈 네뢰르 당 레 깔뀔?
아직 제게 거스름돈을 주시지 않았습니다.	**Vous ne m'avez pas encore rendu la monnaie.**
	부 느 마베 빠 장꼬르 랑뒤 라 모네
거스름돈이 맞지 않습니다.	**Cette monaie ne correspond pas au total.**
	쎄뜨 모네 느 꼬레스뽕 빠 조 또딸
	Il y a une erreur dans la monnaie.
	일 리 야 윈 네뢰르 당 라 모네
교환이나 환불이 가능합니까?	**Est-ce possible de changer ou se faire rembourser?**
	에 스 뽀시블르 드 샹제 우 쓰 훼르 랑부르쎄?

가지고 가실 겁니까 아니면 보내드려야 합니까?

Désirez-vous l'emporter ou faut-il vous l'envoyer?
데지레 부 랑뽀르떼 우 포 띨 부 랑브와이예?

가지고 가겠습니다.

Je l'emporte.
쥴 랑뽀르뜨

비닐 봉투/종이봉투 좀 주시겠습니까?

Pourriez-vous me donner un sac en plastique/papier?
뿌리예 부 므 돈네 엉 싹 깡 쁠라스띠끄/빠삐예?

Puis-je avoir un sac en plastique /papier, s'il vous plaît?
쀠 쥬 아브와르 엉 싹 깡 쁠라스띠끄/빠삐예, 씰 부 쁠레?

선물할 것입니다.

C'est pour un cadeau.
쎄 부르 엉 까도

그것/그것들을 포장 좀 해주시겠습니까?

Voudriez-vous l'emballer/les emballer?
부드리예 불 랑발레/레 장발레? (*물건의 수(數)에 따라)

개별 포장해주시겠습니까?

Voudriez-vous les emballer séparément?
부드리예 불 레 장발레 쎄빠헤망?

선물 포장을 해주십시오.

Faites-moi un paquet-cadeau, s'il vous plaît.
휀뜨 므와 엉 빠께 까도, 씰 부 쁠레

Pourriez-vous me faire un emballage cadeau?
뿌리예 부 므 휀르 엉 낭발라쥬 까도?

쇼
핑

… 호텔로 그것을 배달해주시겠습니까?

Pourriez-vous le livrer à l' Hôtel …?
뿌리예 불 르 리브레 알 로뗄 …?

이 주소로 그것을 배달해주십시오.

Faites le déposer à cette adresse, s' il vous plaît.
훼뜨 르 데뽀제 아 쎄 따드레쓰, 씰 부 쁠레

그것을 오늘 중/내일까지는 배달해주십시오.

Je voudrais faire livrer ça aujourd' hui/demain au plus tard.
쥬 부드레 훼르 리브레 싸 오쥬르뒤이/드멩 노 쁠뤼 따르

이 주소로 보내주십시오.

Veuillez l' envoyer à cette adresse.
뵈이예 랑브와이예 아 쎄 따드레쓰

우송료는 얼마입니까?

Combien est-ce pour les frais d' expédition?
꽁비엥 에 스 뿌르 레 프레 덱쓰뻬디씨용?

이것을 한국의 제 주소로 부쳐주시겠습니까?

Voudriez-vous m' expédier ça à mon adresse en Corée du Sud?
부드리예 부 멕쓰뻬디예 싸 아 몽 나드레쓰 앙 꼬레 뒤 쒸드?

항공편/선편으로 이것을 보내주십시오.

Envoyez ça par avion/bateau, s' il vous plaît.
앙브와이예 싸 빠르 아비용/바또, 씰 부 쁠레

항공편/선편으로 얼마가 듭니까?

Combien coûte l' envoi par avion /bateau?
꽁비엥 꾸뜨 랑브와 빠르 아비용/바또?

항공편/선편으로 시일이 얼마나 걸립니까?

Combien de temps faut-il par avion /bateau?
꽁비엥 드 땅 포 틸 빠르 아비용/바또?

이것을 보험에 들 수 있습니까? | **Peut-on assurer ça?**
뾔 똥 나쒸레 싸?

감사합니다. 안녕히 계십시오. | **Merci. Au revoir.**
메르씨. 오 흐브와르

이 상품은 얼룩이 졌습니다. | **Cet article est taché.**
쎄 따르띠끌르 에 따쉐

이 상품은 깨졌습니다. | **Cet article est cassé(e).**
쎄 따르띠끌르 에 까쎄

이 상품은 손상됐습니다. | **Cet article est abîmé.**
쎄 따르띠끌르 에 따빔메

전혀 작동하지 않습니다. | **Ça ne marche pas du tout.**
싸 느 마르슈 빠 뒤 뚜

이 상품을 고쳐주거나 환불 해주시겠습니까? | **Pourriez-vous réparer cet article ou me rembourser?**
뿌리예 부 레빠레 쎄 따르띠끌르 우 므 랑부르쎄?

새것으로 바꿔주시겠습니까? | **Pourriez-vous m'en donner un neuf(une neuve) à la place?**
뿌리예 부 망 돈네 엉 뇌프(윈느 뇌브) 알 라 쁠라쓰?
(*물건의 성(性)에 따라)

이것을 교환해 주시겠습니까? | **Pourriez-vous échanger ceci?**
뿌리예 부 제샹줴 쓰씨?

이것을 반품하고 싶습니다. | **Je voudrais vous rendre ceci.**
쥬 부드레 부 랑드르 쓰씨

쇼
핑

이 상품을 반품처리 해주시
겠습니까?

Pourriez-vous reprendre cet article?
뿌리예 부 흐프랑드르 쎄 따르띠끌르?

환불받고 싶습니다. 이것이
영수증입니다.

Je voudrais me faire rembourser. Voici la quittance.
쥬 부드레 므 훼르 랑부르세. 브와씨 라 끼땅쓰

환불해 주시겠습니까?

Pourriez-vous me rembourser?
뿌리예 부 므 랑부르쎄?

09 스포츠 · 레저

어디에서 이 운동을 할 수
있는지 말씀해주시겠습니까?

**Pourriez-vous me dire où je puis
faire ce sport?**

뿌리예 부 므 디르 우 쥬 쀠 훼르 쓰 스뽀르?

어디에서 골프/테니스/스케
이트/스키/승마/수영/스쿠버
다이빙/번지점프를 할 수 있
습니까?

**Où puis-je pratiquer le golf/le
tennis/le patinage/le ski/l'
équitation/la natation/la plongée
sous-marine/le saut à l' élastique?**

우 쀠 쥬 프라띠께 르 골프/르 떼니쓰/르 빠띠나쥬/르
스끼/레끼따씨용/라 나따시용/라 쁠롱줴 쑤마린느/르
쏘 따 렐라스띠끄?

하루/라운드/시간 당 얼마입
니까?

**Quel est le tarif par
jour/partie/heure?**

껠 렐 르 따리프 빠르 쥬르/빠르띠/외르?

골프를 하고 싶은데 이 근처
에 골프장이 있습니까?

**J' aimerais jouer au golf. Y a-t-il
un terrain de golf près d' ici?**

쥄므레 쥬웨 오 골프. 이 아 띨 엉 떼렝 드 골프 프레 디씨?

가장 가까운 골프장이 어디
에 있습니까?

**Où est le terrain de golf le plus
proche?**

우 엘 르 떼렝 드 골프 르 쁠뤼 프로쓔?

골프 한 라운드 예약할 수 있습니까?	**Peut-on réserver pour une partie de golf?** 뾔 똥 레제르베 뿌르 윈느 빠르띠 드 골프?
1인당 얼마입니까?	**Quel est le tarif par personne?** 껠 렐 르 따리프 빠르 뻬르쏜느?
다른 비용이 더 있습니까?	**Y a-t-il d'autres frais?** 이 아 띨 도트르 프레?
골프 장비를 빌릴 수 있습니까?	**Peut-on louer l'équipement de golf?** 뾔 똥 루에 레끼쁘망 드 골프?
하루에 얼마입니까?	**Quel est le tarif journalier?** 껠 렐 르 따리프 쥬르날리예?
강습을 받고 싶습니다.	**Je voudrais prendre des leçons.** 쥬 부드레 프랑드르 데 르쏭
테니스를 하고 싶습니다.	**Je voudrais faire du tennis.** 쥬 부드레 훼르 뒤 떼니쓰
이 동네에 테니스장이 있습니까?	**Y a-t-il un terrain de tennis dans ce quartier?** 이 아 띨 엉 떼렝 드 떼니쓰 당 쓰 까르띠예? **Y a-t-il un endroit pour faire du tennis dans ce quartier?** 이 아 띨 엉 낭드르와 뿌르 훼르 뒤 떼니쓰 당 쓰 까르띠예?
가장 가까운 테니스 코트는 어디에 있습니까?	**Où est le court de tennis le plus proche?** 우 엘 르 꾸르 드 떼니쓰 르 쁠뤼 프로쓔?
테니스 코트 예약은 어디에서 할 수 있습니까?	**Où peut-on réserver un court?** 우 뾔 똥 레제르베 엉 꾸르?

테니스 코트를 9시부터 1시간 예약하고 싶습니다.	**Je voudrais réserver un court de tennis pendant une heure à partir de 9[neuf] heures.** 쥬 부드레 레제르베 엉 꾸르 드 떼니쓰 빵당 윈 뇌르 아 빠르띠르 드 뇌 뵈르
1인당 얼마입니까?	**Quel est le tarif par personne?** 껠 렐 르 따리프 빠르 뻬르쏜느?
라켓을 빌릴 수 있습니까?	**Peut-on louer des raquettes?** 뾔 똥 루에 데 라께뜨?
초급반/중급반/고급반	**classe élémentaire(f.)/classe moyenne(f.)/classe supérieure(f.)** 끌라쓰 엘레망떼르/끌라쓰 므와이옌느/끌라쓰 쒸뻬리외르

● 스케이트 · 스키

이 근방에 스케이트장이 있습니까?	**Y a-t-il une patinoire dans les environs?** 이 아 띨 윈느 빠띠느와르 당 레 장비롱?
스케이트를 빌리고 싶습니다.	**Je voudrais louer des patins.** 쥬 부드레 루에 데 빠땡
연중 이 시기에도 스키를 탈 수 있습니까?	**Peut-on faire du ski à cette époque de l'année?** 뾔 똥 풰르 뒤 스끼 아 쎄 떼뽀끄 드 란네?
이 근방에서 스키 탈 수 있습니까?	**Peut-on faire du ski autour d'ici?** 뾔 똥 풰르 뒤 스끼 오뚜르 디씨?
전망 좋은 스키장이 있습니까?	**Y a-t-il une station de ski avec une vue magnifique?** 이 아 띨 윈느 스따씨용 드 스끼 아벡 윈느 뷔 마니피끄?

거기에 어떻게 갑니까?	**Comment peut-on y aller?** 꼬망 뾔 똥 니 알레?
스키 장비는 어디에서 빌릴 수 있습니까?	**Où peut-on louer l'équipement de ski?** 우 뾔 똥 루에 레끼쁘망 드 스끼?
스키 장비를 빌리고 싶습니다.	**Je voudrais louer un équipement de ski.** 쥬 부드레 루에 엉 네끼브망 드 스끼
스키 대여	**location de ski (f.)** 로까씨용 드 스끼
학생을 위한 할인이 있습니까?	**Y a-t-il la réduction pour les étudiants?** 이 아 띨 라 레뒥씨용 뿌르 레 제뛰디양?
보증금은 얼마입니까?	**Combien est la caution?** 꽁비엥 엘 라 꼬씨용?
170cm짜리 스키 주십시오.	**Un ski long de 170 [cent soixante -dix] cm, s'il vous plaît.** 엉 스끼 롱 드 쌍 쓰와쌍뜨 디 쌍띠메트르, 씰 부 쁠레
27cm짜리 스키화 주십시오.	**Des chaussures (de ski) de 27 [vingt-sept] cm, s'il vous plaît.** 데 쇼쒸르 (드 스끼) 드 벵 쎄뜨 쌍띠메트르, 씰 부 쁠레
스키스틱	**bâton de ski (m.)** 바똥 드 스끼
이 가게는 몇 시에 문을 닫습니까?	**À quelle heure ferme ce magasin?** 아 껠 뢰르 훼름므 쓰 마가젱?
스키 손님들을 위한 코인 라커는 어디에 있습니까? (*동전 넣는 자동 라커)	**Où est la consigne automatique pour les skieurs?** 우 엘 라 꽁씨니으 오또마띠끄 뿌르 레 스끼외르?

수하물 보관소는 어디에 있습니까? (*임시로 짐 맡기는 곳)	**Où est la consigne?** 우 엘 라 꽁씨니으?
슬로프 안내도 하나 주십시오.	**Donnez-moi un plan de pistes, s'il vous plaît.** 돈네 므와 엉 쁠랑 드 삐스뜨, 씰 부 쁠레
초보자/중급자/상급자를 위한 슬로프가 있습니까?	**Y a-t-il des pistes pour des débutants/des skieurs moyens /de bons skieurs?** 이 아 띨 데 삐스뜨 뿌르 데 데뷔땅/데 스끼외르 므와이엥/드 봉 스끼외르?
케이블카	**téléphérique (m.)/télécabine (f.)/ télébenne (f.)** 뗄레훼리끄/뗄레까빈느/뗄레벤느
스키리프트	**remontée (mécanique) (f.)/remonte -pente (f.)/monte-pente (f.)/ téléski (m.)/télésiège (m.)/tire- fesse(m. 속어)** 르몽떼 (메까니끄)/르몽뜨 빵뜨/몽뜨 빵뜨/뗄레스끼/뗄레씨예쥬/띠르 훼쓰
스키리프트는 어디에서 탈 수 있습니까?	**Où peut-on prendre des téléskis [des remontées mécaniques]?** 우 쀠 똥 프랑드르 데 뗄레스끼[데 르몽떼 메까니끄]?
…로 가는 리프트는 어디에 있습니까?	**Où est le télésiège[la remonte- pente/la monte-pente] pour …?** 우 엘 르 뗄레씨에쥬[라 르몽뜨 빵뜨/라 몽뜨 빵드] 뿌르 …?
리프트표	**billet de télésiège (m.)** 비이예 드 뗄레씨예쥬
1일권	**billet d'un jour (m.)** 비이예 덩 쥬르

스포츠 · 레저

리프트 1일 사용권은 어디서 살 수 있습니까?	**Où peut-on acheter un forfait à la journée de remontées mécaniques?** 우 쀠 똥 나슈떼 엉 포르훼 딸 라 쥬르네 드 르몽떼 메까니끄?
학생을 위한 할인이 있습니까?	**Y a-t-il la réduction pour les étudiants?** 이 아 띨 라 레뒥씨옹 뿌르 레 제뛰디앙?
프랑스 바캉스패스를 사용할 수 있습니까?	**Le France Vacances Pass est-il valable?** 르 프랑쓰 바깡쓰 빠쓰 에 띨 발라블르?
프랑스 바캉스패스로 할인 받을 수 있습니까?	**Y a-t-il la reduction pour le France Vacances Pass?** 이 아 띨 라 레뒥씨옹 뿌르 르 프랑쓰 바깡스 빠쓰?
이 리프트는 몇 시에 운행을 멈춥니까?	**À quelle heure arrête-t-on ce télésiège?** 아 껠 뢰르 아렛 똥 쓰 뗄레씨에쥬?
이 리프트로 …에 가려면 시간이 얼마나 걸립니까?	**Combien de temps faut-il pour aller à … par ce télésiège?** 꽁비엥 드 땅 포 띨 뿌르알레 아 … 빠르 쓰 뗄레씨에쥬?
이 슬로프는 경사가 심합니까?	**Cette pente est-elle raide?** 쎄뜨 빵뜨 에 뗄 헤드?
초보자에게는 어렵습니까?	**Est-ce difficile pour les débutants?** 에 스 디피씰르 뿌르 레 데뷔땅?
…로 내려갈 수 있습니까?	**Peut-on descendre à …?** 쀠 똥 데쌍드르 아 …?
저 산 이름이 무엇입니까?	**Quel est le nom de cette montagne?** 껠 렐 르 농 드 쎄뜨 몽따니으?

어느 것이 몽블랑입니까?	**Lequel est le Mont Blanc?** 르껠 렐 르 몽 블랑?
스키 강습은 어디에서 합니까?	**Où est-ce qu'on donne des leçons de ski?** 우 에 스 꽁 돈느 데 르쏭 드 스끼?
반나절/하루 동안 스키 강습을 받고 싶습니다.	**Je voudrais suivre la leçon de ski pour une demi-journée/une journée.** 쥬 부드레 쒸브르 라 르쏭 드 스끼 뿌르 윈느 드미 쥬르네/윈느 쥬르네
초급반/중급반/고급반	**classe élémentaire (f.)/classe moyenne (f.)/classe supérieure (f.)** 끌라쓰 엘레망떼르/끌라쓰 므와이엔느/끌라쓰 쒸뻬리외르
스키 탄 지 1년 됐습니다.	**Je fais du ski depuis 1[un] an.** 쥬 풰 뒤 스끼 드쀠 정 낭
패럴렐 턴을 할 수 있습니다.	**Je peux tourner en skis-parallèles.** 쥬 쀠 뚜르네 앙 스끼 빠라렐르
스키를 부세[부러]뜨렸습니다.	**J'ai cassé un ski.** 줴 까쎄 엉 스끼
장갑을 분실했습니다.	**J'ai perdu mes gants.** 줴 뻬흐뒤 메 강
팔이/다리가 부러졌습니다.	**Je me suis cassé(e) le bras/le pied.** 쥬 므 쒸이 까쎄 르 브라/르 삐예
안전요원은 어디에 있습니까?	**Où est le surveillant?** 우 엘 르 쒸르베이양?
안전요원을 불러주시겠습니까?	**Voudriez-vous m'appeler un surveillant?** 부드리예 부 마쁠레 엉 쒸르베이양?

스포츠·레저

이 붕대를 조여/느슨하게 해 주십시오.

Veuillez serrer/desserer ce pansement.
뵈이예 쎄레/데쎄레 쓰 빵쓰망

등산 · 승마 · 자전거 하이킹

어디에서 등산을/승마를/자 전거 하이킹을 할 수 있습니 까?

Où puis-je faire de l'alpinisme/ du cheval/de la bicyclette?
우 쀠 쥬 훼르 들 랄삐니씀므/뒤 슈발/들 라 비씨끌레뜨?

좋은 가이드를 원합니다.

Je voudrais un bon guide.
쥬 부드레 정 봉 기드

필요한 장비는 어디에서 구 할 수 있습니까?

Où puis-je me procurer l'équipement nécessaire?
우 쀠 쥬 므 프로뀌레 레끼쁘망 네쎄쎄르?

승마장이 어디에 있습니까?

Où est le terrain d'équitation?
우 엘 르 떼렝 데끼따씨용?

산책/승마/자전거 하이킹 할 만 한 멋진 코스 하나 알려 주시겠습니까?

Pourriez-vous m'indiquer une promenade intéressante à faire à pied/cheval/bicyclette?
뿌리예 부 멩디께 윈느 프로므나드 엥떼레쌍뜨 아 훼르 아 삐에/슈발/비씨끌레뜨?

수 영

어디에서 수영을 할 수 있습 니까?

Où puis-je me baigner?
우 쀠 쥬 므 베니예?

그 호수/강/바다에서 수영을 할 수 있습니까?	**Peut-on nager dans le lac/la rivière/la mer?** 뾔 동 나줴 당 르 라끄/라 리비예르/라 메르?
이 근처에 수영장이 있습니까?	**Y a-t-il une piscine près d'ici?** 이 아 띨 윈느 삐씬느 프레 디씨?
그것은 실내/야외 수영장입니까?	**Est-elle couverte/en plein air?** 에 뗄 꾸베르뜨/앙 쁠렝 네르?
가장 가까운 해변이 어디인지 알려주시겠습니까?	**Pourriez-vous me dire où se trouve la plage la plus proche?** 뿌리예 부 므 디르 우 스 뜨루브 라 쁠라쥬 라 쁠뤼 프로쓔?
그 해변은 위험합니까?	**Cette plage est-elle dangereuse?** 쎄뜨 쁠라쥬 에 뗄 당쥬뢰즈?
아이들에게 위험하지 않습니까?	**Est-ce sans danger pour les enfants?** 에 스 쌍 당줴 뿌르 레 장팡?
물이 차갑습/따뜻합니까?	**L'eau est-elle froide/chaude?** 로 에 뗄 프르와드/쇼드?
수영지도 교사가 있습니까?	**Y a-t-il un maître-nageur?** 이 아 띨 엉 메트르 나줴르?
강습을 받고 싶습니다.	**Je voudrais prendre des cours.** 쥬 부드레 프랑드르 데 꾸르
초급반/중급반/고급반	**classe élémentaire (f.)/classe moyenne (f.)/classe supérieure (f.)** 끌라쓰 엘레망떼르/끌라쓰 므와이엔느/끌라쓰 쒸뻬리외르
시간당 얼마입니까?	**Combien coûte l'heure?** 꽁비엥 꾸뜨 뢰르? **Combien ça coûte à l'heure?** 꽁비엥 싸 꾸뜨 알 뢰르?

언제 시작할 수 있습니까?	**Quand puis-je commencer?** 깡 쀠 쥬 꼬망쎄?
탈의실/천막/파라솔/페달로 (페달을 밟아서 움직이는 보 트)/스쿠버 다이빙 장비를 (을) 하나 빌리고 싶습니다.	**Je voudrais louer une cabine/ une toile de tente/un parasol/un pédalo/un équipement de plongée sous-marine.** 쥬 부드레 루에 윈느 까빈느/윈느 뜨왈르 드 땅뜨/엉 빠라쏠/엉 뻬달로/엉 네끼쁘망 드 쁠롱줴 쑤마린느
잠수 안경	**lunettes de plongeur sous-marine (f.pl.)** 뤼네뜨 드 쁠롱죄르 쑤마린느
여기서 수상스키를 할 수 있 나요?	**Peut-on faire du ski nautique ici?** 쀠 똥 훼르 뒤 스끼 노띠끄 이씨?
여기서 윈드서핑을 할 수 있 습니까?	**Peut-on faire de la planche à voile [du wind-surf] ici?** 쀠 똥 훼르 들 라 쁠랑슈 아 브왈르[뒤 윈드 쐬르프] 이씨?
몇 시에 밀물/썰물이 됩니까?	**À quelle heure est la marée montée/basse?** 아 껠 뢰르 엘 라 마레 몽떼/바쓰?
어디까지가 선채로 머리가 수 면 밖으로 나오는 곳입니까?	**Jusqu'où peut-t-on avoir pied?** 쥐스꾸 쀠 똥 나브와르 삐예?
안전요원/구조요원이 있습니 까?	**Y a-t-il un surveillant/gardien de plage?** 이 아 띨 엉 쒸르베이양/가르디엥 드 쁠라쥬?
사람 살려!	**Au secours!** 오 스꾸르!

10 사람 사귀기

● 자연스럽게 다가가기

날씨가 좋습니다.	**Il fait beau temps.** 일 훼 보 땅
날씨가 나쁩니다.	**Il fait mauvais temps.** 일 훼 모베 땅
하늘이 흐립니다.	**Le ciel est couvert.** 르 씨엘 에 꾸베르
하늘이 갰습니다.	**Le ciel est dégagé.** 르 씨엘 에 데가줴
날씨가 나빠집니다.	**Le temps se gâte.** 르 땅 스 가뜨
날씨가 변할 것 같습니다.	**Le temps va changer.** 르 땅 바 샹줴
공기가 숨이 막힐 지경입니다.	**L'air est étouffant.** 레르 에 떼뚜팡
구름이 많이 끼었습니다.	**Il fait un temps nuageux.** 일 훼 엉 땅 뉘아죄
날씨가 무덥습니다.	**Il fait un temps lourd.** 일 훼 엉 땅 루흐
날씨가 화창합니다.	**Il fait soleil.** 일 훼 쏠레이으

사람사귀기

269

심한 비바람이 불 것 같습니다.	Il va faire de l'orage. 일 바 훼르 들 로라쥬
비가 내립니다.	Il pleut. 일 쁠뢰
소나기가 내립니다.	Il pleut à verse. 일 쁠뢰 따 베르쓰
눈이 내립니다.	Il neige. 일 네쥬
우박이 내립니다.	Il tombe de la grêle. 일 똥브 들 라 그렐르
영상 28도입니다.	Il fait 28° au-dessus de zéro. 일 훼 벵뜨 위뜨 드그레 오 드쉬이 드 제로
영하 20도입니다.	Il fait 20° au-dessous de zéro. 일 훼 벵 드그레 오 드쑤 드 제로
날씨가 (매우) 덥/춥습니다.	Il fait (très) chaud/froid. 일 훼 (트레) 쇼/프르와
저는 덥/춥습니다.	J'ai chaud/froid. 줴 쇼/프르와
정말 좋은 오후네요!	Quelle belle journée! 껠 벨르 쥬르네!
산책하기 좋은 날씨입니다.	C'est le temps favorable pour faire une promenade. 쎄 르 땅 화보라블르 뿌르 훼르 윈느 프롬므나드
엄청 춥네요!	Qu'il fait froid! 낄 훼 프르와!
엄청 덥네요!	Quelle chaleur! 껠르 샬뢰르!

항상 이렇게 춥/덥습니까?	**Fait-il toujours aussi froid/ chaud?** 훼 띨 뚜쥬르 오씨 프르와/쇼?
내일 날씨가 좋을까요?	**Pensez-vous qu'il fera beau demain?** 빵쎄 부 낄 프라 보 드멩?
여기 좀 앉아도 되겠습니까?	**Me permettez-vous de m' asseoir ici?** 므 뻬흐메떼 부 드 마쓰와르 이씨?
담배 피워도 되겠습니까?	**Est-ce que ça vous dérange que je fume?** 에 스 끄 싸 부 데랑쥬 끄 쥬 휨므?
실례지만, 불 좀 빌려 주시 겠습니까?	**Avez-vous du feu, s'il vous plaît?** 아베 부 뒤 푀, 씰 부 쁠레?
담배 한 대 드릴까요?	**Voudriez-vous une cigarette?** 부드리예 부 쥔느 씨가레뜨?
뭐 좀 마시겠습니까?	**Voulez-vous boire quelque chose?** 불레 부 브와르 껠끄 쇼즈?
음료수 한 잔 사드려도 되겠 습니까?	**Puis-je vous offrir un verre?** 쀠 쥬 부 조프리르 엉 베르?
누굴 기다리시나요?	**Attendez-vous quelqu'un?** 아땅데 부 껠껑?
왜 웃으십니까? 제 불어가 그토록 형편없습니까?	**Pourquoi riez-vous? Mon français est-il si mauvais?** 뿌르꽈 리예 부? 몽 프랑쎄 에 띨 씨 모베?
이곳에 와 계신지 얼마나 됩 니까?	**Depuis combien de temps êtes- vous ici?** 드쀠 꽁비엥 드 땅 에뜨 부 이씨?

271

저는 이곳에 온 지 일주일 됐습니다.	**Je suis ici depuis 1[une] semaine.** 쥬 쒸이 이씨 드뿨 원느 스멘느
처음 오신 겁니까?	**Est-ce la première fois que vous veniez?** 에 슬 라 프르미에르 프와 끄 부 브니예?
아니오, 저는 작년에 이미 왔었습니다.	**Non, je suis déjà venu(e) l'an dernier.** 농, 쥬 쒸이 데쟈 브뷔 랑 데르니예
이곳을 좋아하십니까?	**Est-ce que vous vous plaisez ici?** 에 스 끄 부 부 쁠레제 이씨?
네, 저는 이곳을 아주 좋아 합니다.	**Oui, je me plais beaucoup ici.** 위, 쥬 므 쁠레 보꾸 이씨
네, 저는 이곳에 매우 만족 합니다.	**Oui, je suis très content(e) ici.** 위, 쥬 쒸이 트레 꽁땅(뜨) 이씨
여행을 많이 하십니까?	**Est-ce que vous voyagez beaucoup?** 에 스 끄 부 브와이아줴 보꾸?
어디서 오셨습니까? (*출신국 이나 고장을 묻는 표현)	**D'où êtes-vous?** 두 에뜨 부? **D'où venez-vous?** 두 브네 부? **D'où êtes-vous venu(e)?** 두 에뜨 부 브뷔?
(저는) 한국에서 왔습니다.	**(Je suis) De la Corée du Sud.** (쥬 쒸이) 들 라 꼬레 뒤 쒸드 **(Je viens) De la Corée du Sud.** (쥬 비엥) 들 라 꼬레 뒤 쒸드 **(Je suis venu(e)) De la Corée du Sud.** 쥬 쒸이 브뷔 들 라 꼬레 뒤 쒸드

한국의 서울에서 왔습니다.

De Séoul, Corée du Sud.
드 쎄울, 꼬레 뒤 쒸드

당신의 국적은 무엇입니까?

Quelle est votre nationalité?
껠 레 보트르 나씨요날리떼

제 국적은 한국/미국/영국/
일본/중국입니다.

**Je suis de nationalité coréenne/
américaine/britannique/japonaise
/chinoise.**
쥬 쒸이 드 나씨요날리떼 꼬레엔느/아메리껜느/브리따
니끄/좌뽀네즈/쉬느와즈

어디에 묵고 계십니까?

Où logez-vous?
우 로줴 부?

혼자이십니까?

Êtes-vous seul(e)?
에뜨 부 쐴(르)?

저는 제 아내/남편/아이들/
부모님/남자친구/여자친구와
함께 입니다.

**Je suis avec ma femme/mon
mari/mes enfants/mes parents/
mon ami/mon amie.**
쥬 쒸이 아베끄 마 홤므/몽 마리/메 장팡/메 빠랑/몽
나미/몽 나미으

기혼자/독신자이십니까?

Êtes-vous marié(e)/célibataire?
에뜨 부 마리예/쎌리바떼르?

자녀가 있습니까?

Avez-vous des enfants?
아베 부 데 장팡?

이 나라[고장]를(을)/이 나라
[고장] 사람들을 어떻게 생
각하십니까?

**Comment trouvez-vous le pays/
les gens?**
꼬망 트루베 불 르 뻬이/레 쟝?

당신 직업은 무엇입니까?

Quelle est votre profession?
껠 레 보트르 프로페씨용?

Quel est votre métier?
껠 레 보트르 메띠예?

학생입니다.	**Je suis étudiant(e).** 쥬 쒸이 제뛰이양(뜨)
뭘 공부하십니까?	**Qu'étudiez-vous?** 께뛰디예 부?
사업가입니다.	**Je suis homme d'affaires.** 쥬 쒸이 옴므 다페르
업무상 출장 중입니다.	**Je suis en voyage d'affaires.** 쥬 쒸이 장 브와이야쥬 다페르
휴가차 여기 있습니다.	**Je suis ici pour les vacances.** 쥬 쒸이 이씨 뿌르 레 바깡쓰
트럼프/체스놀이 할 줄 아십 니까?	**Jouez-vous aux cartes/échecs?** 쥬웨 부 조 까르뜨/제쉐끄?
남이 재채기 할 때 해주는 말	**À vos souhaits!** 아 보 쑤웨! **Dieu vous bénisse!** 디외 부 베니쓰!

간단한 한국 소개

한국에 와보신 적 있습니까?	**Avez-vous déjà été en Corée du Sud?** 아베 부 데쟈 에떼 앙 꼬레 뒤 쒸드?
한국음식 드셔본 적 있습니까?	**Avez-vous déjà goûté quelque cuisine coréenne?** 아베 부 데쟈 구떼 껠끄 뀌진느 꼬레엔느?
한국음식 좋아하십니까?	**Aimez-vous la cuisine coréenne?** 엠메 불 라 뀌진느 꼬레엔느?

한국음식은 맵고 양념이 많이 들어갑니다.

La cuisine coréenne est piquante et beaucoup épiceé.
라 뀌진느 꼬레엔느 에 삐깡뜨 에 보꾸 에삐쎄

하지만 양념이 많이 들어가지 않은/맵지 않은 음식도 많이 있습니다.

Mais nous avons aussi beaucoups de plats peu épicés/ peu piquants.
메 누 자봉 오씨 보꾸 드 쁠라 뾔 에삐쎄/뾔 삐깡

사람들이 매우 친절하고 호의적인 정말 아름다운 나라입니다.

C'est un beau pays où les gens sont très gentils et sympatiques.
쎄 떵 보 뻬이 우 레 쟝 쏭 트레 쟝띠 에 쎙빠띠끄

 칭찬해주기

당신은 (매우) 친절하십니다.

Vous êtes (très) aimable/ gentil(ille).
부 제뜨 (트레) 제마블르/쟝띠(으)

당신은 (매우) 호의적이십니다.

Vous êtes (très) sympatique.
부 제뜨 (트레) 쎙빠띠끄

당신은 (매우) 겸손하십니다.

Vous êtes (très) modeste.
부 제뜨 (트레) 모데스뜨

겸손해하지 마십시오[어려워하지 마십시오].

Ne faites pas le(la) modeste.
느 훼뜨 빠 르(라) 모데스뜨 (*상대의 성(姓)에 따라)

당신은 매우 미남/미녀 이십니다.

Vous êtes très beau/belle.
부 제뜨 트레 보/벨르

당신 아주 멋지십니다!

Vous êtes super!
부 제뜨 쒸뻬흐!

당신 너무나 멋집니다! (*특히 옷차림 등에 대한 찬사로)

Vous êtes très chic!
부 제뜨 트레 쉬끄!

당신과 함께 있으니 기분이 좋습니다.

Je suis bien avec vous.
쥬 쒸이 비엥 나베끄 부

아는 게 참 많으십니다.

Vous connaissez beaucoup de choses.
부 꼬네쎄 보꾸 드 쇼즈

옳으신 말씀입니다.

Vous avez raison.
부 자베 레죵

그렇습니다.

C'est cela.
쎄 쓸라

사진이 아주 잘 받으십니다.

Vous êtes très photogénique.
부 제뜨 트레 포또줴니끄

전 그렇게 생각지 않습니다 [천만예요 그렇지 않습니다].
(*상대방이 스스로에 대해 겸손하게 표현할 때 응답으로)

Je ne suis pas d'accord.
쥬 느 쒸이 빠 다꼬르

그거 정말 멋지네요[훌륭하네요]!

C'est chouette/magnifique/fantastique/excellent!
쎄 슈에뜨/마니피끄/황따스띠끄/텍쎌랑!

초 대

당신을 점심식사에 초대해도 되겠습니까?

Puis-je vous inviter à déjeuner?
쀠 쥬 부 젱비떼 아 데죄네?

오늘 저녁에 저와 함께 저녁식사 하시겠습니까?

Voudriez-vous dîner avec moi ce soir?
부드리예 부 디네 아베끄 므와 쓰 쓰와르?

내일 저녁에 한 잔 하러 제 집으로/제 호텔로 와 주시겠습니까?

Pourriez-vous venir prendre un verre chez moi/à mon hôtel demain soir?

뿌리예 부 브니르 프랑드르 엉 베르 쉐 므와/아 몽 노 뗄 드멩 쓰와르?

매우 친절하시네요. (*상대의 초대에 감사를 표할 때)

C'est très aimable.
쎄 트레 제마블르

기꺼이 가겠습니다.

Je viendrai avec plaisir.
쥬 비엥드레 아베끄 쁠레지르

몇 시에 가면 되겠습니까?

À quelle heure faut-il venir?
아 껠 뢰르 포 띨 브니르?

남자친구/여자친구 한 명 데리고 가도 되겠습니까?

Puis-je amener un ami/une amie?
쀠 쥬 아므네 엉 나미/윈 나미으?

죄송합니다만, 저는 지금/오늘 오후에 떠나야만 합니다. 어쨌든 감사합니다.

Désolé(e), je dois partir maintenant /cet après-midi. Merci quand même.
데졸레, 쥬 드와 빠르띠르 멩뜨낭/쎄 따프레 미디. 메르씨 깡 멤므

점심식사/저녁식사/저녁시간 [이브닝파티] (대단히) 감사했습니다. 멋졌습니다.

Merci (beaucoup) pour le déjeuner/le dîner/la soirée. C'etait formidable.
메르씨 (보꾸) 뿌르 르 데죄네/르 디네/라 스와레. 쎄떼 포르미다블르

다음번엔 제가 점심식사/저녁식사에 초대하겠습니다.

La prochaine fois, je vais vous inviter à déjeuner/dîner.
라 프로쉔느 프와, 쥬 베 부 젱비떼 아 데줴네/디네

다음번엔 꼭 우리나라[우리집]에/한국에 오십시오.

La prochaine fois, il faut que vous veniez chez moi/en Corée du Sud.
라 프로쉔느 프와, 일 포 끄 부 브니예 쉐 므와/앙 꼬레 뒤 쒸드

오늘 저녁에 시간 있으십니까?	**Êtes-vous libre ce coir?** 에뜨 불 리브르 쓰 쓰와르?
오늘 저녁에 저와 데이트 하시겠습니까?	**Voulez-vous sortir avec moi ce soir?** 불레 부 쏘르띠르 아베끄 므와 쓰 쓰와르?
기꺼이 그렇게 하겠습니다.	**Avec plaisir.** 아베끄 쁠레지르
감사하지만, 저는 바쁩니다.	**Merci, mais je suis pris(e).** 메르씨. 메 쥬 쒸이 프리(즈)
아니요, 관심 없습니다.	**Non, cela ne m'intéresse pas.** 농, 쓸라 느 멩떼레쓰 빠
춤추러 가고 싶으십니까?	**Aimeriez-vous aller danser?** 엠므리예 부 잘레 당쎄?
제가 좋은 디스코테크를 한 곳 알고 있습니다.	**Je connais une bonne discothèque.** 쥬 꼬네 쥔느 본느 디스꼬떼끄
함께 영화관에 가시겠는지요.	**Nous pourrions aller au cinéma.** 누 뿌리용 잘레 오 씨네마
자동차로 드라이브를 하시고 싶습니까?	**Aimeriez-vous faire un tour en voiture?** 엠므리예 부 훼르 엉 뚜르 앙 브와뛰르?
제발 절 좀 내버려 둬주세요!	**Laissez-moi tranquille, s'il vous plaît!** 레쎄 므와 트랑낄르, 씰 부 쁠레!
어디에서 다시 만날까요?	**Où nous retrouverons-nous?** 우 누 르트루브롱 누?

당신 호텔로 모시러 가겠습니다.	**Je viendrai vous prendre à votre hôtel.** 쥬 비엥드레 부 프랑드르 아 보트르 오뗄
오후 8시에 찾아뵈러 가겠습니다.	**Je viendrai vous chercher à 20 [vingt] heures.** 쥬 비엥드레 부 쉐르쉐 아 벵 뙤르
바래다 드려도 되겠습니까?	**Puis-je vous raccompagner?** 쀠 쥬 부 라꽁바니예?
내일 다시 뵐 수 있겠습니까?	**Puis-je vous revoir demain?** 쀠 쥬 부 르브봐르 드멩?
당신 객실번호/전화번호가 무엇입니까?	**Quel est le numéro de votre chambre/votre numéro de téléphone?** 껠 렐 르 뉘메로 드 보트르 샹브르/보트르 뉘메로 드 뗄레폰느?
감사합니다. 멋진 저녁시간 보냈습니다.	**Merci. J'ai passé une merveilleuse soirée.** 메르씨. 줴 빠쎄 윈느 메르베이외즈 스와레
매우 즐거웠습니다.	**Je me suis bien amusé(e).** 쥬 므 쒸이 비엥 나뮈제
파티	**partie (f.)** 빠르띠
깜짝파티	**surprise-partie (f.)** 쒸흐프리즈 빠르띠
생일파티	**fête d'anniversaire (f.)** 훼뜨 다니베르쎄르
이브닝파티, 야회	**soirée (f.)** 스와레

리셉션	réception (f.)
	레쎕씨용
(대학생들의) 파티	boum [boom] (m.)
	붐

당신 친구가 되고 싶습니다.	Je voudrais être votre ami(e).
	쥬 부드레 제트르 보트르 아미(으)
당신과 계속 연락을 하고 싶습니다.	Je voudrais rester en contact avec vous.
	쥬 부드레 레스떼 앙 꽁딱 따베끄 부
이메일 주소 좀 가르쳐 주시겠습니까?	Puis-je avoir votre adresse de courrier électronique?
	쀠 쥬 아브와르 보트르 아드레쓰 드 꾸리예 엘렉트로니끄?
제 이메일 주소는 … 입니다.	Mon adresse de courrier électronique est ….
	몽 나드레쓰 드 꾸리예 엘렉트로니끄 에 …
여기에 좀 적어주시겠습니까?	Pourriez-vous l'écrire ici?
	뿌리예 불 레크리르 이씨?
물론이죠. 연필/볼펜 좀 주세요.	Bien sûr. Un crayon/un stylo à bille, s'il vous plaît.
	비엥 쒸르. 엉 크레이용/엉 스띨로 아 빌르, 씰 부 쁠레

11 우체국 · 은행

우체국 · 은행

우체국

이 동네에 우체국 있습니까?	**Y a-t-il un bureau de poste dans ce quartier?** 이 아 띨 엉 뷔로 드 뽀스뜨 당 쓰 까르띠예?
가장 가까운 우체국은 어디에 있습니까?	**Où est le bureau de poste le plus proche?** 우 엘 르 뷔로 드 뽀스뜨 르 쁠뤼 프로쓔?
우체국은 몇 시에 문을 엽/닫습니까?	**À quelle heure ouvre/ferme la poste?** 아 껠 뢰르 우브르/훼름므 라 뽀스뜨?
우체통은 어디에 있습니까?	**Où est la boîte aux lettres?** 우 엘 라 브와뜨 오 레트르?
우표 파는 창구가 어디입니까?	**Où est le guichet pour les timbres?** 우 엘 르 기쒜 뿌르 레 뗑브르?
이 엽서/편지에 붙일 우표를 주십시오.	**Un timbre pour cette carte postale /lettre, s'il vous plaît.** 엉 뗑브르 뿌르 쎄뜨 까르뜨 뽀스딸르/레트르, 씰 뿌 쁠레
소포용 상자 있습니까?	**Avez-vous des paquets pour expédier?** 아베 부 데 빠께 뿌르 엑쓰뻬디예?

281

이것을 포장하고 싶습니다.
우편발송용으로 포장해주시
겠습니까?

Je voudrais emballer ceci.
Voudriez-vous l'emballer pour
expédier?
쥬 부드레 장발레 쓰씨. 부드리에 불 랑발레 뿌르 엑쓰
뻬디에?

한국에 이 소포를 보내려면
어떻게 하면 됩니까?

Que dois-je faire pour expédier
ce colis à la Corée du Sud?
끄 드와 쥬 훼르 뿌르 엑쓰뻬띠에 쓰 꼴리 알 라 꼬레
뒤 쒸드?

한국까지 엽서/편지는 요금
이 얼마입니까?

Combien coûte une carte postale
/une lettre pour la Corée du Sud?
꽁비엥 꾸뜨 윈느 까르뜨 뽀스딸르/윈느 레트르 뿌르
라 꼬레 뒤 쒸드?

Quel est le tarif d'une carte
postale/d'une lettre pour la
Corée du Sud?
껠 렐 르 따리프 뒨느 까르뜨 뽀스딸르/뒨느 레트르
뿌르 라 꼬레 뒤 쒸드?

이 엽서/편지/소포를 한국으
로 보내고 싶습니다.

Je voudrais envoyer cette carte
postale/cette lettre/ce colis à la
Corée du Sud.
쥬 부드레 장브와이예 세뜨 까르뜨 뽀스딸르/쎄뜨
레트르/쓰 꼴리 알 라 꼬레 뒤 쒸드

이것을 항공편/선편으로 보
내고 싶습니다.

Je voudrais envoyer ça par
avion/bateau.
쥬 부드레 장브와이예 싸 빠르 아비용/바또

항공편/선편으로 보내면 얼
마가 듭니까?

Combien coûte l'envoi par
avion/bateau?
꽁비엥 꾸뜨 랑브와 빠르 아비용/바또?

그럼, 그 편지/소포 중량을
달아보겠습니다. (*직원의 말)

Ben, je vais peser la lettre/le
colis.
벵, 쥬 베 쁘제 라 레트르/르 꼴리

내용물이 무엇입니까? (*소포의 경우)

Qu'est-ce qu'il y a dedans?
께 스 낄 리 야 드당?

전부 다 인쇄물/개인용품입니다.

Ce sont tous des imprimés/des objets personnels.
쓰 쏭 뚜쓰 데 젱프리메/데 조브줴 뻬르쏘넬

세관 신고서를 작성[기입]해야만 합니까?

Faut-il remplir une déclaration pour la douane?
포 띨 랑쁠리르 윈느 데끌라라씨용 뿌르 라 드완느?

한국까지 항공편/선편으로 시일이 얼마나 걸립니까?

Combien de temps faut-il jusqu'à la Corée du Sud par avion/bateau?
꽁비엥 드 땅 포 띨 쥐스깔 라 꼬레 뒤 쒸드 빠르 아비용/바또?

속달/등기로 보내주십시오.

Par exprès/En recommandé, s'il vous plaît.
빠르 엑쓰프레/앙 르꼬망데, 씰 부 쁠레

기념우표를 원합니다.

Je voudrais des timbres de collection.
쥬 부드레 데 뗑브르 드 꼴렉씨용

50쌍띰 우표 5장과 엽서 2장 주십시오.

5[Cinq] timbres à 50[cinquante] centimes et 2[deux] cartes postales, s'il vous plaît.
쎙끄 뗑브르 아 쎙깡뜨 쌍띰므 에 되 까르뜨 뽀스딸르, 씰 부 쁠레

이 엽서 2장에 얼마입니까?

Combien pour ces 2[deux] cartes postales?
꽁비엥 뿌르 쎄 되 까르뜨 뽀스딸르?

각각 2유로, 2장에 4유로 입니다.

2[Deux] euros chacune, 4[quatre] euros les 2[deux].
되 죄로 샤뀐느, 까트 뢰로 레 되

(이 엽서들에 붙일) '항공우편' 스티커 2장 주십시오.	**Donnez-moi 2[deux] étiquettes de 'par avion' (à coller sur ces cartes postale), s'il vous plaît.** 돈네 므와 되 제띠께뜨 드 빠르 아비용 (아 꼴레 쉬르 쎄 까르뜨 뽀스딸르), 씰 부 쁠레
전보를 보내고 싶습니다.	**Je voudrais envoyer un télégramme.** 쥬 부드레 장브와이예 엉 뗄레그람므
서식용지를 한 장 주시겠습니까?	**Puis-je avoir une formule, s'il vous plaît?** 쀠 쥬 아브와르 윈느 포르뮐르, 씰 부 쁠레?
이 내용을 한국으로 전보 쳐주십시오.	**Télégraphiez ceci à la Corée du Sud, s'il vous plaît.** 뗄레그라피예 쓰씨 알 라 꼬레 뒤 쒸드, 씰 부 쁠레
단어당 얼마입니까?	**Combien par mot?** 꽁비엥 빠르 모? **Quel est le tarif par mot?** 껠 레 르 따리프 빠르 모?
서울에 전보가 도착하려면 시간이 얼마나 걸립니까?	**Combien de temps met un télégramme pour arriver à Séoul?** 꽁비엥 드 땅 메 떵 뗄레그람므 뿌르 아리베 아 쎄울?
이 전보는 요금이 얼마나 되겠습니까?	**Combien coûtera ce télégramme?** 꽁비엥 꾸뜨라 쓰 뗄레그람므?
발신인/수신인	**expéditeur(trice) (n.) / destinataire (m.)** 엑쓰뻬디뙤르/데스띠나뙤르
파손주의	**Attention Fragile** 아땅씨용 프라질
파손되기 쉬운 물건	**objet fragile (m.)** 오브줴 프라질

| 인쇄물 | **Imprimés** (m.pl.)
엥프리메 |

● 은 행 (*환전 관련 내용은 '환전' 부분을 참조할 것)

이 동네에 은행 있습니까?	**Y a-t-il une banque dans ce quartier?** 이 아 띨 윈느 방끄 당 쓰 까르띠에?
가장 가까운 은행은 어디에 있습니까?	**Où est la banque la plus proche?** 우 엘 라 방끄 라 쁠뤼 프로쓔?
계좌를 열고 싶습니다.	**Je voudrais ouvrir un compte.** 쥬 부드레 주브리르 엉 꽁뜨
이 돈을 제 계좌에 입금[예금]하고 싶습니다.	**Je voudrais déposer ceci sur mon compte.** 쥬 부드레 데뽀제 쓰씨 쒸르 몽 꽁뜨
… 유로를 출금[인출]하고 싶습니다.	**Je voudrais retirer … euros.** 쥬 부드레 르띠레 … 외로
이 금액을 … 씨의 계좌에 입금하고 싶습니다.	**Je voudrais créditer de cette somme le compte de Monsieur/ Madame/Mademoiselle ….** 쥬 부드레 크레디떼 드 쎄뜨 쏨므 르 꽁뜨 드 므씨외/마담므/마드므와젤르 …
어디에 서명을 해야 합니까?	**Où dois-je signer?** 우 드와 쥬 씨니예?
어디에서 복사를 할 수 있습니까?	**Où puis-je faire des photocopies?** 우 쀠 쥬 훼르 데 포또꼬삐?

실례지만, 여행자 수표들을 분실했습니다.	**Excusez-moi, j'ai perdu mes chèques de voyage.** 엑쓰뀌제 므와, 줴 뻬흐뒤 메 쉐끄 드 브와이야쥬
그것들을 재발행해 주시겠습니까?	**Pourriez-vous me les remplacer?** 뿌리예 부 므 레 랑쁠라쎄?
언제, 어디에서 여행자 수표들을 분실하셨습니까?	**Quand et où est-ce que vous avez perdu vos chèques de voyage?** 깡 에 우 에 스 끄 부 자베 뻬흐뒤 보 쉐끄 드 브와이야쥬?
어제 지하철에서 도난당했습니다.	**On me les a volé dans le train de métro hier.** 옹 므 레 자 볼레 당 르 트렝 드 메트로 이예르
구매증은 가지고 계십니까?	**Avez-vous l'avis de vente/le récépissé avec vous?** 아베 불 라비 드 방뜨/르 레쎄삐쎄 아베끄 부?
네, 여기 있습니다.	**Oui, le voici.** 위, 르 브와씨
그것들에 사용사인을 해놓진 않았습니다.	**Ils ne sont pas contresignés.** 일 느 쏭 빠 꽁트르씨니예
여기 수표들 목록이 있습니다.	**Voici la liste des chèques.** 브와씨 라 리스뜨 데 쉐끄
이 번호에서 이 번호까지는 이미 현금화해서 사용했습니다.	**J'avais deja encaissé de ce numéro jusqu'à celui-là.** 좌베 데좌 앙께쎄 드 쓰 뉘메로 쥐스까 쓸뤼 라
어디에서 여행자 수표를 구입하셨습니까?	**Où est-ce que vous aviez acheté vos chèques de voyage?** 우 에 스 끄 부 자비예 자슈떼 보 쉐끄 드 브와이야쥬?

서울에 있는 한국외환은행입니다.

À la 'Korea Exchange Bank' à Séoul?

알 라 코리아 익스체인지 뱅크 아 쎄울

잠깐만 기다리십시오.

Un moment, s'il vous plaît.

엉 모망, 씰 부 쁠레

확인됐습니다. 재발행해드리겠습니다.

C'est confirmé. Nous allons vous les délivrer à nouveau.

쎄 꽁피르메. 누 잘롱 불 레 델리브레 아 누보

구매증도 도난당했습니다.

On m'a volé aussi l'avis de vente / le récépissé.

옹 마 볼레 오씨 라비 드 방뜨/르 레쎄삐쎄

아, 심각하네요. 어디서 여행자 수표를 구입하셨습니까?

Ah, c'est grave. Où est-ce que vous aviez acheté vos chèques de voyage?

아, 쎄 그라브. 우 에 스 끄 부 자비예 자슈떼 보 쉐끄 드 브와이아쥬?

서울로 연락을 해보시겠습니까?

Voudriez-vous vous adresser à Séoul?

부드리예 부 부 자드레쎄 아 쎄울?

재발행하는데 시간이 얼마나 걸립니까?

Combien de temps faut-il pour les remplacer?

꽁비엥 드 땅 포 띨 뿌르 레 랑쁠라쎄?

어디에 현금자동지급기가 있습니까?

Où est le distributeur automatique de billets?

우 엘 르 디스트르뷔뛰르 오또마띠끄 드 비이예?

12 전화하기

수신자 부담	PCV (m.) 뻬쎄베
긴급전화	communication urgente (f.) 꼬뮈니까씨용 뉘르쟝뜨
지명통화	communication avec préavis (f.) 꼬뮈니까씨용 나베끄 프레아비
시내통화	communication à l'intérieur de la ville (f.) 꼬뮈니까씨용 아 렝떼리외르 들 라 빌르 communication locale (f.) 꼬뮈니까씨용 로깔르
시외통화, 도시간의 전화	communication interurbaine (f.) 꼬뮈니까씨용 넹떼르위르벤느 interurbain (m.) 엥떼르위르벵
국제통화	communication internationale (f.) 꼬뮈니까씨용 넹떼르나씨요날르
전화카드	carte téléphonique (f.) 까르뜨 뗄레포니끄

가장 가까운 공중전화(부스)가 어디에 있습니까?	**Où est la cabine téléphonique la plus proche?** 우 엘 라 까빈느 뗄레포니끄 라 쁠뤼 프로쓔?
전화는 어디에 있습니까?	**Où est le téléphone?** 우 엘 르 뗄레폰느?
당신 (휴대) 전화 좀 사용할 수 있겠습니까?	**Puis-je utiliser votre téléphone (portable/mobile)?** 쀠 쥬 위띨리제 보트르 뗄레폰느 (뽀르따블르/모빌르)? **Pourrais-je servir de votre téléphone (portable/mobile)?** 뿌레 쥬 쎄르비르 드 보트르 뗄레폰느 (뽀르따블르/모빌르)?
이 전화는 어떻게 사용하는 겁니까?	**Comment se sert-on de ce téléphone?** 꼬망 쓰 쎄르 똥 드 쓰 뗄레폰느?
이 전화의 사용법을 알려주시겠습니까?	**Voudriez-vous m'expliquer le mode d'emploi de ce téléphone?** 부르디예 부 멕쓰쁠리께 르 모드 당쁠르와 드 쓰 뗄레폰느?
이 전화 통화됩니까?	**Est-ce que ça marche?** 에 스 끄 싸 마르슈?
이 전화 고장입니까?	**Ce téléphone est en panne/dérangement?** 쓰 뗄레폰느 에 땅 빤느/데랑쥬망?
파리 전화번호부 있습니까?	**Avez-vous un annuaire téléphonique de Paris?** 아베 부 정 나뉘예르 뗄레포니끄 드 빠리?

전화하기

289

···의 지역번호는 무엇입니까?	**Quel est l'indicatif/le code régional de ···?** 껠 레 렝디까띠프/르 꼬드 레지요날 드 ···?
··· 호텔의 전화번호를 가르쳐주시겠습니까?	**Pourriez-vous me chercher le numéro de téléphone de l'Hôtel ···, s'il vous plaît?** 뿌리예 부 므 쉐르쉐 르 뉘메로 드 뗄레폰느 들 로뗄 ···, 씰 부 쁠레?
여보세요, ··· 호텔 맞습니까?	**Allô, c'est bien l'Hôtel ···?** 알로, 쎄 비엥 로뗄 ···?
···호실 부탁드립니다.	**(Je voudrais) La chambre ···, s'il vous plaît.** (쥬 부드레) 라 샹브르 ···, 씰 부 쁠레
(구내전화선의) 교환원	**standardiste (n.)** 스땅다흐디스뜨
구내전화[내선] ···번을 부탁드립니다.	**(Je voudrais) Le poste ···, s'il vous plaît.** (쥬 부드레) 르 뽀스뜨 ···, 씰 부 쁠레
여보세요, 안녕하세요! ···댁 맞습니까?	**Allô, Bonjour! Je suis bien chez Monsieur/Madame/Mademoiselle ···?** 알로, 봉쥬르! 쥬 쒸이 비엥 쉐 므씨외/마담므/마드므와젤르 ···?
누구십니까?	**Qui est à l'appareil?** 끼 에 딸 라빠레이으? **C'est de la part de qui?** 쎄 들 라 빠르 드 끼?
저는 김일수입니다.	**C'est Monsieur Il-Soo Kim à l'appareil.** 쎄 므씨외 일수 낌 알 라빠레이으

C'est (de la part de) Monsieur Il-Soo Kim.
쎄 (들 라 빠르 드) 므씨외 일수 낌

저는 … 씨의 친구인 김일수입니다.

Je suis Il-Soo Kim, un ami de Monsieur/Madame/Mademoiselle ….
쥬 쒸이 일수 낌, 엉 나미 드 므씨외/마담므/마드므와젤르 …

… 씨와 통화하고 싶습니다.

Je vourais parler à Monsieur/Madame/Mademoiselle ….
쥬 부드레 빠흘레 아 므씨외/마담므/마드므와젤르 …

Pourrais-je parler à Monsieur/Madame/Mademoiselle …?
뿌레 쥬 빠흘레 아 므씨외/마담므/마드므와젤르 …?

죄송하지만, 불어를 못합니다.

Excusez-moi, je ne parle pas français.
엑쓰뀌제 므와, 쥬 느 빠흘르 빠 프랑쎄

영어/한국어를 말할 줄 아십니까?

Parlez-vous anglais/coréen?
빠흘레 부 장글레/꼬레엥?

영어/한국어 말할 줄 아는 분계십니까?

Y a-t-il quelqu'un qui parle anglais/coréen?
이 아 띨 껠껑 끼 빠흘르 앙글레/꼬레엥?

영어/한국어를 말할 줄 아는 분 바꿔주시겠습니까?

Pourriez-vous me passer quelqu'un qui parle anglais/coréen?
뿌리예 부 므 빠쎄 껠껑 끼 빠흘르 앙글레/꼬레엥?

좀 더 천천히 말씀해주십시오.

Parlez plus lentement[moins vite], s'il vous plaît.
빠흘레 쁠뤼 랑뜨망[므웽 비뜨], 씰 부 쁠레

좀 더 크게 말씀해주십시오.

Veuillez parler plus fort.
뵈이예 빠흘레 쁠뤼 포르

291

죄송하지만, 다시 한 번 말씀해 주시겠습니까?	**Pourriez-vous répéter, s'il vous plaît?** 뿌리예 부 레뻬떼, 씰 부 쁠레?
그분은 안 계십니다. (*성(性)에 따라)	**Il(Elle) n'est pas là.** 일(엘르) 네 빠 라 **Il(Elle) est absent(e) pour le moment.** 일(엘르) 에 땁쌍(뜨) 뿌르 르 모망
… 씨는 외출하셨습니다.	**Monsieur/Madame/Mademoiselle … est sorti(e).** 므씨외/마담므/마드므와젤르 … 에 쏘르띠
그분은 언제 돌아오십니까? (*성(性)에 따라)	**Quand est-ce qu'il(elle) rentrera?** 깡 떼 스 낄(껠) 랑트르라? **Quand sera-t-il(elle) de retour?** 깡 쓰라 띨(뗄) 드 르뚜르?
조금 후에 다시 전화해주시겠습니까?	**Pourriez-vous rappeler un peu plus tard, s'il vous plaît?** 뿌리예 부 라쁠레 엉 쀠 쁠뤼 따르, 씰 부 쁠레?
나중에 다시 걸겠습니다.	**Je rappellerai[retéléphonerai] plus tard.** 쥬 라뻴르레[르뗄레폰느레] 쁠뤼 따르
메시지를 남기고 싶습니다.	**Je voudrais laisser un message.** 쥬 부드레 레쎄 엉 메싸쥬 **Pourriez-vous prendre un message, s'il vous plaît?** 뿌리예 부 프랑드르 엉 메싸쥬, 씰 부 쁠레?
그분께 김일수가 전화했었다고 말씀해주십시오.	**Dites-lui que Monsieur Il-Soo Kim a appelé[téléphoné], s'il vous plaît.** 디뜨 뤼 끄 므씨외 일수 낌 아 아쁠레[뗄레포네], 씰 부 쁠레

… 씨에게 제가 전화했었다고 말씀해주시겠습니까? 제 이름은 김일수입니다.

Voudriez-vous dire à Monsieur/Madame/Mademoiselle … que j'ai appelé[téléphoné]? Je m'appelle Il-Soo Kim.

부드리예 부 디르 아 므씨외/마담므/마드므와젤르 … 끄 줴 아쁠레[뗄레포네]? 쥬 마뺄르 일수 낌

제게 전화해달라고 말씀해주십시오.

Dites-lui de me téléphoner, s'il vous plaît.

디뜨 뤼 드 므 뗄레포네, 씰 부 쁠레

Pourriez-vous lui demander de me rappeler?

뿌리예 부 뤼 드망데 드 므 라쁠레?

죄송합니다. 제가 전화를 잘못 걸었습니다.

Excusez-moi. Je me suis trompé(e) de numéro.

엑쓰뀌제 므와. 쥬 므 쒸이 트롱뻬 드 뉘메로

Excusez-moi, c'est une erreur.

엑쓰뀌제 므와, 쎄 뛴 네뢰르

전화 잘못 거셨습니다.

Vous vous êtes trompé(e) de numéro.

부 부 제뜨 트롱뻬 드 뉘메로

통화요금은 얼마입니까?
(*전화 사용 후)

Quel est le prix de la communication?

껠 레 르 프리 들 라 꼬뮈니까씨용?

통화요금을 내겠습니다.

Je voudrais payer la communication.

쥬 부드레 뻬이예 라 꼬뮈니까씨용

당신께 전화왔습니다.

Il y a un appel (téléphonique) pour vous.

일 리 야 엉 나뻴 뗄레포니끄 뿌르 부

이 전화로 국제전화를 할 수
있습니까?

**Peut-on donner un coup de
téléphone international par ceci?**
쀠 똥 돈네 엉 꾸 드 뗄레폰느 엥떼르나씨요날 빠르
쓰씨?

한국의 국가번호를 알려주시
겠습니까?

**Pourriez-vous me donner
l'indicatif de la Corée du Sud?**
쁘리예 부 므 돈네 렝디까띠프 들 라 꼬레 뒤 쒸드?

어떻게 국제전화 교환과 통
화할 수 있습니까?

**Comment peut-on obtenir le
service international?**
꼬망 쀠 똥 놉뜨니르 르 쎄르비쓰 엥떼르나씨요날?

국제전화 교환을 연결해드리
겠습니다.

**Je vous passe le service
international.**
쥬 부 빠쓰 르 쎄르비쓰 엥떼르나씨요날

여보세요, 안녕하십니까! 국
제전화 교환입니다.

Allô, Bonjour! Service international.
알로, 봉쥬르! 쎄르비쓰 엥떼르나씨요날

국제전화 교환원입니다.
(*성(性)에 따라)

**Opératrice(Opérateur) des
communications internationales.**
오뻬라트리쓰(오뻬라뙤르) 데 꼬뮈니까씨용 젱떼르나씨
요날르

**C'est l'opératrice(l'opérateur) du
service téléphonique international.**
쎄 로뻬라트리쓰(로뻬라뙤르) 뒤 쎄르비쓰 뗄레포니끄
엥떼르나씨요날

한국교환을 연결해 주십시오.

**Passez par l'opération de la
Corée, s'il vous plaît.**
빠쎄 빠르 로뻬라씨용 들 라 꼬레, 씰 부 쁠레

안녕하세요. 한국의 서울,
123-4567 부탁합니다.

**Bonjour. Je voudrais le 123[cent
vingt-trois]-4567[quatre mille**

(*전화번호의 네 자리수 부분은
천 단위로 읽든지, 십 단위 둘로
나눠 읽는데 후자를 더 많이 사
용함)

cinq cents soixante-sept /
quarante-cinq soixante-sept] à
Séoul, Corée du Sud.

봉쥬르. 쥬 부드레 르 쌍 벵 트르와 까트르 밀 쌩 쌍
쓰와쌍뜨 쎄뜨/까랑뜨 쎙꼬 쓰와쌍뜨 쎄뜨 아 쎄울, 꼬
레 뒤 쒸드

이 전화번호로 통화하게 해
주십시오.

**Pourriez-vous m'aider à obtenir
ce numéro?**

뿌리예 부 메데 아 옵뜨니르 쓰 뉘메로?

안녕하세요. 한국에 전화하
고 싶습니다.

**Bonjour. Je voudrais appeler la
Corée du Sud.**

봉쥬르. 쥬 부드레 자쁠레 라 꼬레 뒤 쒸드

**Bonjour. Je voudrais téléphoner
vers la Corée du Sud.**

봉쥬르. 쥬 부드레 뗄레포네 베르 라 꼬레 뒤 쒸드

**Bonjour. Je voudrais faire un
appel téléphonique international
pour la Corée du Sud.**

봉쥬르. 쥬 부드레 훼르 엉 나뻴 뗄레포니끄 엥떼르나
씨요날 뿌르 라 꼬레 뒤 쒸드

지명통화로 부탁합니다.

Je voudrais un appel avec préavis.

쥬 부드레 정 나뻴 아베끄 프레아비

수신자 부담으로 해주십시오.

Le PCV, s'il vous plaît.

르 뻬쎄베, 씰 부 쁠레

**Faites cet appel en PCV, s'il
vous plaît.**

훼뜨 쎄 따뻴 앙 뻬쎄베, 씰 부 쁠레

**Je voudrais appeler[téléphoner]
en PCV.**

쥬 부드레 자쁠레[뗄레포네] 앙 뻬쎄베

요금은 제가 냅니다.

Je paie moi-même.

쥬 뻬 므와 멤므

295

Je paie la communication.
쥬 뻬 라 꼬뮈니까씨용

통화가 끝나면 요금을 말씀
해주십시오.

Donnez-moi le prix à la fin de la communication, s'il vous plaît.
돈네 므와 르 프리 알 라 횅 들 라 꼬뮈니까씨용, 씰
부 쁠레

상대방 전화번호와 이름이 무
엇입니까? (*교환원이 묻는 말)

Quel est le numéro et le nom de votre correspondant?
껠 레 르 뉘메로 엘 르 농 드 보트르 꼬레스뽕당?

전화번호가 어떻게 됩니까?

Quel est le numéro de téléphone?
껠 렐 르 뉘메로 드 뗄레폰느?

Le numéro de téléphone, s'il vous plaît?
르 뉘메로 드 뗄레폰느, 씰 부 쁠레?

Quel numéro, s'il vous plaît?
껠 뉘메로, 씰 부 쁠레?

어떤 번호를 원하십니까?

Quel numéro demandez-vous?
껠 뉘메로 드망데 부?

서울 02-123-4567입니다.

Séoul 02[zéro deux]-123[cent vingt-trois]-4567[quatre mille cinq cents soixante-sept/ quarante-cinq soixante-sept], s'il vous plaît.
쎄울 제로 되 쌍 벵 트르와 까트르 밀 쎙 쌍 쓰와쌍뜨
세뜨/까랑뜨 쎙끄 쓰와쌍뜨 쎄뜨, 씰 부 쁠레

02는 서울의 지역번호지요?

02 est l'indicatif[le code régional] de Séoul, n'est-ce pas?
제로 되 에 렝디까띠프[르 꼬드 레지요날] 드 쎄울, 네
쓰 빠?

네, 그렇습니다.	**Oui, c'est ça.** 위, 쎄 싸
당신 전화번호를 알려주시겠 습니까? (*교환원의 말)	**Voudriez-vous me donner votre numéro de téléphone?** 부드리예 부 므 돈네 보트르 뉘메로 드 뗄레폰느?
끊지 마십시오. (*교환원의 말)	**Ne quittez pas, s'il vous plaît.** 느 끼떼 빠, 씰 부 쁠레
수화기를 내려놓으십시오. 잠시 후 제가 다시 전화 드 리겠습니다. (*교환원의 말)	**Raccrochez-vous, s'il vous plaît. Je vous rappelle dans un instant.** 라크로쉐 부, 씰 부 쁠레. 쥬 부 라뻴르 당 정 넹스땅
수화기를 내려놓고 기다리십 시오. 나중에 다시 전화 드 리겠습니다.	**Raccrochez et attendez, s'il vous plaît. Je vous rappellerai plus tard.** 라크로쉐 에 아땅데, 씰 부 쁠레. 쥬 부 라뻴르레 쁠뤼 따르
얼마나 기다려야 합니까?	**Combien de temps faut-il attendre?** 꽁비엥 드 땅 포 띨 아땅드르?
서울에 전화했지만 응답이 없습니다. (*교환원의 말)	**Nous appelons Séoul, mais (il n' y a) pas de réponse.** 누 자쁠롱 쎄울, 메 (일 니 아) 빠 드 레뽕쓰 **Nous appelons Séoul, mais ça ne répond pas.** 누 자쁠롱 쎄울, 메 싸 느 레뽕 빠
통화중입니다.	**La ligne est occupée.** 라 리니으 에 또뀌뻬 **La ligne n'est pas libre.** 라 리니으 네 빨 리브르
한국은 몇 시입니까?	**Quelle heure est-il en Corée du Sud?** 껠 뢰르 에 띨 앙 꼬레 뒤 쒸드?

아, 제가 시차를 잊어버렸었습니다. 서울은 자정입니다. 나중에 다시 걸어주시겠습니까?	**Oh, j'avais oublié le décallage horaire. Il est minuit à Séoul. Pourriez-vous rappeler plus tard?** 오, 좌베 우블리예 르 데깔라쥬 오레르. 일 레 미뉘 따 쎄울. 뿌리예 부 라쁠레 쁠뤼 따르?
서울에 다시 전화를 걸어주십시오.	**Essayez-de rappeler Séoul, s'il vous plaît.** 에쎄이예 드 라쁠레 쎄울, 씰 부 쁠레
연결됐습니다. 말씀하십시오.	**Je vous le passe. Parlez.** 쥬 불 르 빠쓰. 빠흘레 **Vous avez la communication. Parlez.** 부 자베 라 꼬뮈니까씨용. 빠흘레
상대방이 나왔습니다. 말씀하십시오.	**Votre correspondant est en ligne. Parlez.** 보트르 꼬레스뽕당 에 땅 리니으. 빠흘레
교환원! 제게 잘못된 전화번호로 연결해주셨습니다. (*성(性)에 따라)	**Mademoiselle/Monsieur! Vous m'avez donné un faux numéro.** 마드므와젤르/므씨외! 부 마베 돈네 엉 포 뉘메로
교환원! 통화가 중간에 끊겼습니다.	**Mademoiselle/Monsieur! Nous avons été coupés.** 마드므와젤르/므씨외! 누 자봉 제떼 꾸뻬
통화가 끝났습니까?	**Avez-vous fini?** 아베 부 피니? **Avez-vous terminé?** 아베 부 떼르미네? **C'est terminé?** 쎄 떼르미네?
네. 통화요금은 얼마입니까?	**Oui. Combien a coûté cet appel?** 위. 꽁비옝 나 꾸떼 쎄 따뻴?

정확히 80 유로입니다.

**Exactement 80 [quatre-vingts]
euros.**
에그작뜨망 까트르 벵 뙤로

제가 요금 지불 안 해도 되
는 거지요? (*수신자 부담일
경우 통화 후 확인 차)

**Je n'ai pas besoin de vous
payer, n'est-ce pas?**
쥬 네 빠 브즈웽 드 부 뻬이예, 네 쓰 빠?

네. 상대방이 지불하십니다.

Non. Votre correspondant paiera.
농, 보트르 꼬레스뽕당 뻬라

좋은 일반의/내과의/외과의/소아과의/안과의/치과의/정형외과의/산부인과의 한 사람 추천해주시겠습니까?	**Pourriez-vous m'indiquer un bon géneraliste/médecin/chirurgien/pédiatre/oculiste[ophtalmologiste]/dentiste/orthopédiste/gynécologue[gynécologiste]?** 뿌리예 부 멩디께 엉 봉 줴네랄리스뜨/메드쌩/쉬뤼르지옝/뻬디아트르/오뀔리스뜨[오프타몰로지스뜨]/당띠스뜨/오르또뻬디스뜨/지네꼴로그[지네꼴로지스뜨]?
영어/한국어를 말할 줄 아는 의사가 있습니까?	**Y a-t-il un docteur qui parle anglais/coréen?** 이 아 띨 엉 독뜨르 끼 빠흘르 앙글레/꼬레엥?
영어/한국어를 말 할 줄 아는 의사는 어디에서 찾을 수 있습니까?	**Où puis-je trouver un médecin qui parle anglais/coréen?** 우 쀠 쥬 트루베 엉 메드쌩 끼 빠흘르 앙글레/꼬레엥?
진찰 예약을 하고 싶습니다.	**Je voudrais prendre un rendez-vous.** 쥬 부드레 프랑드르 엉 랑데 부
진찰 시간이 어떻게 됩니까?	**Quelles sont les heures de consultation?** 껠 쏭 레 죄르 드 꽁쒤따씨용? **Quelles sont les heures de visite?** 껠 쏭 레 죄르 드 비지뜨?

··· 선생님과의 진찰 예약을
할 수 있을까요?

**Puis-je prendre un rendez-vous
avec le docteur ···?**
뿨 쥬 프랑드르 엉 랑데 부 자베끄 르 독뙤르 ···?

가능한 한 빨리/내일로 진찰
예약을 잡을 수 있습니까?

**Puis-je avoir un rendez-vous
dès que possible/pour demain?**
뿨 쥬 아브와르 엉 랑데 부 데 끄 뽀씨블르/뿌르 드멩?

좀 더 빨리 잡아주실 순 없
습니까?

**Ne pourriez-vous pas me prendre
plus tôt?**
느 뿌리예 부 빠 므 프랑드르 쁠뤼 또?

왕진(往診)이 가능합니까?

**Le médecin pourrait-il venir me
voir?**
르 메드쌩 뿌레 띨 브니르 므 브와르?

언제 의사 분이 들릴 수 있
습니까?

**Quand le médecin pourrait-il
passer?**
깡 르 메드쌩 뿌레 띨 빠쎄?

몇 시에 그분이 오실 수 있
습니까?

À quelle heure peut-il venir?
아 껠 뢰르 뾔 띨 브니르?

금일 휴진

Pas de Consultation Aujourd'hui
빠 드 꽁쓀따씨용 노쥬르뒤이

● 증상 말하기

몸[컨디션]이 안 좋습니다.

Je me sens mal.
쥬 므 쌍 말

나른[피곤]합니다.

Je me sens fatigué(e).
쥬 므 쌍 화띠게

열이 납니다[있습니다].

J'ai de la fièvre.
줴 들 라 피예브르

301

오한이 납니다[있습니다].	**J'ai des frissons.** 줴 데 프리쏭
한기가 느껴집니다[춥습니다].	**Je ressens un froid.** 쥬 르쌍 정 프르와 **J'ai froid.** 줴 프르와
감기 걸렸습니다.	**J'ai un rhume.** 줴 엉 륌므 **Je suis enrhumé(e).** 쥬 쒸이 장뤼메 **J'ai pris froid.** 줴 프리 프르와
독감에 걸렸습니다.	**J'ai attrapé la grippe[l'influenza].** 줴 아트라뻬 라 그리쁘[렝플뤼엔자]
기침이 납니다.	**J'ai la toux.** 줴 라 뚜
기침을 몹시 합니다.	**Je tousse beaucoup.** 쥬 뚜쓰 보꾸
현기증이 납니다.	**J'ai le vertige.** 줴 르 베르티쥬 **J'ai la tête qui tourne.** 줴 라 떼뜨 끼 뚜른느
아픕니다.	**J'ai mal.** 줴 말
여기가 (조금/매우) 아픕니다.	**J'ai (un peu/très) mal ici.** 줴 (엉 뾔/트레) 말 이씨
거기가 아픕니다.	**Cela me fait mal.** 쓸라 므 훼 말

…을 움직일 수 없습니다.
(*신체부분의 성·수에 따라 관사를 달리 사용)

Je ne peux pas bouger le/la/les ….
쥬 느 쀠 빠 부줼 르/라/레 …

머리/목구멍/위/허리/치아/귀/관절 가(이) 아픕니다.

J'ai mal à la tête/à la gorge/à l'estomac/aux reins/aux dents/aux oreilles/aux articulations.
줴 말 알 라 떼뜨/알 라 고르쥬/알 레스또마/오 렝/오 당/오 조레이으/오 자르띠뀔라씨용

위통/복통/두통/치통/가슴앓이

mal à l'estomac (m.)/mal de ventre (m.)/mal à la tête (m.)/mal aux dents (m.)/mal au coeur (m.)
말 알 레스또마/말 드 방트르/말 알 라 떼뜨/말 오 당/말 오 꾀르

가슴에 통증이 있습니다.

Je ressens une douleur dans la poitrine.
쥬 르쌍 윈느 둘뢰르 당 라 쁘와트린느

등이 쑤시는 것처럼 아픕니다.

J'ai une douleur aiguë dans le dos.
줴 윈느 둘뢰르 에귀 당 르 도

위경련이 있습니다.

J'ai des crampes d'estomac.
줴 데 크랑쁘 데스또마

호흡이 곤란합니다.

J'ai du mal à respirer.
줴 뒤 말 아 레스삐레
J'ai de la peine à respirer.
줴 들 라 쁜느 아 레스삐레

구역질이 납니다.

J'ai la nausée.
줴 라 노제

여러 번 토했습니다.

J'ai vomi à plusieurs reprises.
줴 보미 아 쁠뤼지외르 흐프리즈

식욕이 없습니다.	Je n'ai pas d'appétit. 쥬 네 빠 다뻬띠
음식을 먹을 수 없습니다.	Je ne peux pas manger. 쥬 느 뾔 빠 망줴
소화불량입니다.	J'ai une indigestion. 줴 윈 넹디줴스띠용
변비에 걸렸습니다.	Je suis constipé(e). 쥬 쒸이 꽁스띠뻬
설사가 납니다.	J'ai la diarrhée. 줴 라 디아레
10분마다 화장실에 갑니다.	Je vais aux toilettes toutes les 10 [dix] minutes. 쥬 베 조 뜨왈레뜨 뚜뜨 레 디 미뉘뜨
잠을 이룰 수 없습니다.	Je ne peux pas dormir. 쥬 느 뾔 빠 도르미르
불면증이 있습니다.	J'ai des insomnies. 줴 데 젱쏨니
일사병이 있습니다.	J'ai une insolation. 줴 윈 넹쏠라씨용
치아가 하나 부러졌습니다.	Je me suis cassé(e) une dent. 쥬 므 쒸이 까쎄 윈느 당
치아 충전재(材)가 없어져 버렸습니다.	J'ai perdu un plombage. 줴 뻬흐뒤 엉 쁠롱바쥬
이 치아가 아픕니다.	Cette dent me fait mal. 쎄뜨 당 므 훼 말
그것을 뽑고 싶지 않습니다.	Je ne voudrais pas me la faire arracher. 쥬 느 부드레 빠 므 라 훼르 아라쉐

임시 치료를 해주시겠습니까?	**Pourriez-vous faire un traitement provisoire?** 뿌리예 부 훼르 엉 트레뜨망 프로비즈와르?
잇몸이 매우 아픕니다.	**La gencive est très douloureuse.** 라 쟝씨브 에 트레 둘루뢰즈
잇몸에 출혈이 있습니다.	**La gencive saigne.** 라 쟝씨브 쎄니으
왼쪽/오른쪽 발목을 삐었습니다.	**Je me suis foulé(e) [entorsé(e)] à la cheville gauche/droite.** 쥬 므 쒸이 풀레[앙또르쎄] 알 라 슈비으 고쓔/드르와뜨
발목이 부어올랐습니다.	**Ma cheville est enflée.** 마 슈비으 에 땅플레
왼쪽/오른쪽 손목을 삐었습니다.	**Je me suis entorsé(e) au poignet gauche/droit.** 쥬 므 쒸이 장또르쎄 오 쁘와니예 고쓔/드르와
팔이/다리가 부러졌습니다.	**Je me suis cassé(e) le bras/la jambe.** 쥬 므 쒸이 까쎌 르 브라/라 쟝브
계단에서 떨어졌습니다.	**Je me suis tombé(e) de l'escalier.** 쥬 므 쒸이 똥베 들 레스깔리예
손가락이 문틈에 끼었습니다.	**Je me suis pincé(e) le doigt dans une porte.** 쥬 므 쒸이 뺑쎄 르 드와 당 쥔느 뽀르뜨
뭔가에 찔렸[물렸]습니다.	**Quelque chose m'a piqué(e).** 껠끄 쇼즈 마 삐께
눈에 뭔가가 들어갔습니다.	**J'ai reçu quelque chose dans l'oeil.** 줴 르쒸 껠끄 쇼즈 당 뢰이으

베임/찰과상/타박상/화상/벌레에 물림/혹/물집/발진(發疹)/부기/상처[부상]이(가) 있습니다.	**J'ai une coupure/une éraflure/une contrusion/une brûlure/une piqûre d'insecte/une bosse/une ampoule/une éruption/une enflure/une blessure.** 줴 윈느 꾸쀠르/윈 네라플뤼르/윈느 꽁트뤼지용/윈느 브륄뤼르/윈느 삐뀌르 뎅쎅뜨/윈느 보쓰/윈 낭쁠르/윈 네륍씨용/윈 낭플뤼르/윈느 블레쒸르
그것을 검진해주시겠습니까?	**Pourriez-vous l'examiner?** 뿌리예 불 레그자미네?

혈액형은 O형입니다.	**Mon groupe sanguin/type du sang est O.** 몽 그루쁘 쌍겡/띠쁘 뒤 쌍 에 오
생리통이 심합니다.	**J'ai des règles douloureuses.** 줴 데 레글르 둘루뢰즈
경구피임약을 복용 중입니다.	**Je prends la pillule.** 쥬 프랑 라 삘륄르 (*피임제 총칭은 contraceptif (m.) 꽁트라쎕띠프)
…달 전부터 생리가 없습니다.	**Je n'ai pas eu mes règles depuis … mois.** 쥬 네 빠 쥐 메 레글르 드쀠 … 므와
임신 …개월째 입니다.	**Je suis enceinte de … mois.** 쥬 쒸이 장쎙뜨 드 … 므와
저는 …에 대해 알레르기가 있습니다.	**Je suis allergique à ….** 쥬 쒸이 잘레르지끄 아 …

306

저는 항생제/페니실린에 대해 알레르기가 있습니다.

Je suis allergique aux antibiotiques/à la pénicilline.
쥬 쒸이 잘레르지끄 오 장띠비오띠끄/알 라 뻬니씰린느

천식/류마티즘이 있습니다.

J'ai de l'asthme/des rhumatismes.
줴 들 라쓰므/데 뤼마띠쓈므

당뇨병 환자입니다.

Je suis diabétique.
쥬 쒸이 디야베띠끄

…년 전에 심장 발작이 있었습니다.

J'ai eu une crise cardiaque il y a … ans.
줴 위 윈느 크리즈 까르디약끄. 일 리 야 … 앙

진찰 · 처방 받기

[의사의 말]

어디가 아프십니까?

Où avez-vous mal?
우 아베 부 말?

De quoi souffrez-vous?
드 끄와 쑤프레 부?

어떤 종류의 통증을 느끼십니까?

Quelle sorte de douleur ressentez-vous?
껠 쏘르뜨 드 둘뢰르 르쌍떼 부?

Quel genre de douleur éprouvez-vous?
껠 쟝르 드 둘뢰르 에프루베 부?

언제부터 그런 문제가 있습니까?

Depuis combien de temps éprouvez-vous ces troubles?
드쀠 꽁비엥 드 땅 에프루베 부 쎄 트루블르?

307

그런 고통을 느끼는 것이 처음이십니까?	**Est-ce la première fois que vous en souffrez?** 에 슬 라 프르미예르 프와 끄 부 장 쑤프레?
같은 증상이 이전에도 있었습니까?	**Avez-vous déjà eu les mêmes syntômes?** 아베 부 데쟈 위 레 멤므 쎙똠므?
당신의 혈압/체온을 재보겠습니다.	**Je vais prendre votre tension (artérielle)/température.** 쥬 베 프랑드르 보트르 땅씨옹 (아르떼리엘르)/땅뻬라뛰르
팔을 걷어 올려 주십시오.	**Retroussez votre manche.** 르트루쎄 보트르 망슈
(허리띠까지) 옷을 벗으십시오.	**Déshabillez-vous (jusqu'à la ceinture), s'il vous plaît.** 데자비예 부 (쥐스깔 라 쎙뛰르), 씰 부 쁠레
거기에 누우십시오.	**Allongez-vous là, s'il vous plaît.** 알롱줴 부 라, 씰 부 쁠레
똑바로/엎드려 누우십시오.	**Mettez-vous sur le dos/le ventre.** 알롱줴 부 라 쒸르 르 도/르 방트르
숨을 깊이 들이마십시오.	**Respirez à fond.** 레스삐레 아 퐁
기침을 해보십시오.	**Toussez, s'il vous plaît.** 뚜쎄, 씰 부 쁠레
입을 벌리십시오.	**Ouvrez la bouche.** 우브레 라 부쓔
이 체온계를 입에 넣으십시오.	**Mettez ce thermomètre dans votre bouche.** 메떼 쓰 떼르모메트르 당 보트르 부쓔
식욕은 있습니까?	**Avez-vous l'appétit?** 아베 불 라뻬띠?

어떤 종류의 치료를 받고 계십니까?

Quel genre de traitement suivez-vous?
껠 쟝르 드 트레뜨망 쒸베 부?

어떤 약을 투약하고 계십니까?

Quel médicament prenez-vous?
껠 메디까망 프르네 부?

주사투약을 하시나요, 아니면 구강복약을 하십니까?

En injection ou par voie orale?
앙 넹줵씨용 우 빠르 브와 오랄르?

혈액/변/뇨 검사를 해드리겠습니다.

Nous allons vous faire une prise de sang/un examen des selles/une analyse d'urine.
누 잘롱 부 훼르 윈느 프리즈 드 쌍/엉 네그자멩 데 쎌르/윈 나날리즈 뒤린느

채혈/채변/채뇨 이(가) 필요합니다.

Je voudrais un prélèvement de votre sang/vos selles/votre urine.
쥬 부드레 정 프레레브망 드 보트르 쌍/보 쎌르/보트르 위린느

이곳이 부러졌습니다/삐었습니다/탈구(脫臼)됐습니다/찢어졌습니다.

C'est cassé/foulé[entorsé]/déboîté/déchiré.
쎄 까쎄/풀레[앙또르쎄]/데브와떼/데쉬레

감염이 됐습니다.

C'est infecté.
쎄 뗑훽떼

파상풍(破傷風) 예방 접종은 받으셨습니까?

Êtes-vous vacciné(e) contre le tétanos?
에뜨 부 박씨네 꽁트르 르 떼따노쓰?

엑스레이를 찍으셔야 합니다.

Il faut vous faire une radio.
일 포 부 훼르 윈느 라디오

Nous allons vous faire une radio.
누 잘롱 부 훼르 윈느 라디오

깁스를 하셔야 합니다.

Il faudra vous mettre un plâtre.
일 포드라 부 메트르 엉 쁠라트르

…일간 누워계셔야 합니다.

Vous devez garder le lit … jours.
부 드베 가르데 르 리 … 쥬르

휴식을 취하면 2~3일 후
나아질 겁니다.

Reposez-vous et dans deux ou trois jours vous irez mieux.
르뽀제 부 에 당 되 우 트르와 쥬르 부 지레 미외

담배와 술은 끊으십시오.

Supprimez le tabac et l'alcool.
쒸프리메 르 따바 에 랄꼴

자극적인 음식은 피하십시오.
(*양념이 많이 들어간 음식)

Evitez la nourriture épicée.
에비떼 라 누리뛰르 에삐쎄

전문의에게 진찰받아보시는
게 좋겠습니다.

Vous devriez consulter un spécialiste.
부 드르비예 꽁쒈떼 엉 스뻬씨알리스뜨

종합병원에 가셔서 건강검진
을 받아보십시오.

Je vous conseille d'aller à l'hôpital vous faire faire un bilan de santé.
쥬 부 꽁쎄이으 달레 알 로삐딸 부 훼르 훼르 엉 빌랑
드 쌍떼

즉시 입원하셔야 합니다.

Vous devez être hospitalisé(e) immédiatement.
부 드베 제트르 오스삐딸리제 이메디아뜨망

수술을 해야겠습니다.

Il va falloir vous opérer.
일 바 활르와르 부 조뻬레

이 서류에 사인해주시겠습니
까? (*수술동의서 등에)

Pourriez-vous signer cette feuille, s'il vous plaît?
뿌리예 부 씨니예 쎄뜨 풰이으, 씰 부 쁠레?

귀국하시는 것이 좋겠습니다.

Vous feriez mieux de retourner dans votre pays.
부 프리예 미외 드 르뚜르네 당 보트르 뻬이

Vous feriez mieux de rentrer chez vous.
부 프리예 미외 드 랑트레 쉐 부

어떠십니까?	**Comment vous sentez-vous?** 꼬망 부 쌍떼 부?
처방전을 드리겠습니다.	**Je vous donnerai l'ordonnance.** 쥬 부 돈느레 로흐도낭쓰
이 약을 2 커피스푼 드십시 오.	**Prenez 2[deux] cuillères à café de ce médicament.** 프르네 되 뀌이예르 아 까페 드 쓰 메디까망
알약 한 개를 물 한 컵과 드 십시오.	**Prenez une pillule avec un verre d'eau.** 프르네 윈느 삘륄르 아벡 껑 베르 도
4시간마다/하루 3번/식전에 /식후에/아침에/저녁에/통증 을 느끼면/5일 동안	**toutes les 4[quatre] heures/ 3[trois] fois par jour/avant les repas/après les repas/le matin/ le soir/en cas de douleurs/ pendant 5[cinq] jours** 뚜뜨 레 까트 뢰르/트르와 프와 빠르 쥬르/아방 레 르 빠/아프레 레 르빠/르 마땡/르 쓰와르/앙 까 드 둘뢰 르/빵당 쌩끄 쥬르
주사를 놔드리겠습니다.	**Je vais vous faire une piqûre.** 쥬 베 부 훼르 윈느 삐뀌르
몸조리 잘하십시오.	**Soignez-vous bien.** 스와니예 부 비엥
두드러기	**urticaire (f.)** 위르띠께르
피부염	**dermatite (f.)** 데르마띠뜨
식중독	**intoxication alimentaire (f.)** 엥똑씨까씨용 날리망떼르
후두염/기관지염	**angine (f.)/bronchite (f.)** 앙진느/브롱쉬뜨

폐렴	**pneumonie (f.)** 쁘뇌모니
맹장염	**appendicite (f.)** 아빵디씨뜨
신경통	**névralgie (f.)** 네브랄지
궤양	**ulcère (m.)** 윌쎄르
고혈압	**hypertension (f.)** 이뻬흐땅씨용
간호사/환자, 수술 받는 사람	**infirmier(ère) (n.) / patient(e) (n.)** 엥피르미에(르)/빠씨양(뜨)
병자, 환자	**malade (n.)** 말라드
수혈/수술	**transfusion sanguine (f.) / opération (f.)** 트랑스퓌지용 쌍긴느/오뻬라씨용
(국부/전신) 마취	**anesthésie (locale/totale) (f.)** 아네스테지 (로깔르/또딸르)

[환자의 말]

둔통(鈍痛)/동통(疼痛)/격통 (激痛)/지속적인 통증/간헐 적 통증을 느낍니다.	**Je ressens une douleur sourde/ lancinante/aiguë/persistante/ intermittente.** 쥬 르쌍 쥔느 둘뢰르 쑤르드/랑씨낭뜨/에귀/뻬흐씨스 땅뜨/엥떼르미땅뜨
심각합니까?	**Est-ce que c'est sérieux?** 에 스 끄 쎄 쎄리외?

아니오, 걱정할 정도는 아닙니다. (*의사의 말)

Non, ce n'est pas inquiétant.
농, 쓰 네 빠 젱끼에땅

입원을 해야만 합니까?

Dois-je être hôspitalisé(e)?
드와 쥬 에트르 오스삐딸리제?

여행을 계속해도 되겠습니까?

Puis-je continuer mon voyage?
쀠 쥬 꽁띠뉘에 몽 브와이야쥬?

며칠 동안 안정을 취해야겠습니까?

Combien de jours de repos me faut-il?
꽁비옝 드 쥬르 드 르뽀 므 포 띨?

Pour combien de jours dois-je rester au lit?
뿌르 꽁비옝 드 쥬르 드와 쥬 레스떼 오 리?

언제 일어날 수 있겠습니까?

Quand pourrai-je me lever?
깡 뿌레 쥬 므 르베?

언제쯤 완쾌되겠습니까?

Quand est-ce que je me guérirai?
깡 떼 스 끄 쥬 므 게리레?

얼마 후면 완쾌되겠습니까?

Dans combien de temps serai je guéri(e)?
당 꽁비옝 드 땅 쓰레 쥬 게리?

여전히 안 좋습니다.

Je me sens encore mal.
쥬 므 쌍 장꼬르 말

(조금) 나아졌습니다.

Je me sens (un peu) mieux.
쥬 므 쌍 (엉 쁴) 미외

이것이 제가 평소 복용하는 약입니다.

Voici mon médicament habituel.
브와씨 몽 메디까망 따비뛰엘

이것에 대한 처방전을 주실 수 있습니까? (*바로 위 문장과 연결된 내용)

Pourriez-vous me donner une ordonnance pour cela?
뿌리예 부 므 돈네 윈 노흐도낭쓰 뿌르 쓸라?

수면제/진정제를 처방해 주실 수 있습니까?	**Pourriez-vous me prescrire un somnifère/un tranquillisant?** 뿌리예 부 므 프레스크리르 엉 쏨니훼르/엉 트랑낄리장?
하루에 몇 번 복용해야 합니까?	**Combien de fois par jour faut-il le prendre?** 꽁비옝 드 프와 빠르 쥬르 포띨 르 프랑드르?
어떤 음식을 섭취해야 합니까?	**Que dois-je prendre comme nourriture?** 끄 드와 쥬 프랑드르 꼼므 누리뛰르?
어떤 식이요법을 해야 합니까?	**Quel régime dois-je suivre?** 껠 레짐므 드와 쥬 쒸브르?
진단서를 주시겠습니까?	**Puis-je avoir un certificat médical, s'il vous plaît?** 쀠 쥬 아브와르 엉 쎄르띠피까 메디깔, 씰 부 쁠레?

● 진찰비 지불

얼마입니까?	**Combien est-ce que je vous dois?** 꽁비옝 에 스 끄 쥬 부 드와?
진찰비는 … 유로입니다.	**… euros pour la consultation.** … 외로 뿌르 라 꽁쐴따씨용
신용카드/여행자수표로 지불해도 되겠습니까?	**Puis-je payer par carte de crédit/chèque de voyage?** 쀠 쥬 뻬이예 빠르 까르뜨 드 크레디/쉐끄 드 브와이아쥬?
현금으로 지불해도 됩니까?	**Puis-je payer en liquide[espèce]?** 쀠 쥬 뻬이예 앙 리끼드[네스뻬쓰]?

314

Puis-je payer cash?
쀠 쥬 뻬이예 까쓔? (*비어(卑語)적인 표현)

영수증을 주시겠습니까?

Puis-je avoir un reçu[une quittance]?
쀠 쥬 아브와르 엉 르쓔[윈느 끼땅쓰]?

보험에 들어있습니까?

Avez-vous une assurance?
아베 부 쥔 나쒸랑쓰?

여행자 보험에 들어있습니다.

J'ai une assurance voyage.
줴 윈 나쒸랑쓰 브와이야쥬

한국에서 환불받을 수 있습니까?

Pourrais-je être remboursé(e) en Corée du Sud?
뿌레 쥬 에트르 랑부르쎄 앙 꼬레 뒤 쒸드?

.... [신체부위 관련 단어들] ....

몸	**le corps**	르 꼬르
머리	**la tête**	라 떼뜨
머리카락	**le cheveu/les cheveux**	르 슈뵈(단수)/레 슈뵈(복수)
얼굴	**le visage**	르 비자쥬
	(*용모의 뜻으로서의 얼굴은 la figure 라 피귀르)	
이마	**le front**	르 프롱
눈썹	**le sourcil**	르 쑤르씨
눈	**l'oeil/les yeux**	뢰이으(단수)/레 지외(복수)
코	**le nez**	르 네
입	**la bouche**	라 부쓔
입술	**la lèvre**	라 레브르

이, 치아	**la dent**	라 당
혀	**la langue**	라 랑그
턱	**la mâchoire**	라 마쓔와르
귀	**l'oreille**	로레이으
목	**le cou**	르 꾸
목구멍	**la gorge**	라 고르쥬
어깨	**l'épaule**	레뽈르
가슴	**la poitrine**	라 쁘와트린느
유방	**le sein**	르 쎙
갈비뼈	**la côte**	라 꼬뜨
팔	**le bras**	르 브라
팔꿈치	**le coude**	르 꾸드
손목	**le poignet**	르 쁘와니예
손	**la main**	라 멩
손가락	**le doigt**	르 드와
엄지손가락	**le pouce**	르 뿌쓰
손톱	**l'ongle**	롱글르
명치	**le creux de l'estomac**	르 크뢰 드 레스또마
배, 복부	**le ventre**	르 방트르
하복부	**le bas-ventre**	르 바 방트르
배꼽	**le nombril**	르 농브리
등	**le dos**	르 도
등뼈	**la colonne vertébrale**	라 꼴론느 베르떼브랄르
허리	**les reins/les lombes**	레 렝/레 롱브
허리, 엉덩이	**la hanche**	라 앙슈 (상·하반신의 접합부)
엉덩이	**le cul/la fesse/le derrière**	르 뀔/라 훼쓰/르 데리예르 (속어)
넓적다리	**la cuisse**	라 뀌쓰

무릎	le genou	르 쥬누
다리	la jambe	라 쟝브
발	le pied	르 삐예
장딴지	le mollet	르 몰레
복사뼈	la cheville	라 슈비이으
발가락	l'orteil	로르떼이으
엄지발가락	le gros orteil	르 그로 조르떼이으
피부	la peau	라 뽀
신경	le nerf	르 네르
신경계(통)	le système nerveux	르 씨스뗌므 네르뵈
건(腱), 힘줄	le tendon	르 땅동
근육	le muscle	르 뮈스끌르
심장	le coeur	르 꾀르
허파	le poumon	르 뿌몽
위	l'estomac	레스또마
간	la foie	라 프와
내장	les intestins	레 젱떼스뗑
신장[콩팥]	le rein	르 렝
방광	la vessie	라 베씨
맹장	l'appendice	라빵디쓰
동맥	l'artère	라흐떼르
정맥	la veine	라 벤느
피	le sang	르 쌍
뼈	l'os	로쓰
관절	l'articulation	라르띠뀔라씨용
선(腺), 분비기관	la glande	라 글랑드
편도선	les amygdales	레 자미(그)달르

약국

가장 가까운 (밤에도 문 여는) 약국이 어디에 있습니까?	**Où se trouve la pharmacie (de nuit) la plus proche?** 우 스 트루브 라 화르마씨 (드 뉘) 라쁠뤼 프로쒸?
그 약국은 몇 시에 문을 엽니까/닫습니까?	**À quelle heure ouvre/ferme la pharmacie?** 아 껠 뢰르 우브르/훼름므 라 화르마씨?
감기/기침/벌레 물린데/썬번/소화불량에 쓰는 약을 원합니다.	**Je voudrais un médicament contre le rhume/la toux/les piqûres d'insectes/les coups de soleil/les indigestions.** 쥬 부드레 정 메디까망 꽁트르 르 륌므/라 뚜/레 삐뀌르 뎅쎅뜨/레 꾸 드 쏠레이으/레 젱디줴스띠옹
처방전을 가지고 왔습니다.	**J'ai apporté l'ordonnance.** 줴 아뽀르떼 로흐도낭쓰
기다려야 합니까?	**Dois-je attendre?** 드와 쥬 아땅드르?
처방전이 없습니다.	**Je n'ai pas l'ordonnance.** 쥬 네 빠 로흐도낭쓰
그것을 처방전 없이 살 수 있습니까?	**Puis-je l'acheter sans ordonnance?** 쀠 쥴 라슈떼 쌍 조흐도낭쓰?
처방전 없는 분들께는 팔 수 없습니다. (*약사의 말)	**Nous ne pouvons pas le vendre à ceux qui n'ont pas l'ordonnance.** 누 느 뿌봉 빠 르 방드르 아 쐬 끼 농 빠 로흐도낭쓰
의사의 진단을 받으십시오.	**Consultez un médecin, s'il vous plaît.** 꽁쓀떼 정 메드쎙, 씰 부 쁠레

318

처방전 없이 살 수 있는 약이 있습니까?

Avez-vous des médicaments qu'on puisse acheter sans ordonnance?
아베 부 데 메디까망 꽁 쀠쓰 아슈떼 쌍 조흐도낭쓰?

이것을 권해드리겠습니다. (*약사의 말)

Je vous recommande ceci.
쥬 부 르꼬망드 쓰씨

하루 3번 식전에 복용하십시오.

3[Trois] fois par jour avant le repas.
트르와 프와 빠르 쥬르 아방 르 르빠

…를 주십시오.

Puis-je avoir …?
쀠 쥬 아브와르 …?

Je voudrais ….
쥬 부드레 …

아스피린/비타민/소독약/일회용반창고/점안액/수면제/진정제/좌약/생리대/탐폰/경구피임약/피임제/콘돔/체온계/거즈/(탄력)붕대/변비약/지사제[설사약]

de l'aspirine/des vitamines/un désinfectant[un antiseptique]/du sparadrap/des gouttes oculaires/un somnifère/un tranquillisant/des suppositoires/des serviettes hygiéniques/des tampons hygiéniques/des pillules/des contraceptifs/des présevatifs/un termomètre/de la gaze/du bandage (élastique)/un laxatif/un remède contre la diarrhée
들 라스삐린/데 비따민느/엉 데젱훽땅[엉 낭띠쎕띠끄]/뒤 스빠라드라/데 구뜨 조뀔레르/엉 쏨니훼르/엉 트랑낄리장/데 쉬뽀지뜨와르/데 쎄르비예뜨 이지예니끄/데 땅뽕 이지예니끄/데 삘륄르/데 꽁트라쎕띠프/데 프레제르바띠프/엉 떼르모메트르/들 라 가즈/뒤 방다쥬 (엘라스띠끄)/엉 락싸띠프/엉 흐메드 꽁트르 라 디아레

(하드/소프트) 콘택트렌즈용 용액 있습니까?

Avez-vous un liquide pour verres de contact (durs/souples)?
아베 부 정 리끼드 뿌르 베르 드 꽁딱뜨 (뒤르/쑤쁠르)?

안약/연고	**collyre (m.) / pommade (f.)** 꼴리르/뽀마드
두통약	**médicament contre le mal de tête(m.)** 메디까망 꽁트르 르 말 드 떼뜨
복통약	**médicament contre le mal de ventre(m.)** 메디까망 꽁트르 르 말 드 방트르
소화제	**médicament pour la digestion(m.)** 메디까망 뿌르 라 디줴스띠용
위장약	**médicament pour l'estomac(m.)** 메디까망 뿌르 레스또마
감기약	**médicament contre le rhume(m.)** 메디까망 꽁트르 르 륌므
진통제	**calmant(m.) / analgésique(m.)** 깔망/아날줴지끄
습포제, 찜질약	**cataplasme(m.)** 까따쁠라씀므
해열제	**médicament contre la fièvre(m.)** 메디까망 꽁트르 라 피예브르

🔵 긴급 상황 알리기

사람 살려!	**Au secours!** 오 스꾸르!
도와주세요, 빨리요!	**À l'aide, vite!** 알 레드, 비뜨!
도둑이야! 잡아요!	**Au voleur! Arrêtez-le!** 오 볼뢰르! 아레떼 르!
그 남자/여자 잡아요!	**Arrêtez cet homme/cette femme!** 아레떼 쎄 똠므/쎄뜨 홤므!
불이야!	**Au feu!** 오 푀!
가스요!	**Gaz!** 가즈!
위험해요!	**Danger!** 당줴!
조심하세요!	**Attention!** 아땅씨용!
정지!	**Halte!** 알뜨!
손들어!	**Haut les mains!** 오 레 멩!

긴급 상황

321

도움을 청해주세요! [구조대를 불러오세요!]	**Allez chercher du secours!** 알레 쉐르쉐 뒤 스꾸르!
경찰/구급차/의사를 (빨리/긴급히) 불러주세요!	**Appelez (vite/d'urgence) la police /une ambulance/un docteur[un médecin]!** 아쁠레 (비뜨/뒤르쟝쓰) 라 뽈리쓰/윈 낭뷜랑쓰/엉 독뙤르[엉 메드쎙]!
소방수를 불러주세요!	**Appelez les pompiers!** 아쁠레 레 뽕삐예!
빨리요!	**Vite!** 비뜨!
긴급한 일입니다.	**C'est urgent.** 쎄 뛰르쟝
저와 같이 가세요!	**Venez avec moi!** 브네 자베끄 므와!
(문 좀) 열어주세요!	**Ouvrez!** 우브레!
멈추세요!	**Arrêtez!** 아레떼!
저리 가세요!	**Allez-vous en!** 알레 부 장!
썩 꺼져버려! (*속어)	**Fous le camp!** 푸 르 깡! **Fiche le camp!** 피슈 르 깡!
날 좀 내버려 두세요!	**Laissez-moi tranquille!** 레쎄 므와 트랑낄르

…을 분실했습니다.	**J'ai perdu ….** 줴 뻬흐뒤 …
신용카드를 분실했습니다.	**J'ai perdu ma carte de crédit.** 줴 뻬흐뒤 마 까르뜨 드 크레디
신용카드가 든 지갑을 분실했습니다.	**J'ai perdu mon portefeuille avec ma carte de crédit.** 줴 뻬흐뒤 몽 뽀르뜨푀이으 아베끄 마 까르뜨 드 크레디
카드 효력을 정지시켜 주십시오.	**Veuillez annuler ma carte, s'il vous plaît.** 뵈이예 자뉠레 마 까르뜨, 씰 부 쁠레
카드번호는 123-456-789 입니다.	**Le numéro de ma carte est 123-456-789.** 르 뉘메로 드 마 까르뜨 에 엉 되 트르와 까트르 쌩끄 씨쓰 쎄뜨 위뜨 뇌프
…을 도난당했습니다.	**On m'a volé ….** 옹 마 볼레 …
지갑/손가방을 도난당했습니다.	**On m'a volé mon portefeuille/ mon sac à main.** 옹 마 볼레 몽 뽀르뜨푀이으/몽 싹 까 멩
지갑 안의 돈을 도난당했습니다.	**On m'a volé de l'argent dans mon portefuille.** 옹 마 볼레 들 라르좡 당 몽 뽀르뜨훼이으
택시에 가방을 잊고 내렸습니다.	**J'ai oublié mon sac dans un taxi.** 줴 우블리예 몽 싸끄 당 정 딱씨
여기에서 가방을 하나 못 보셨습니까?	**N'avez-vous pas vu un sac ici?** 나베 부 빠 뷔 엉 싹끄 이씨?

긴급 상황

방을 비운 동안 제 시계가 없어졌습니다.	**Ma montre a disparu pendant que j'étais sorti(e).** 마 몽트르 아 디스빠뤼 빵당 끄 줴떼 쏘르띠
누구에게 알려야 합니까?	**À qui dois-je m'adresser?** 아 끼 드와 쥬 마드레쎄?
분실물 신고센터들은 어디에 있습니까?	**Où sont les bureaux des objets trouvés?** 우 쏭 레 뷔로 데 조브줴 트루베?
경찰서는 어디에 있습니까?	**Où est le commissariat (de police)?** 우 엘 르 꼬미싸리야 (드 뽈리쓰)?
파출소는 어디에 있습니까?	**Où est le poste de police?** 우 엘 르 뽀스뜨 드 뽈리쓰?
분실/도난 신고를 하고 싶습니다.	**Je voudrais déclarer une perte/ un vol.** 쥬 부드레 데끌라레 윈느 뻬흐뜨/엉 볼
영어/한국어를 말할 줄 아는 분계십니까?	**Y a-t-il quelqu'un qui parle anglais/coréen?** 이 아 띨 껠껑 끼 빠흘르 앙글레/꼬레엥?
영어/한국어를 말 할 줄 아는 분을 불러주십시오.	**Appelez quelqu'un qui parle anglais/coréen, s'il vous plaît.** 아쁠레 껠껑 끼 빠흘르 앙글레/꼬레엥, 씰 부 쁠레
어디에서 분실했습니까?	**Où l'avez-vous perdu?** 우 라베 부 뻬흐뒤?
모르겠습니다. 어디선가 도난당했습니다.	**Je ne sais pas. On me l'a volé quelque part.** 쥬 느 쎄 빠. 옹 므 라 볼레 껠끄 빠르
그것을 찾도록 도와주시겠습니까?	**Pourriez-vous m'aider à le(la) chercher?** 뿌리예 부 메데 알 르(라) 쉐르쉐?

언제 연락 받을 수 있겠습니까?	**Quand va-t-on me prévenir?** 깡 바 똥 므 프레브니르?
그것을 가지러 어디로 가면 됩니까?	**Où puis-je aller pour le(la) reprendre?** 우 쀠 쥬 알레 뿌르 르(라) 흐프랑드르? (*그것의 성(性)에 따라)
분실/도난 증명서를 주십시오.	**Donnez-moi une attéstation de perte/vol, s'il vous plaît.** 돈네 므와 윈 나떼스따씨용 드 뻬흐뜨/볼, 씰 부 쁠레
(저를 위해) 분실/도난 신고서를 작성해주십시오.	**Établissez/Faites (pour moi) une déclaration de perte/vol, s'il vous plaît.** 에따블리쎄/훼뜨 (뿌르 므와) 윈느 데끌라라씨용 드 뻬흐뜨/볼, 씰 부 쁠레
여권을 분실했습니다.	**J'ai perdu mon passeport.** 줴 뻬흐뒤 몽 빠쓰뽀르
여권을 재발급 받고 싶습니다.	**Je voudrais demander l'établissement d'un nouveau passeport.** 쥬 부드레 드망데 레따블리쓰망 덩 누보 빠쓰뽀르
대한민국대사관에 전화해 주십시오.	**Appelez l'Ambassade de la République de Corée, s'il vous plaît.** 아쁠레 랑바싸드 들 라 레쀠블리끄 드 꼬레, 씰 부 쁠레
대한민국대사관으로 가는 길이 어떻게 됩니까?	**Quel est le chemin pour l'Ambassade de la République de Corée?** 껠 렐 르 슈멍 뿌르 랑바싸드 들 라 레쀠블리끄 드 꼬레?

교통사고가 났습니다.

Il y a eu un accident de voiture/circulation.
일 리 야 위 엉 낙씨당 드 브와뛰르/씨르뀔라씨용

제 렌터카 회사에 연락해주시겠습니까?

Pourriez-vous contacter ma compagnie de location de voitures?
뿌리예 부 꽁딱떼 마 꽁빠니 들 로까씨용 드 브와뛰르?

(그 회사는) …입니다.
(*바로 위 문장과 연결된 내용)

Il s'agit de ….
일 싸지 드 …

차번호는 123-456입니다.

Le numéro de l'immatriculation est 123-456.
르 뉘메로 드 리마트리뀔라씨용 에 엉 되 트르와 까트 르 쎙그 씨쓰

여기 제 운전면허증이 있습니다.

Voici mon permis de conduire.
브와씨 몽 뻬흐미 드 꽁뒤르

당신 이름과 주소가 무엇입니까?

Quels sont vos nom et adresse?
껠 쏭 보 농 에 아드레쓰?

어느 보험회사에 보험이 들어 있으십니까?

Auprès de quelle compagnie êtes-vous assuré(e)?
오프레 드 껠르 꽁바니으 에뜨 부 자쒸레?

…에서 사고가 났습니다.

Il est arrivé un accident à ….
일 레 따리베 엉 낙씨당 아 …

Il y a eu un accident à ….
일 리 야 위 엉 낙씨당 아 …

이곳에 의사분 계십니까?

Y a-t-il un médecin[un docteur] ici?
이 아 띨 엉 메드쎙[엉 독뙤르] 이씨?

저는 의사가 필요합니다.

J'ai besoin d'un médecin[d'un docteur].
줴 브즈웽 덩 메드쎙[덩 독뙤르]

도움을 청해주세요![구조대를 불러오세요!]

Allez chercher du secours!
알레 쉐르쉐 뒤 스꾸르!

경찰/구급차/의사를 (빨리/긴급히) 불러주세요!

Appelez (vite/d'urgence) la police /une ambulance/un docteur[un médecin]!
아쁠레 (비뜨/뒤르쟝쓰) 라 뽈리쓰/윈 낭빌랑쓰/엉 독 뜨르[엉 메드쎙]!

소방수를 불러주세요!

Appelez les pompiers!
아쁠레 레 뽕삐예!

가장 가까운 공중전화(부스)가 어디에 있습니까?

Où est la cabine téléphonique la plus proche?
우 엘 라 까빈느 뗄레포니끄 라 쁠뤼 프로쓔?

어디에 전화가 있습니까?

Où y a-t-il un téléphone?
우 이 아 띨 엉 뗄레폰느?

당신 (휴대) 전화 좀 사용할 수 있겠습니까?

Puis-je utiliser votre téléphone (portable/mobile)?
쀠 쥬 위띨리제 보트르 뗄레폰느 (뽀르따블르/모빌르)?

Pourrais-je servir de votre téléphone (portable/mobile)?
뿌레 쥬 쎄르비르 드 보트르 뗄레폰느 (뽀르따블르/모빌르)?

긴급구조대 전화번호가 뭡니까?

Quel est le numéro des secours?
껠 레 르 뉘메로 데 스꾸르?

병원 전화번호가 몇 번입니까?

Quel est le numéro de l'hôpital?
껠 레 르 뉘메로 들 로삐딸?

저는 차에 받혔습니다.

J'ai été renversé par une voiture.
줴 에떼 랑베르쎄 빠르 윈느 브와뛰르

부상자가 있습니다.

Il y a un(e) blessé(e).
일 리 야 엉(윈느) 블레쎄 (*부상자의 성(性)에 따라)

부상자들이 있습니다.	**Il y a des blessé(e)s.** 일 리 야 데 블레쎄
제 친구가 떨어졌습니다.	**Mon ami(e) a fait une chute.** 몽 나미(으) 아 훼 뛴드 쉬뜨 (*친구의 성(性)에 따라)
그(그녀)가 머리를 다쳤습니다.	**Il(Elle) est blessé(e) à la tête.** 일(엘르) 에 블레쎄 알 라 떼뜨
그(그녀)가 기절을 했습니다.	**Il(Elle) s'est évanoui(e).** 일(엘르) 쎄 떼바누이
그(그녀)가 (심하게) 출혈하고 있습니다.	**Il(Elle) saigne (abondamment).** 일(엘르) 쎄니으 (아봉다망)
그(그녀)가 (심하게) 부상당했습니다.	**Il(Elle) s'est (grièvement) blessé(e).** 일(엘르) 쎄 (그리예브망) 블레쎄
그(그녀)를 건드리지 마십시오!	**Ne le(la) touchez pas!** 늘 르(라) 뚜쒜 빠!
비키세요!	**Écartez-vous!** 에까르떼 부!
움직이지 마세요!	**Ne bougez pas!** 느 부줴 빠!
제게/그(그녀)에게 응급처치를 해주십시오.	**Donnez-moi/lui les premiers soins.** 돈네 므와/뤼 레 프르미예 스웽
저를 종합병원/클리닉[개인병원, 진료소]에 데려다주십시오.	**Conduisez-moi à l'hôpital/à la clinique, s'il vous plaît.** 꽁뒤제 므와 알 로삐딸/알 라 끌리니끄, 씰 부 쁠레
서둘러 주십시오.	**Dépêchez-vous, s'il vous plaît.** 데뻬쒜 부, 씰 부 쁠레
	Faites vite, s'il vous plaît. 훼뜨 비뜨, 씰 부 쁠레

PARTIE Ⅲ

부록

01 [참 고 단 어]

개인 신상자료

성(姓)	**nom (de famille)(m.)**	농 (드 화미이으)
이 름	**prénom(m.)**	프레농
처녀적 성	**nom de jeune fille(m.)**	농 드 죈느 피이으
생년월일	**date de naissance(f.)**	다뜨 드 네쌍쓰
성별(性別)	**sexe(m.)**	쎅쓰
남성, 남자	**homme(m.)**	옴므
여성, 여자	**femme(f.)**	홤므
혈액형	**groupe sanguin(m.)**	그루쁘 쌍겡
키, 신장	**taille(f.)**	
국 적	**nationalité(f.)**	나씨요날리떼
본 적	**domicile permanent(m.)/domicile légal(m.)** 도미씰 뻬흐마낭/도미씰 레갈	

330

현주소	**domicile (actuel) (m.)** 도미씰 (악뛰엘)
회사이름	**nom de société(m.)** 농 드 쏘씨예떼
직 업	**profession(f)** 프로페씨용
여권번호	**numéro de passeport(m.)** 뉘메로 드 빠쓰뽀르
여권발급일	**date de délivrance du passeport(f.)** 다뜨 드 델리브랑쓰 뒤 빠쓰뽀르
여권발급기관	**autorité qui a délivré le passeport(f.)** 오또리떼 끼 아 델리브레 르 빠쓰뽀르
비자번호	**numéro de visa(m.)** 뉘메로 드 비자
출발/도착 시간	**heure de départ/d'arrivée(f.)** 외르 드 데빠르/다리베
출발/도착 날짜	**date de départ/d'arrivée(f.)** 다뜨 드 데빠르/다리베
출발일/도착일	**jour de départ/d'arrivée(m.)** 쥬르 드 데빠르/다리베

직 업

무 직	**sans profession** 쌍 프로페씨용
학 생	**étudiant(e) (n.)** 에뛰디앙(뜨)
가정주부	**femme au foyer(f.)/ménagère(f.)** 홤므 오 프와이예/메나줴르

농 부	**paysan(ne)(n.)/fermier(ère)(n.)**	뻬이장(잔느)/훼르미예(르)
어 부	**pêcheur(se)(n.)**	뻬쒜르(즈)
회사원	**employé(e) de bureau(n.)**	앙쁠르와이예 드 뷔로
은행원	**employé(e) de banque(n.)**	앙쁠르와이예 드 방끄
공무원	**fonctionnaire(n.)**	퐁씨요네르
사업가	**homme d'affaire(m.)** 옴므 다페르 (*여성사업가는 femme d'affaire(f.) 홤므 다페르)	
교 사	**enseignant(e)(n.)/instituteur(trice)(n.)/professeur(m.)** 앙쎄니양(뜨)/엥스띠뛰뜨리르(트리쓰)/프로페쐬르	
교 수	**professeur(m.)** 프로페쐬르 (*여자교수는 femme professeur(f.) 홤므 프로페쐬르)	
작 가	**écrivain(m.)** 에크리벵 (*여류작가는 femme écrivain(f.) 홤므 에크리벵)	
시 인	**poète(m.)** 뽀에뜨 (*여류시인은 poétesse(f.) 뽀에떼쓰)	
화 가	**peintre(m.)** 뼁트르 (*여류화가는 femme peintre(f.) 홤므 뼁트르)	
의 사	**médecin(m.)/docteur(m.)** (*여자의사는 femme médecin(f.)/doctoresse(f.) 홤므 메드쎙/독또레쓰)	
간호사	**infirmier(ère)(n.)** 엥피르미예(르)	
건축가	**architecte(m.)** 아르쉬떽뜨	

엔지니어, 기사	**ingénieur(m.)** 엥줴니외르 (*여성엔지니어는 femme ingénieur(f.) 홤므 엥줴니외르)	
조종사	**pilote(m.)** 삘로뜨 (*배 · 비행기의 조종사)	
가 수	**chanteur(euse)(n.)** 샹뙤르(뙤즈)	
지휘자	**chef d'orchestre(m.)** 쉐프 도르께스트르 (*오케스트라의)	
연극배우	**comédien(ne)(n.)** 꼬메디옝(옌느)	
연출가(연극의)	**metteur en scène(m.)** 메뙤르 앙 쎈느	
영화배우	**comédien(ne)(n.)/acteur(trice)(n.)** 꼬메디옝(옌느)/악뙤르(트리쓰)	
영화감독	**réalisateur(m.)/metteur en scène(m.)** 레알리자뙤르/메뙤르 앙 쎈느	
경찰관	**agent de police(m.)/policier(m.)** 아쟝 드 뽈리쓰/뽈리씨예	
소방수	**pompier(m.)/sapeur-pompier(m.)** 뽕삐예/싸쀠르 뽕삐예	
양재사	**tailleur(euse) (n.)** 따이외르(외즈)	
이발사, 미용사	**coiffeur(se)(n.)** 꼬와쀠르(쀠즈) (*특히 이발사는 barbier(m.) 바르비예)	
운전기사	**chauffeur(euse)(n.)** 쇼쀠르(즈) (*자동차의)	
운전사	**conducteur(trice)(n.)** 꽁뒥뙤르(트리쓰) (*지하철 · 열차 · 버스 · 전차의 운전사)	

점 원	**employé(e) de magasin(n.)** 앙쁠르와이예 드 마가쟁
매니저, 지배인	**manager(m.)/directeur(trice)(n.)/gérant(e)(n.)** 마나줴르/디렉뙤르(트리쓰)/줴랑(뜨)
가이드, 안내자	**guide(m.)** 기드
파출부, 가정부	**femme de ménage(f.)** 홤므 드 메나쥬
(대외) 무역	**commerce (extérieur)(m.)** 꼬메르쓰 (엑쓰떼리외르)
상사(商社), 무역회사	**société de commerce(f.)** 쏘씨예떼 드 꼬메르쓰
운 수	**transport(m.)** 트랑쓰뽀르

가족 · 친지

가 족	**famille(f.)** 화미이으
배우자	**époux(se)(n.)/conjoint(e)(n.)** 에뿌(즈)/꽁쥬웽(뜨)
남 편	**mari(m.)** 마리
아 내	**femme(f.)** 홤므
부 부	**couple(m.)/mari et femme/mariés(m.pl.)/conjoints(m.pl.)** 꾸쁠르/마리 에 홤므/마리예/꽁쥬웽
양 친	**parents(m.pl.)** 빠랑
자 식	**enfant(m.f.)** 앙팡

아버지/어머니	**père(m.)/mère(f.)** 뻬르/메르
아들/딸	**fils(m.)/fille(f.)** 피쓰/피이으
장남/장녀	**fils aîné/fille aînée** 피쓰 엔네/피이으 엔네
차남/차녀	**second fils/seconde fille** 쓰공 피쓰/쓰공드 피이으
막내 아들/딸	**fils cadet/fille cadette** 피쓰 까데/피이으 까데뜨
할아버지	**grand-père(m.)** 그랑 뻬르
할머니	**grand-mère(f.)** 그랑 메르
손자/손녀	**petit-fils/petite-fille** 쁘띠 피쓰/쁘띠뜨 피이으
형[오빠]/남동생	**frère plus âgé/frère moins âgé** 프레르 쁠뤼 자줴/프레르 므웽 자줴
언니[누나]/여동생	**soeur plus âgée/soeur moins âgée** 쐬르 쁠뤼 자줴/쐬르 므웽 자줴
아저씨/아주머니	**oncle(m.)/tante(f.)** 옹끌르/땅뜨
남자/여자 조카	**neveu(m.)/nièce(f.)** 느뵈/니예쓰
남자/여자 사촌	**cousin(m.)/cousine(f.)** 꾸젱/꾸진느
약혼자	**fiancé(e)(n.)** 휘앙쎄
시가, 처가	**belle-famille(f.)** 벨르 화미이으
시아버지	**beau-père(m.)** 보 뻬르 (*시아버지, 장인, 의붓아버지)

시어머니	**belle-mère(f.)** 벨르 메르 (*시어머니, 장모, 의붓어머니)
의붓형제	**beau-frère(m.)** 보 프레르 (*매형, 형부, 처남, 동서, 시형제, 시누이 남편)
의붓자매	**belle-soeur(f.)** 벨르 쐬르 (*형수, 계수, 처남의 부인, 시누이, 올케, 처형, 처제)
소 년	**garçon(m.)** 가르쏭
소 녀	**fille(f.)** 피이으
갓난아이	**bébé(n.)** 베베
어린 아이	**enfant(n.)** 앙팡
친 구	**ami(e)(n.)** 아미(으) (*원래 ami(e)는 남·여성 동일발음이나 흔히 구분을 위해 달리 발음)

월 · 일 · 년도 · 세기 · 연령

1월	**janvier** 쟝비예
2월	**février** 훼브리예
3월	**mars** 마르쓰
4월	**avril** 아브릴
5월	**mai** 메

6월	**juin** 쥐웽
7월	**juillet** 쥐이예
8월	**août** 우뜨
9월	**septembre** 쎕땅브르
10월	**octobre** 옥또브르
11월	**novembre** 노방브르
12월	**décembre** 데쌍브르
…월에	**en …[au mois de …]** 앙 …[오 므와 드 …]
지난달	**le mois dernier** 르 므와 데르니에
이번달	**ce mois(-ci)** 쓰 므와 (씨)
다음달	**le mois prochain** 르 므와 프로쉥
해, 연, 연도	**l' an[l' anée]** 랑[란네]
작 년	**l' année dernière** 란네 데르니예르
올 해	**cette année** 쎄 딴네
내 년	**l' année prochaine** 란네 프로쉔느
윤 년	**l' an bissextil[l' année bissextile]** 랑 비쎅쓰띨[란네 비쎅쓰띨르]

회계연도	l'année fiscale	란네 피스깔
상반기	le premier semestre	르 프르미예 스메스트르
하반기	le dernier semestre	르 데르니예 스메스트르
10년간	la décennie	라 데쎄니
1987	mille neuf cent quatre-vingt-sept	밀 뇌프 쌍 까트르 벵 쎄뜨
1998	mille neuf cent quatre-vingt-dix-huit	밀 뇌프 쌍 까트르 벵 디 쥐뜨
2005	deux mille cinq	되 밀 쎙끄
올 해	cette année	쎄 딴네
3년 전에	il y a 3 ans	일 리 야 트르와 장
1년 후에	dans un an	당 정 낭
90년대에	dans les années quatre-vingt-dix	당 레 잔네 까트르 벵 디쓰
세 기	le siècle	르 씨예끌르
17세기	le 17ème siècle	르 디쎄띠엠므 씨예끌르
21세기	le 21ème siècle	르 벵 떼 위니엠므 씨예끌르
당신은 몇 살입니까?	Quel âge avez-vous?	껠 라쥬 아베 부?

저는 45살입니다.	**J'ai 45[quarante-cinq] ans.** 쥐 까랑뜨 쎙 깡
그(그녀)는 몇 살입니까?	**Quel âge a-t-il(elle)?** 껠 라쥬 아 띨(뗄)?
그(그녀)는 23살입니다.	**Il(Elle) a 23[vingt-trois] ans.** 일(엘르) 아 벵 트르와 장
그(그녀)는 1983년에 태어났습니다.	**Il(Elle) est né(e) en 1983.** 일(엘르) 에 네 앙 밀 뇌프 쌍 까트르 벵 트르와

계 절	**saison(f.)** 쎄종
봄/여름/가을/겨울	**le printemps/l' été/l' automne/l' hiver** 르 프렝땅/레떼/로똔느/리베르
봄에/여름에/가을에/겨울에	**au printemps/en été/en automne/en hiver** 오 프렝땅/앙 네떼/앙 노똔느/앙 니베르
이른 봄에/늦은 가을에	**au début du printemps/à la fin de l' automne** 오 데뷔 뒤 프렝땅/알 라 휑 들 로똔느
오늘은 무슨 날입니까?	**Quel jour est-ce aujourd' hui?** 껠 쥬르 에 스 오쥬르뒤이? **Quel jour sommes-nous aujourd' hui?** 껠 쥬르 쏨므 누 오쥬르뒤이?
오늘은 …요일/…월 …일 입니다.	**Aujourdh' hui, c' est ….** 오쥬르뒤이, 쎄 …

Aujourdh'hui, nous sommes ….

오쥬르뒤이, 누 쏨므 …

일요일/월요일/화요일/수요일/목요일/금요일/토요일

dimanche/lundi/mardi/mercredi/jeudi/ vendredi/samedi

디망슈/렁디/마르디/메흐크르디/죄디/방드르디/쌈디

날 짜	**date(f.)** 다뜨
12월 1일	**le 1er décembre** 르 프르미예 데쌍브르 (*1일의 경우만 서수)
9월 6일	**le 6 septembre** 르 씨쓰 쎕땅브르

오늘은 2006년 9월5일 화요일입니다.

Aujourd'hui, c'est[nous sommes] mardi le 5 septembre, 2006.

오쥬르뒤, 쎄[누 쏨므] 마르디 르 쎙끄 쎕땅브르, 되 밀 씨쓰

오 전	**le matin** 르 마뗑
정 오	**le midi** 르 미디
오 후	**l'après-midi** 라프레 미디
저 녁	**le soir** 르 쓰와르
밤	**la nuit** 라 뉘이
자 정	**le minuit** 르 미뉘
아침 시간	**la matinée** 라 마띠네 (*일출에서 정오까지)

낮 시간	**la journée** 라 쥬르네	
	(*정오에서 일몰까지, 또는 일출에서 일몰까지의 하루)	
저녁 시간	**la soirée** 라 스와레 (*일몰에서 취침까지)	
아침/낮/저녁 시간 동안	**pendant la matinée/la journée/la soirée**	
	빵당 라 마띠네/라 쥬르네/라 스와레	
그 제	**avant-hier** 아방 띠예르	
어 제	**hier** 이예르	
오 늘	**aujoud'hui** 오쥬르뒤이	
내 일	**demain** 드멩	
모 레	**après-demain** 아프레 드멩	
그 전날	**la veille** 라 베이으	
그 다음날	**le lendemain** 르 랑드멩	
4일 전에	**il y a 4[quatre] jours** 일 리 야 까트르 쥬르	
3일 후에	**dans 3[trois] jours** 당 트르와 쥬르	
지난 주	**la semaine passée[dernière]**	
	라 스멘느 빠쎄[데르니예르]	
이번 주	**cette semaine** 쎄뜨 스멘느	
다음 주	**la semaine prochaine** 라 스멘느 프로쉔느	

지난 달	**le mois passée[dernier]**	르 므와 빠쎄[데르니에]
이번 달	**ce mois(-ci)**	쓰 므와 (씨)
다음 달	**le mois prochain**	르 므와 프로쉥
어제 아침/오후/저녁	**hier matin/hier après-midi/hier soir**	이예르 마뗑/이예르 아프레 미디/이예르 쓰와르
오늘 아침/오후/저녁/밤	**ce matin/cet après-midi/ce soir/cette nuit**	쓰 마뗑/쎄 따프레 미디/쓰 쓰와르/쎄뜨 뉘이
내일 아침/오후/저녁	**demain matin/demain après-midi/ demain soir**	드멩 마뗑/드멩 나프레 미디/드멩 쓰와르
15일[보름] 동안	**pendant quinze jours**	빵당 껭즈 쥬르
평 일	**jour ouvrable(m.)**	쥬르 우브라블르
휴무일	**jour de congé(m.)**	쥬르 드 꽁줴
휴 가	**vacances(f.pl.)**	바깡쓰
주(週)	**semaine(f.)**	스멘느
주 말	**week-end(m.)**	윅껜드
공휴일	**jour férié(m.)**	쥬르 훼리예
국경일	**jour de fête nationale(m.)**	쥬르 드 페뜨 나씨요날르
기념일, 생일	**anniversaire(m.)**	아니베르쎄르

새해 첫날(1월1일)	**Nouvel An** 누벨 랑
부활절 월요일	**Lundi de Pâques** 렁디 드 빠끄 (*가변적 날짜)
근로자의 날(5월1일)	**Fête du Travail** 훼뜨 뒤 트라바이으
프랑스 국경일(7월14일)	**Fête Nationale** 훼뜨 나씨요날르
성모승천축일(8월15일)	**Assomption** 아쏭쁘씨용
만성축일(11월 1일)	**Toussaint** 뚜쎙
휴전기념일(11월11일)	**Armistice** 아르미스띠쓰 (*세계 제1차 대전의)
성탄절(12월25일)	**Noël** 노엘
시 간	**heure(f.)** 외르

실례합니다. 시간 좀 가르쳐 주시겠습니까?

Pardon. Pourriez-vous m'indiquer l'heure? 빠르동. 뿌리예 부 멩디께 뢰르?

지금 몇 시입니까?

Quelle heure est-il maintenant?
껠 뢰르 에 띨 멩뜨낭?

오전 1시 5분입니다.

Il est 1[une] heure 5[cinq] du matin.
일 레 뛴 뇌르 쎙끄 뒤 마뗑

오후 1시 5분입니다.

Il est 1[une] heure 5[cinq] de l'après-midi. 일 레 뛴 뇌르 쎙끄 들 라프레 미디
Il est 13[treize] heures 5[cinq].
일 레 트레 죄르 쎙끄

오전 2시 10분입니다.	**Il est 2[deux] heures 10[dix].** 일 레 되 죄르 디쓰
오후 2시 10분입니다.	**Il est 2[deux] heures 10[dix] de l' après-midi.** 일 레 되 죄르 디쓰 들 라프레 미디 **Il est 14[quatorze] heures 10[dix].** 일 레 까또르 죄르 디쓰
3시 (15분)입니다.	**Il est 3[trois] heures (15[quinze]/et quart).** 일 레 트르와 죄르 (껭즈/에 까르)
4시 20분입니다.	**Il est 4[quatre] heures 20[vingt].** 일 레 까트 뢰르 벵
5시 25분입니다.	**Il est 5[cinq] heures 25[vingt-cinq].** 일 레 쌩 꾀르 벵 쌩꾸
6시 (30분)입니다.	**Il est 6[six] heures (30[trente]/et demie).** 일 레 씨 죄르 (트랑뜨/에 드미)
7시 35분(8시 25분 전)입니다.	**Il est 7[sept] heures 35[trente-cinq].** 일 레 쎄 뙤르 트랑뜨 쌩꾸 **Il est 8[huit] heures moins 25[vingt-cinq].** 일 레 위 뙤르 므웽 벵 쌩꾸
(오전/저녁) 8시입니다.	**Il est 8[huit] heures (du matin/du soir).** 일 레 위 뙤르 (뒤 마뗑/뒤 쓰와르)
8시 40분(9시 20분 전)입니다.	**Il est 8[huit] heures 40[quarante].** 일 레 위 뙤르 까랑뜨 **Il est 9[neuf] heures moins 20[vingt].** 일 레 뇌 뵈르 므웽 벵

9시 45분(10시 15분 전)입니다.	Il est 9 [neuf] heures 45 [quarante-cinq]. 일 레 뇌 뵈르 까랑뜨 쎙끄 Il est 10 [six] heures moins le quart. 일 레 디 죄르 므웽 르 까르
10시 50분(11시 10분 전)입니다.	Il est 10 [dix] heures 50 [cinquante]. 일 레 디 죄르 쎙깡뜨 Il est 11 [onze] heures moins 10 [dix]. 일 레 옹 죄르 므웽 디쓰
11시 55분(12시 5분 전)입니다.	Il est 11 [onze] heures 55 [cinquante-cinq]. 일 레 옹 죄르 쎙깡뜨 쎙끄 Il est 12 [douze] heures moins 5 [cinq]. 일 레 두 죄르 므웽 쎙끄
12시입니다.	Il est 12 [douze] heures. 일 레 두 죄르
정오/자정입니다.	Il est midi/minuit. 일 레 미디/미뉘
새벽 0시 40분입니다.	Il est 0 [zéro] heure 40 [quarante]. 일 레 제로 외르 까랑뜨
지금	maintenant 멩뜨낭
5분 후	dans 5 minutes 당 쎙끄 미뉘뜨
15분 후	dans un quart d'heure [dans 15minutes] 당 정 까르 되르[당 껭즈 미뉘뜨]
30분 전에	il y a une demi-heure [il y a 30minutes] 일 리 야 윈느 드미 외르[일 리 야 트랑뜨 미뉘뜨]

약 ···시간	**à peu près[environ] ··· heure(s)** 아 쀠 프레[앙비롱] ··· 외르
정확히 ···시간	**juste ··· heure(s)** 쥐스뜨 ··· 외르
···분 이상	**plus de ··· minute(s)** 쁠뤼 드 ··· 미뉘뜨
···초 이하	**moin de ··· seconde(s)** 므웽 드 ··· 쓰공드
오전 7시에	**à 7 heures du matin** 아 쎄 뙤르 뒤 마땡
오후 3시 반에	**à 3 heures 30[et demie] de l'après-midi** 아 트르와 죄르 트랑뜨[에 드미] 들 라프레 미디 **à 15 heures 30[et demie]** 아 껭 죄르 트랑뜨[에 드미]
밤 9시 15분에	**à 9 heures 15[et quart] du soir** 아 뇌 뵈르 껭즈[에 까르] 뒤 쓰와르 **à 21 heures 15[et quart]** 아 벵 떼 왼 뇌르 껭즈[에 까르]
1시간	**une heure** 왼 뇌르
10분	**dix minutes** 디 미뉘뜨

괘종시계(손목시계)가 빠르다/느리다.

L'horloge(La montre) avance/a du retard.
로흘로쥬(라몽트르) 아방쓰/아 뒤 르따르

동/서/남/북	**est(m.)/ouest(m.)/sud(m.)/nord(m.)** 에스뜨/외스뜨/쒸드/노르
오른쪽/오른쪽으로	**droite/à droite** 드르와뜨/아 드르와뜨
왼쪽/왼쪽으로	**gauche/à gauche** 고슈/아 고슈
앞에(으로, 의)	**en avant** 앙 나방
뒤에(로, 의)	**en arrière** 앙 나리예르
옆에	**à côte** 아 꼬떼
이쪽/저쪽	**ce côté/l' autre côté** 쓰 꼬떼/로트르 꼬떼

색깔 · 농담 (濃淡)

검정색의	**noir(e)** 느와르
흰색의	**blanc(che)** 블랑(슈)
빨간색의	**rouge** 루쥬 (*남 · 여성 동일)
노란색의	**jaune** 존느 (*남 · 여성 동일)
파란색의	**bleu(e)** 블뢰
연두색의	**céladon** 쎌라동 (*남 · 여성 동일)

참고단어

초록색의	**vert(e)** 베르(뜨)
회색의	**gris(e)** 그리(즈)
밤색의	**marron** 마롱 (*남 · 여성 동일)
갈색의	**brun(e)** 브룅(브륀느)
보라색의	**violet(te)** 비올레(뜨)
자주색의	**pourpre** 뿌르프르 (*남 · 여성 동일)
핑크색의 / 장미빛의	**rosé(e) / rose** 로제 / 로즈(*남 · 여성 동일)
베이지색의	**beige** 베쥬 (*남 · 여성 동일)
흐린, 옅은, 밝은	**clair (e)** 끌레르
진한, 짙은, 어두운	**foncé(e)[sombre]** 퐁쎄[쏭브르]

숫자 (數)

■ **기수 (les nombres cardinaux 레 농브르 까르디노)**

0	**zéro** 제로
1	**un** 엉
2	**deux** 되
3	**trois** 트르와

4	**quatre** 까트르	
5	**cinq** 쎙끄	
6	**six** 씨쓰	
7	**sept** 쎄뜨	
8	**huit** 위뜨	
9	**neuf** 뇌프	
10	**dix** 디쓰	
11	**onze** 옹즈	
12	**douze** 두즈	
13	**treize** 트레즈	
14	**quatorze** 까또르즈	
15	**quinze** 껭즈	
16	**seize** 쎄즈	
17	**dix-sept** 디 쎄뜨	
18	**dix-huit** 디즈 위뜨	
19	**dix-neuf** 디즈 뇌프	
20	**vingt** 벵	

참고 단어

21	**vingt et un** 뱅 떼 엉
22	**vingt-deux** 뱅 되
23	**vingt-trois** 뱅 트르와
30	**trente** 트랑뜨
40	**quarante** 까랑뜨
50	**cinquante** 쌩깡뜨
60	**soixante** 쓰와쌍뜨
70	**soixante-dix** 쓰와쌍뜨 디쓰
80	**quatre-vingts** 까트르 뱅
90	**quatre-vingt-dix** 까트르 뱅 디쓰
100	**cent** 쌍
101	**cent un** 쌍 떵
102	**cent deux** 쌍 되
110	**cent dix** 쌍 디쓰
120	**cent vingt** 쌍 뱅
200	**deux cents** 되 쌍
300	**trois cents** 트르와 쌍

1,000	**mille** 밀	
1,100	**mille cent** 밀 쌍	
2,000	**deux mille** 되 밀 (*'mille'은 복수가 되어도 's'를 안 붙임)	
5,000	**cinq mille** 쎙끄 밀	
10,000	**dix mille** 디 밀	
50,000	**cinquante mille** 쎙깡뜨 밀	
100,000	**cent mille** 쌍 밀	
1,000,000	**un million** 엉 밀리용	
10.000.000	**dix millions** 디 밀리용	
100,000,000	**cent millions** 쌍 밀리용	
1,000,000,000	**un milliard, mille millions** 엉 밀리야르, 밀 밀리용	
10,000,000,000	**dix milliards** 디 밀리야르	
100,000,000,000	**cent milliards** 쌍 밀리야르	
1000,000,000,000	**un billion, un million de millions** 엉 빌리용, 엉 밀리용 드 밀리용	

■ **서수 (les nombres ordinaux** 레 농브르 조르디노)

첫 번째(제1)	**premier (1er)** 프르미예	

두 번째 (제2)	**deuxième (2ᵉ)**	되지옘므
세 번째 (제3)	**troisième (3ᵉ)**	트르와지옘므
네 번째 (제4)	**quatrième (4ᵉ)**	까트리옘므
다섯 번째 (제5)	**cinquième (5ᵉ)**	쎙끼옘므
여섯 번째 (제6)	**sixième (6ᵉ)**	씨지옘므
일곱 번째 (제7)	**septième (7ᵉ)**	쎄띠옘므
여덟 번째 (제8)	**huitième (8ᵉ)**	위띠옘므
아홉 번째 (제9)	**neuvième (9ᵉ)**	뇌비옘므
열 번째 (제10)	**dixième (10ᵉ)**	디지옘므
열한 번째 (제11)	**onzième (11ᵉ)**	옹지옘므
열일곱 번째 (제17)	**dix-septième (17ᵉ)**	디쎄띠옘므
스무 번째 (제20)	**vingtième (20ᵉ)**	벵띠옘므
스물한 번째 (제21)	**vingt et unième (21ᵉ)**	벵 떼 위니옘므
서른 번째 (제30)	**trentième (30ᵉ)**	트랑띠옘므
마흔 번째 (제40)	**quarantième (40ᵉ)**	까랑띠옘므
백 번째 (제100)	**centième (100ᵉ)**	쌍띠옘므
이백 번째 (제200)	**deux centième (200ᵉ)**	되쌍띠옘므

천 번째(제1000)	**millième (1000e)** 밀리옘므	

■ 회수 · 배(倍) · 분수 외

(한/두/세) 번	**(une/deux/trois) fois** (윈느/되/트르와) 프와
(두/세/네) 배(倍)	**(deux/trois/quatre) fois** (되/트르와/까트르) 프와
2배	**double** 두블르
3배	**triple** 트리쁠
절 반	**une moitié** 윈느 므와띠예
절반의 …	**un(e) demi-…** 엉(윈느) 드미-… (*demi는 뒤에 오는 명사의 성과 무관하게 불변)
절반의	**demi(e)** 드미 (*형용사지만, 명사+et demi(e)일 땐 명사와 동성단수명사로 간주)
…의 절반	**la moitié de …** 라 므와띠예 드 …
2분의 1	**un demi** 엉 드미
3분의 1	**un tiers** 엉 띠예르
4분의 1	**un quart** 엉 까르
5분의 1	**un cinquième** 엉 쌩끼옘므
10분의 1	**un dixième** 엉 디지옘므
4분의 3	**trois-quarts** 트르와 까르

… 한 쌍[짝]	**un paire de …** 엉 뻬르 드 …
한 다스[12개]	**une douzaine** 윈느 두젠느
1 퍼센트	**un pour cent** 엉 뿌르 쌍

즐거운 성탄절 되세요!	**Joyeux Noël!** 쥬와이외 노엘!
복된 새해 맞으세요!	**Bonne année!** 본 난네!
좋은 부활절 되세요!	**Joyeuses Pâques!** 쥬와이외즈 빠끄!
축하합니다!	**Félicitations!** 휄리씨따씨용!
행운을 빕니다!	**Bonne chance!** 본느 샹쓰!
여행 잘하세요!	**Bon voyage!** 봉 브와이아쥬!
휴가 잘 보내세요!	**Bonnes vacances!** 본느 바깡쓰!
병환이 완쾌되신 걸 축하드립니다.	**Je vous félicite de votre guérison.** 쥬 부 휄리씨뜨 드 보트르 게리종

av. J.-C. (avant Jésus-Christ) 아방 제쥐 크리(카톨릭)/크리스트(신교) **기원 전**

apr. J.-C. (après Jésus-Christ) 아프레 제쥐 크리(카톨릭)/크리스트(신교)
기원 후, 서기

M./MM. (Monsieur/Messieurs) 므씨외/메씨외 군[씨](들)

Mlle/Mlles (Mademoiselle/Mesdemoiselles) 마드므와젤르/메드므와젤르
양(들)(*미혼여성)

Mme/Mmes (Madame/Mesdames) 마담므/메담므
여사(들)(*기혼여성)

RATP (Régie Autonome des Transports Parisiens) 에르아떼뻬
파리시 교통공사(公社)

SNCF (Société Nationale des Chemins de Fer Français) 에쓰엔쎄에프
프랑스 국철, 국유철도공사

RN (Route Nationale) 에르엔느　　　　국도

Cie, Co. (Compagnie) 꽁빠니　　　　회사

S.A.R.L. (Société À la Responsabilité Limitée) 에쓰아에르엘르
유한책임회사

P.D.G (Président Directeur Général) 뻬데줴 대표이사 사장

p.ex. (par example) 빠흐 에그장쁠르　　　　예를 들면

s.v.p. (s'il vous plaît) 씰 부 쁠레　　　　실례지만, 죄송하지만

T.G.V. (Train à Grande Vitesse) 떼줴베　　　초고속열차

T.T.C. (Toutes Taxes Comprises) 떼떼쎄　　　제세(諸稅) 포함

T.V.A. (Taxe à la Valeur Ajoutée) 떼베아 부가가치세

À Louer 알 루에	임 대
Accès Aux Quais 악쎄 조 께	플랫폼 통로
Arrêt Demandé 아레 드망데	정차 요청 (*버스 내)
Ascenseur 아쌍쐬르	엘리베이터
Attention 아땅씨용	조심, 주의
Attention à la Marche 아땅씨용 알 라 마르슈	보행주의, 발밑주의
Attention au Chien 아땅씨용 노 쉬옝	개조심
Attention Fragile 아땅씨용 프라질	파손주의 (*우편물 등)
Attention Travaux 아땅씨용 트라보	공사 중
À Vendre 아 방드르	매매용, 팔려고 내놓은 것임
Bienvenue 비옝브뉘	환 영
Caisse 께쓰	카운터
Céder la Priorité 쎄데 라 프리요리떼	길을 양보하시오
Chambre à louer 샹브르 알 루에	셋방 있음

Chiens Interdits 쉬옝 쟁떼르디		개출입금지
Complet 꽁쁠레		만원(滿員), 만석(滿席), 만차(滿車)
Correspondance 꼬레스뽕당쓰		환 승
Dames 담므		숙녀 (*화장실 등에)
Danger 당줴		위 험
Défense de ~ 데팡쓰 드 ~		~ 금지
Défense de Circuler en Bicyclette 데팡쓰 드 씨르뀔레 앙 비씨끌레뜨		자전거통행 금지
Défense d'Entrer 데팡쓰 당트레		출입금지
Défense de Fumer 데팡쓰 드 휘메		금 연
Défense de Passer 데팡쓰 드 빠쎄		통행금지
Défense [Interdiction] de Photographier 데팡쓰[엥떼르딕씨옹] 드 포또그라피예		사진촬영 금지
Défense d'Utiliser un Flash 데팡쓰 뒤띨리제 엉 플라쓔		플래시 금지
Défense [Interdit] de Stationner 데팡쓰[엥떼르디] 드 스따씨온네		주차금지
Dessin Interdit 데쎙 넹떼르디		스케치 금지
Déviation 데비야씨옹		우회로

Eau Non Potable 오 농 뽀따블르	마실 수 없는 물
Eau Potable 오 뽀따블르	식수로 사용가능한 물
En Promotion 앙 프로모씨옹	특가 판매
En Solde 앙 쏠드	염가 특매
Entrée 앙트레	입 구
Entrée Interdite 앙트레 엥떼르디뜨	출입금지
Entrée Libre 앙트렐 리브르	출입자유, 무료입장
Entrée Gratuite 앙트레 그라뛰뜨	무료입장
Entrez Sans Frapper 앙트레 쌍 프라뻬	노크 없이 들어오시오
Fermé 훼르메	폐장, 휴업
Fermé Aujourd'hui 훼르메 오쥬르뒤이	금일 휴업
Flash Interdit 플라쓔 엥떼르디	플래시 금지
Fumeurs 휘뫼르	흡연석
Hommes 옴므	남성 (*화장실 등에)
Hors Service 오르 쎄르비쓰	고 장
Impasse 엥빠쓰	막다른 골목
Inoccupé 이노뀌뻬	빈차 (*택시에)

Interdit du Flash 엥떼르디 뒤 플라쓔		플래시 금지
Interdiction de Déposer des Ordures 엥떼르딕씨용 드 데뽀제 데 조르뒤르		쓰레기 투기 금지
Interdiction de Traverser 엥떼르딕씨용 드 트라베르쎄		횡단 금지
Interdit aux Moins de 18 Ans 엥떼르디 또 므웽 드 디 쥣 땅		18세 미만 사절
Interdit aux Voitures 엥떼르디 또 브와뛰르		차량 통행 금지
Libre 리브르		비어 있음
Messieurs 메씨외		신사 (*화장실 등에)
Ne Pas Déranger(, S.V.P.) 느 빠 데랑줴(, 씰 부 쁠레)		방해하지 마시오 (*객실출입문 등에)
Ne Pas Toucher(, S.V.P.) 느 빠 뚜쒜(, 씰 부 쁠레)		손대지[만지지] 마시오
Non Fumeurs 농 휘뫼르		금연석
Occupé 오뀌뻬		사용 중
Ordures 오르뒤르		쓰레기
Ouvert à 9 heures 우베르 아 뇌 뵈르		9시 개장[개점]
Ouvert de ~ à ~ 우베르 드 ~ 아 ~		~에서 ~까지 개장[개점, 영업]

참고 단어

Pas de Consultation Aujourd'hui
빠 드 꽁쌜따씨용 노쥬르뒤이   금일 휴진

Peinture Fraîche 뻥뛰르 프레슈   칠 조심

Poussez 뿌쎄   미시오

Prenez l'Escalier 프르네 레스깔리예   계단을 이용하시오

Prière de Ne Pas Fumer
프리예르 드 느 빠 휘메   금 연

Prière de Ne Pas Toucher
프리예르 드 느 빠 뚜쉐   손대지[만지지] 마시오

Propriété Privée 프로프리예떼 프리베   사유지 (*출입금지란 뜻 포함)

Propriété Publique 프로프리예떼 쀠블리끄   공유지

Réception 레쎕씨용   프런트, 접수, 안내하는 곳

Renseignements 랑쎄니으망   인포메이션

Remise des Bagages 르미즈 데 바가쥬   수하물 찾는 곳

Reservé 레제르베   예약석

Route à Péage 루뜨 아 뻬아쥬   유료도로

Rue [Route] Barrée 뤼[루뜨] 바레   통행금지 (*도로의 통행 차단)

Sens Unique 쌍쓰 위니끄   일방통행

Soldes 쏠드		바겐세일
Sortie 쏘르띠		출 구
Sortie de Secours 쏘르띠 드 스꾸르		비상구
Stationnement Interdit 스따씨온느망 뗑떼르디		주차금지
Téléphone 뗄레폰느		전 화
Tirez 띠레		당기시오
Travaux 트라보		공사 중
Vente Promationnelle 방뜨 프로모씨요넬르		(판촉을 위한) 할인판매
Zone de Stationnement Interdit 존느 드 스따씨온느망 뗑떼르디		주차금지 지역

메뉴읽기

■ 요리법 (Recettes)

날것의	**cru(e)** 크뤼	
익힌	**cuit(e)** 뀌(뜨)	
충분히 익히지 않은	**pas assez cuit(e)/pas bien cuit(e)** 빠 자쎄 뀌(뜨)/빠 비엥 뀌(뜨)	

충분히 익힌	**bien cuit(e)**	비옝 퀴(뜨)
웰던/미디움/레어 (*스테이크 굽기 정도)	**bien cuit/à point/saignant** 비옝 퀴/아 쁘웽/쎄니양 (*겉만 아주 살짝 익힐 경우엔 bleu(블뢰)라고 함)	
소스에 담가 배게 한	**mariné(e)**	마리네
걸쭉하게 끓인	**cuit(e) à la casserole**	퀴(뜨) 알 라 까쓰롤르
뭉근한 불로 오래 끓인	**mijoté(e)**	미죠떼
끓는 물에 넣어 반숙한	**poché(e)**	뽀쉐 (*달걀 따위를)
삶은	**bouilli(e)**	부이이
찐	**cuit(e) à la vapeur**	퀴(뜨) 알 라 바뾔르
볶은	**sauté(e)**	쏘떼
기름에 튀긴, 프라이한	**frit(e)**	프리(뜨)
튀김, 프라이	**friture(f.)**	프리뛰르
오븐에 구운	**cuit(e) au four**	퀴(뜨) 오 푸르
석쇠에 구운	**grillé(e)**	그리예
석쇠에 굽기	**grillage(m.)**	그리야쥬
꼬치구이	**brochette(f.)**	브로쉐뜨
훈제한	**fumé(e)**	휘메

직접 불에 구운	**rôti(e)** 로띠
직접 불에 굽기	**rôtissage(m.)** 로띠싸쥬
갈색으로 구운	**blondi(e)** 블롱디(으)
빵가루를 묻힌	**pané(e)** 빠네
그라탱으로 만든	**gratiné(e)** 그라띠네 (*빵가루를 입혀 오븐에 구운)
속을 채워 넣어 요리한	**farci(e)** 화르씨
식초에 절인	**vinaigré(e)** 비네그레
잘게 썬	**haché(e)** 아쒜
차게 식힌	**froid(e)** 프르와(드)
얼린	**glacé(e)** 글라쎄
녹인	**fondu(e)** 퐁뒤
거품을 낸	**fouetté(e)** 푸에떼

■ **맛 관련 표현**

짠	**salé(e)** 쌀레
단	**sucré(e)** 쒸크레
쓴, 씁쓸한	**amer(ère)** 아메르
신, 시큼한	**aigre** 에그르

매운	**piquant(e)**	삐깡(뜨)
양념이 많이 들어간	**épicé(e)**	에삐쎄
향기로운, 향기롭게 한	**parfumé(e)**	빠르휘메
(고기가) (너무) 질긴	**(trop) dur(e)**	(트로) 뒤르
(고기를) 너무 익힌/ 너무 설익힌	**trop cuit(e)/trop saignant(e)** 트로 뀌(뜨)/트로 세니양(뜨)	
차가운/뜨거운	**froid(e)/chaud(e)**	프르와(드)/쇼(드)
신선한	**frais(fraîche)**	프레(프레쓔)
바삭바삭한(과자 따위가)	**croquant(e)**	크로깡(뜨)
맛좋은	**savoureux(se)**	사부뢰(즈)
매우 맛있는	**délicieux(se)**	델리씨외(즈)
맛좋은, 즙이 많은	**succulent(e)**	쒸뀔랑(뜨)
청결한	**propre**	프로프르
양이 푸짐한	**copieux(se)**	꼬삐외(즈)

■ **아페리티프 (Apéritifs** 아뻬리띠프 : 식전에 마시는 식욕촉진용 술)

맥 주	**bière(f.)**	비예르
파나슈	**panaché(m.)** 빠나쉐 (*맥주에 레몬에이드나 소다수를 섞은 것)	

칵테일	**cocktail(m.)**	꼭뗄
위스키	**whisky(m.)**	위스끼
스트레이트 위스키	**whisky sec**	위스끼 쎄끄
물에 탄 위스키	**whisky à l'eau**	위스끼 알 로
얼음 띄운 위스키	**whisky avec des glaçons** 위스끼 아베끄 데 글라쏭	
진 토닉	**gin-tonic(m.)**	진 또니끄
마르티니	**martini(m.)**	마르띠니
보드카	**vodka(f.)**	보드까
샴페인	**champagne(m.)**	샹빠니으
럼 주	**rhum(m.)**	럼
셰리주	**xérès(m.)/sherry(m.)**	그제레쓰/쉐리
베르뭇주	**vermouth(m.)**	베르무뜨
포르토	**porto(m.)** 뽀르또 (*단맛이 나는 포르투칼산 와인으로 아페리티프나 디저트 코스에 쓰임)	

■ **전채 (Hors d'oeuvre/Entrées (froides)** 오르 되브르/앙트레(프르와드))

캐비어	**caviar(m.)**	까비야르
달팽이	**escargot(m.)**	에스까르고

생 굴	**huître(f.)** 위트르
훈제연어	**saumon fumé(m.)** 쏘몽 휘메
작은 새우 들어간 칵테일	**cocktail de crevettes(m.)** 꼭뗄 드 크르베뜨
버터 곁들인 작은 새우	**crevettes roses avec beurre** 크르베뜨 로즈 아베끄 뵈르
프와 그라	**foie gras(m.)** 프와 그라 (*거위 간으로 만든 요리)
익히지 않은 햄	**jambon cru(m.)** 쟝봉 크뤼
큰 소시지	**saucisson(m.)** 쏘씨쏭
파 테	**pâté(m.)** 빠떼 (*고기나 간을 향료와 넣어 파이껍질로 싼 것)
토끼고기 파테	**pâté de lapin(m.)** 빠떼 들 라뺑
테린느	**térrine(f.)** 떼린느 (*파테와 같은데 질그릇에 요리된 고기요리)
수플레	**soufflé(m.)** 쑤플레 (*달걀흰자 거품 낸 것에 치즈·야채 또는 해산물 등을 섞어 부풀려서 오븐에 구워낸 요리)
마요네즈 곁들인 삶은 달걀	**oeuf mayonnaise(m.)** 외프 마요네즈
올리브(씨를 빼고 속에 붉은 피망을 넣은/블랙/그린)	**olives (farcies/noires/vertes)(f.pl.)** 올리브 (화르씨/느와르/베르뜨)
모듬 전채	**hors-d' oeuvre variés** 오르 되브르 바리예

■ 샐러드 (Salades 쌀라드)

믹스트 샐러드	**salade mêlée(f.)** 쌀라드 멜레
그린 샐러드	**salade verte(f.)** 쌀라드 베르뜨
러시안 샐러드	**salade russe(f.)** 쌀라드 뤼쓰
프로방스식 양송이 샐러드	**champignon sauté à la provençale(m.)** 샹삐니용 쏘떼 알 라 프로방쌀르
해산물 샐러드	**salade de poissons et crustacés(f.)** 쌀라드 드 쁘와쏭 에 크뤼스따쎄
니스식 야채와 안초비 샐러드	**salade niçoise(f.)** 쌀라드 니쓰와즈
참치 샐러드	**salade de thon(f.)** 쌀라드 드 똥
계절 야채를 넣은 샐러드	**salade de saison(f.)** 쌀라드 드 쎄종

■ 오믈렛 (Omelettes 오믈레뜨)

오믈렛(아무것도 안 넣은 것)	**omelette nature(f.)** 오믈레뜨 나뛰르
햄 넣은 오믈렛	**omelette au jambon(f.)** 오믈렛 또 쟝봉
버섯 넣은 오믈렛	**omelette aux champignons(f.)** 오믈렛 또 샹삐니용
치즈 넣은 오믈렛	**omelette au fromage(f.)** 오믈렛 또 프로마쥬
향초 넣은 오믈렛	**omelette aux fines herbes(f.)** 오믈렛 또 핀느 제르브

■ 스프 (Potages et Soupes 뽀따쥬 에 수쁘)

콘소메(맑은 스프)	**consommé(m.)** 꽁쏘메
달걀 콘소메	**consommé à l'oeuf(m.)** 꽁쏘메 알 뢰프
찬 콘소메	**consommé froid(m.)** 꽁쏘메 프르와
포타주(걸쭉한 스프)	**potage(m.)** 뽀따쥬
마늘 포타주	**potage à l'ail(m.)** 뽀따쥬 알 라이으
크레송 포타주	**potage au cresson(m.)** 뽀따쥬 오 크레쏭
야채 포타쥬	**potage aux légumes(m.)** 뽀따쥬 오 레귬므
부이용	**bouillon(m.)** 부이용 (*고기와 야채 삶아 만든 스프)
암탉 부이용	**bouillon de poule(m.)** 부이용 드 뿔르
크레송 크림스프	**crème de cresson(f.)** 크렘 드 크레쏭
아스파라거스 크림스프	**crème de asperges(f.)** 크렘 드 아스뻬흐쥬
감자, 대파 등이 들어간 찬 크림스프	**vichyssoise glacée(f.)** 비쉬쓰와즈 글라쎄
마늘 스프	**soupe à l'ail(f.)** 수쁘 알 라이으
양파 스프	**soupe à l'oignon(f.)** 수쁘 알 로니용
양파 그라탱 스프	**soupe à l'oignon gratinée(f.)** 수쁘 알 로니용 그라띠네

양배추 스프	**soupe aux choux(f.)** 수쁘 오 슈
강한 맛의 소스를 넣어 먹는 야채수프	**soupe au pistou(f.)** 수쁘 오 삐스뚜 (*강한 맛의 소스는 마늘, 치즈, 토마토, 올리브 오일 등으로 만듬)
가재 스튜	**bisque d' écrevisses(f.)** 비스끄 데크르비쓰
바다가재 스튜	**bisque de homard(f.)** 비스끄 드 오마르
부이야베스	**bouillabaisse(f.)** 부이야베쓰 (*샤프란이 들어간 어패류탕 종류)
부리드	**bourride(f.)** 부리드 (*남프랑스의 생선스튜)
뽀또푀	**pot-au-feu(m.)** 뽀또푀 (*고기와 야채 넣어 푹 끓인 스튜)
라타투이으	**ratatouille(f.)** 라타뚜이으 (*가지 · 호박 · 토마토 · 양파 등으로 만든 야채 스튜)

■ **해산물과 갑각류 (Fruits de Mer et Crustacés 프뤼 드 메르 에 크뤼스따쎄)**

대 구	**morue(f.)** 모뤼
생대구	**cabillaud(m.)** 까비요
검정대구	**colin(m.)** 꼴렝
도 미	**daurade(f.)** 도라드
가자미	**turbot(m.)** 뛰르보
넙 치	**carrelet(m.)** 까를레

허넙치	**sole(f.)**	쏠르
송 어	**truite(f.)**	트뤼뜨
연 어	**saumon(m.)**	쏘몽
농 어	**bar(m.)**	바르
정어리	**sardine(f.)**	싸르딘느
청 어	**hareng(m.)**	아랑
참 치	**thon(m.)**	똥
고등어	**maquereau(m.)**	마크로
곤들매기	**brochet(m.)**	브로쉐
뱀장어	**anguille(f.)**	앙귀이으
붕장어	**congre(m.)**	꽁그르
아 귀	**bauderoie(f.)/crapaud de mer(m.)/ diable de mer(m.)/lotte de mer(f.)** 보드르와/크라뽀 드 메르/디아블르 드 메르/로뜨 드 메르	
갑각류	**crustacés(m.pl.)**	크뤼스따쎄
굴	**huître(f.)**	위트르
성 게	**oursin(m.)**	우르쌩
오징어/뼈오징어	**calmar(m.)/seiche(f.)**	깔마르/쎄쓔

낙 지	**poulpe(m.)**	뿔쁘
문 어	**pieuvre(f.)**	삐외브르
홍 합	**moule(f.)**	물르
대 합	**palourde(f.)**	빨루흐드
전 복	**ormeau(m.)**	오르모
가리비	**coquille Saint-Jacques(f.)**	꼬끼으 쌩 쟈끄
식용달팽이	**escargot(m.)**	에스까르고
개구리	**grenouille(f.)**	그르누이으
새 우	**crevette(f.)**	크르베뜨
대 하	**langouste(f.)**	랑구스뜨
가 재	**écrevisse(f.)**	에크르비쓰
바다가재	**homard(m.)**	오마르
게	**crabe(m.)**	크랍

■ **해산물과 갑각류 요리 (Plats de Fruits de Mer et Crustacés**
쁠라 드 프뤼 드 메르 에 크뤼스따쎄**)**

홍합을 백포도주 넣고 찐 요리

	moules marnières(f.pl.)	물르 마르니예르
바다가재 석쇠구이	**homard grillé(m.)**	오마르 그리예

| 미국식 바닷가재 요리 | homard à l'américaine(m.) |
| | 오마르 알 라메리껜느 |

대하를 꼬치에 끼워 구운 것	
	brochette de langoustine(f.)
	브로쉐뜨 드 랑구스띤느

프로방스식 마늘버터	coquilles Saint-Jacques à la
소스에 요리한 가리비	provençale(f.pl.)
	꼬끼으 쎙 쟈끄 알 라 프로방쌀르

| 버터·샬롯·식초·백포도주로 양념한 송어요리 | |
| | truite au beurre blanc(f.) 트뤼뜨 오 뵈르 블랑 |

| 넙치 뫼니예르 | sole meunière(f.) 쏠 뫼니예르 |

| 장어 스튜 | matelote d'anguille(f.) 마뜰로뜨 당귀이으 |

생대구 등심살 올리브 구이	
	filet de cabillaud tièdes(m.)
	필레 드 까비요 띠예드

| 정어리 그라탱 | gratin de filets de sardines(m.) |
| | 그라뗑 드 필레 드 싸르딘느 |

| 연어가 들어간 따뜻한 파테 | |
| | coulibiac de saumon(m.) 꿀리비약 드 쏘몽 |

가재 넣은 곤들매기 수플레	
	soufflé de brochet aux écrevisses(m.)
	쑤플레 드 브로쉐 또 제크르비쓰

■ **육류** (Viandes et Volailles 비앙드 에 볼라이으)

쇠고기	**boeuf(m.)**	뵈프
암소고기	**vache(f.)**	바슈
송아지고기	**veau(m.)**	보
돼지고기	**porc(m.)**	뽀르
멧돼지고기	**sanglier(m.)**	쌍글리예
수 탉	**coq(m.)**	꼬끄
암 탉	**poule(f.)**	뿔르
뿔 닭	**pintade(f.)**	뺑따드
영 계	**poulet(m.)**	뿔레
병아리	**poussin(m.)**	뿌쎙
가금 (*특히 닭)	**volaille(f.)**	볼라이으
오 리	**canard(m.)**	까나르
거 위	**oie(f.)**	으와
비둘기	**pigeon(m.)**	삐죵
메추라기	**caille(f.)**	까이으
칠면조	**dinde(f.)**	뎅드

참고 단어

꿩	**faisan(m.)** 프장
자고새	**perdreau(m.)** 뻬흐드호
티티새	**merle(m.)** 메흘르
도요새	**bécasse(f.)** 베까쓰
양고기	**mouton(m.)** 무똥
새끼양고기	**agneau(m.)** 아뇨
염 소	**chèvre(f.)** 염소
토 끼	**lapin(m.)** 라뼁
산토끼	**lièvre(m.)** 리예브르
사 슴	**cerf(m.)** 쎄르
노 루	**chevreuil(m.)** 슈브뢰이으

■ **육류요리** (Plats de Viande et Volailles 쁠라 드 비양드 에 볼라이으)

햄버그스테이크	**bifteck haché(m.)** 비프떽 아쉐
쇠고기 등심스테이크	**faux filet grillé(m.)** 포 필레 그리예
샤또브리앙(등심살의 가장 좋은 부분을 이용한 비프스테이크) 　　　　　　　**châteaubriant(m.)** 샤또브리앙	
스테이크	**steak[steack](m.)** 스떽끄

로스트비프	**rosbif(m.)**	로스비프
소갈비살 석쇠구이	**côte du boeuf grillée(f.)**	꼬뜨 뒤 뵈프 그리예
쇠고기를 적포도주에 졸인 요리	**boeuf à la mode(m.)**	뵈프 알 라 모드
부르고뉴식 쇠고기 스튜	**boeuf bourguinon(m.)**	뵈프 부르기뇽
고기와 야채를 약한 불로 푹 익힌 스튜	**ragoût(m.)**	라구
얇게 썬 송아지고기 석쇠구이	**escalope de veau grillée(f.)**	에스깔로쁘 드 보 그리예
송아지고기 로스트	**veau rôti(m.)**	보 로띠
어린양 대접살 로스트	**gigot d'agneau rôti(m.)**	지고 다뇨 로띠
어린양고기 석쇠구이의 일종	**noisette d'agneau grillée(f.)**	느와제뜨 다뇨 그리예
돼지갈비 석쇠구이	**côtelette du porc grillée(f.)**	꼬뜰레뜨 뒤 뽀르 그리예
수(암)돼지족발구이	**pied de porc(cochon) grillé(m.)**	삐예 드 뽀르 그리예
돼지고기로 만든 스튜 (*남프랑스 명물요리)	**cassoulet(m.)**	까쓸레
슈크루트(*소시지와 돼지고기를 곁들인 양배추 절임)	**choucroute(f.)**	슈크루트

로스트 치킨[영계 로스트]	poulet rôti(m.)	뿔레 로띠
수탉을 적포도주에 졸인 요리	coq au vin(m.)	꼭 꼬 벵
병아리를 화이트소스에 졸인 요리	fricassée(f.)	프리까쎄
오렌지 맛 나는 새끼오리 요리	caneton à l'orange(m.)	깐느똥 알 로랑쥬
얇은 고기 조각	escalope(f.)	에스깔로쁘
둥글게 썬 고기 조각	médaillon(m.)	메다이용
뇌	cervelle(f.)	쎄르벨르
갈 비	côte(f.)/côtelette(f.)	꼬뜨/꼬뜰레뜨
간	foie(m.)	프와
(동물의) 콩팥	rognon(m.)	호니용
가금(특히 닭)의 가슴살	suprême de volaille(m.)	쒸프렘 드 볼라이으
대접살[넓적다리]	gigot(m.)	지고
햄	jambon(m.)	쟝봉
소시지	saucisse(f.)	쏘씨쓰
큰 소시지	saucisson(m.)	쏘씨쏭
순 대	boudin(m.)	부뎅

비 계	**lard(m.)** 라르	

■ **야채 (Légumes** 레귐므)

감 자	**pomme de terre(f.)** 뽐므 드 떼르	
양 파	**oignon(m.)** 오니용	
당 근	**carotte(f.)** 까로뜨	
피 망	**poivron(m.)** 쁘와브롱	
순 무	**navet(m.)** 나베	
작은 무	**radis(m.)** 라디	
시금치	**épinard(m.)** 에삐나르	
크레송	**cresson(m.)** 크레쏭	
상 치	**laitue(f.)** 레뛰	
꽃상치	**endive(f.)** 앙디브	
셀러리	**céleri(m.)** 쎌르리	
회향풀	**fenouil(m.)** 프누이으	
오 이	**concombre(m.)** 꽁꽁브르	
작은 오이	**cornichon(m.)** 꼬르니쑝	
가 지	**aubergine(f.)** 오베르진느	

참고
단어

호 박	**courgette(f.)** 꾸르줴뜨
둥근 큰 호박	**potiron(m.)** 뽀띠롱
토마토	**tomate(f.)** 또마뜨
방울토마토[체리토마토]	**tomate-cerise(f.)** 또마뜨 쓰리즈
콜리플라워[꽃양배추]	**chou-fleur(m.)** 슈 플뢰르
양배추	**chou(m.)** 슈
싹양배추[방울양배추]	**chou de Bruxelles(m.)** 슈 드 브뤼쎌
버 섯	**champignon(m.)** 샹삐니용
송로버섯	**truffe(f.)** 트뤼프
아스파라거스	**asperge(f.)** 아스뻬흐쥬
아티초크[엉겅퀴]	**artichaut(m.)** 아르띠쇼
잠두콩	**fève(f.)** 훼브
흰 콩	**haricot blanc(m.)** 아리꼬 블랑
깍지콩	**haricot vert(m.)** 아리꼬 베르
완두콩	**petit pois(m.)** 쁘띠 쁘와
렌즈콩	**lentille(f.)** 랑띠으
옥수수	**maïs(m.)** 마이쓰

■ 빵 (Pains 뺑)

바게트	**baguette(f.)** 바게뜨
바게트보다 더 가는 막대빵	**ficelle(f.)** 피쎌르
브리오슈	**brioche(f.)** 브리오슈 (*둥그스름한 빵과자)
크루와상	**croissant(m.)** 크르와쌍
호밀로 만든 흑빵	**pain de seigle(m.)** 뺑 드 쎄글르
우유 롤빵	**pain au lait(m.)** 뺑 오 레
검은 빵	**pain noir(m.)** 뺑 느와르

■ 쌀과 밀가루 음식 (Riz et Pâtes 리 에 빠뜨)

파스타 요리	**pâtes(f.pl.)** 빠뜨 (*마카로니 · 스파게티 등을 소스에 버무린 것)
스파게티	**spaghetti(m.pl.)** 스빠게띠
마카로니	**macaroni(m.)** 마까로니
라비올리	**ravioli(m.pl.)** 라비욜리 (*이태리식 만두)
라자냐	**lasagne(f.)** 라자니으 (*이태리식 파이)
국 수	**nouilles(f.pl.)** 누이으
쌀(밥)	**riz(m.)** 리

맨쌀밥	**riz nature(m.)** 리 나뛰르
볶음밥	**riz sauté(m.)** 리 쏘떼
광동식 볶음밥	**riz cantonnais(m.)** 리 깡또네 (*잔새우 · 햄 · 양파 · 달걀 · 완두콩 · 산파 등을 넣어 볶은 밥)
필라프	**pilaf(m.)** 삘라프 (*고기 · 양파 국물로 지은 쌀밥)

■ **양념과 향초**(Épices et Fines Herbes 에삐쓰 에 핀느 제르브)

소 금	**sel(m.)** 쎌
후 추	**poivre(m.)** 쁘와브르
식 초	**vinaigre(m.)** 비네그르
간 장	**sauce de soja(f.)** 쏘쓰 드 쏘야
버 터	**beurre(m.)** 뵈르
케 첩	**ketchup(m.)** 께첩
마요네즈	**mayonnaise(f.)** 마요네즈
겨 자	**moutarde(f.)** 무따르드
참 깨	**sésame(m.)** 쎄잠
파	**poireau(m.)** 쁘와로
산 파	**ciboulette(f.)** 씨불레뜨

마 늘	**ail(m.)** 아이으	
염 교	**échalote(f.)** 에샬로뜨	
	(*양파 비슷한 비늘줄기 부분을 향신료로 사용)	
생 강	**gingembre(m.)** 젱쟝브르	
고 추	**piment(m.)** 삐망	
향초(양념용)	**fines herbes(f.pl.)** 핀느 제르브	
계 피	**cannelle(f.)** 까넬르	
사프란	**safran(m.)** 사프랑	
백리향	**thym(m.)** 뗑	
로즈메리	**romarin(m.)** 로마렝	
파슬리	**persil(m.)** 뻬흐씨	
바질리크	**basilic(m.)** 바질리끄	
박 하	**menthe(f.)** 망뜨	
꽃박하	**marjolaine(f.)/origan(m.)** 마흐쫄렌느/오리강	
월계수잎	**laurier(m.)** 로리예	

■ **소스와 조리법**(Sauces et Préparations 쏘쓰 에 프레빠라씨옹)

화이트소스	**béchamel(f.)/sauce à la Béchamel(f.)**
	베샤멜/쏘쓰 알 라 베샤멜

| 베아른소스 | **béarnaise(f.)/sauce béarnaise(f.)** |
| | 베아르네즈/쏘쓰 베아르네즈 (*엽교 등의 야채로 만든 것) |

| 카르디날소스 | **sauce cardinal(f.)** 쏘쓰 까르디날 (*생선을 갈아 만든 것) |

| 그랑브뇌르소스 | **sauce grand veneur(f.)** 쏘쓰 그랑 브뇌르 |
| | (*후추와 젤리로 만든 것) |

| 네덜란드식소스 | **sauce hollandaise(f.)** 쏘쓰 올랑데즈 |

| 타르타르소스 | **sauce tartare(f.)** 쏘쓰 따흐따흐 |
| | (*겨자와 향초를 넣어 만든 일종의 마요네즈) |

| 아이올리 | **ailloli(f.)** 아이올리 |
| | (*올리브유에 잘게 다진 마늘을 넣어 만든 일종의 마요네즈) |

| 무슬린 | **sauce mousseline(f.)** 쏘쓰 무쓸린느 |
| | (*생크림 들어간 일종의 마요네즈) |

| 식초 드레싱 | **vinaigrette(f.)** 비네그레뜨 |
| | (*식초 · 기름 · 소금 등을 넣어 만든 것) |

| 뵈르 블랑 | **sauce beurre blanc(f.)** 쏘쓰 뵈르 블랑 |
| | (*버터 · 샬롯 · 식초 · 백포도주로 만든 소스) |

| 뵈르 느와르 | **sauce beurre noir(f.)** 쏘쓰 뵈르 느와르 |
| | (*갈색 돌게 녹인 버터에 식초나 레몬즙을 넣어 만든 소스) |

| … 식의 | **à la …** 알 라 … (*양념이나 조리방법을 나타낼 때 쓰는 표현) |

| 미국식의 | **à l' américaine** 알 라메리껜느 |
| | (*대하 등에 브라운소스를 얹어먹는) |

브르고뉴식	**bourguignonne** 부르기뇬느
	(*적포도주와 양파 · 향초를 넣어 조리한)

네덜란드식	**hollandaise** 올랑데즈 (*달걀노른자 · 버터 · 식초를 넣어 조리한)

노르망디식	**normande** 노흐망드 (*버섯 · 달걀 · 생크림을 넣어 조리한)

리용식	**lyonnaise** 리요네즈 (*양파가 들어간)

프로방스식	**provençale** 프로방쌀르 (*양파 · 토마토 · 마늘이 들어간)

플랑드르식의	**à la flamande** 알 라 플라망드
	(*쇠고기에 맥주를 넣어 익힌)

플로렌스식	**florentine** 플로랑띠느 (*시금치가 들어간)

향초가 들어간	**fines herbes** 핀느 제르브

버섯이 들어간	**forestière** 포레스띠예르

마리네르	**marinère** 마리네르 (*백포도주 넣은 홍합 삶은 국물로 조리한)

뫼니예르	**meunière** 뫼니예르
	(*갈색 돌게 녹인 버터에 파슬리, 레몬즙 넣어 만든 소스로 조리한)

아 라 모드	**à la mode** 알 라 모드 (*쇠고기를 적포도주에 졸인)

■ **치 즈**(Fromages 프로마쥬)

카망베르	**camembert(m.)** 까망베르 (*원반형의 강한 맛의 소프트 치즈)

브 리	**brie(m.)** 브리 (*원반형의 순한 맛의 치즈)

참고 단어

에멘탈산 치즈	**emmental(m.)** 에멘딸 (*구멍이 숭숭 난 스위스산 치즈)
그뤼예르산 치즈	**gruyère(m.)** 그뤼예르 (*구멍이 숭숭 난 스위스산 치즈)
퐁레베크	**pont-l'évêque(m.)** 뽕 레베끄 (*사각형의 강한 맛의 치즈)
로크포르	**roquefort(m.)** 로끄포르 (*양젖으로 만든 독특한 맛의 치즈)
쉐브르	**chèvre(m.)** 쉐브르 (*염소젖으로 만든 치즈)
퐁 뒤	**fondue(f.)** 퐁뒤 (*백포도주 · 키르슈 · 마늘 등을 넣은 치즈 단지를 불 위에 올려놓고 녹인 후 꼬치에 낀 빵을 찍어 먹는 요리)
라클레트	**raclette(f.)** 하클레뜨 (*지방분이 많은 라클레트치즈의 절단면을 녹여 잘라내 찐 감자에 곁들여 먹는 요리)

■ 과 일(Fruits 프뤼)

사 과	**pomme(f.)** 뽐므
배	**poire(f.)** 쁘와르
감	**kaki(m)/plaquemine(f.)** 까끼/쁠라끄민느
살 구	**abricot(m.)** 아브리꼬
복숭아	**pêche(f.)** 뻬슈
버 찌	**cerise(f.)** 쓰리즈
딸 기	**fraise(f.)** 프레즈
산딸기[나무딸기]	**framboise(f.)** 프랑브와즈

오렌지	**orange(f.)** 오랑쥬
밀 감	**mandarine(f.)** 망다린느
클레멘타인	**clémentine(f.)** 끌레망띤느 (*귤의 일종)
바나나	**banane(f.)** 바난느
파인애플	**ananas(m.)** 아나나
레 몬	**citron(m.)** 씨트롱
포 도	**raisin(m.)** 레젱
청포도	**raisin blanc(m.)** 레젱 블랑
사향포도	**muscat(m.)** 뮈스까 (*주로 포도주 원료로 쓰임)
건포도	**raisin sec(m.)** 레젱 쎅끄
자 두	**prune(f.)** 프륀느
말린 자두	**pruneau(m.)** 프뤼노
아보카도	**avocat(m.)** 아보까
키 위	**kiwi(m.)** 끼위
망 고	**mangue(f.)** 망그
왕 귤	**pamplemousse(f.)** 빵쁠르무쓰
멜 론	**melon(m.)** 믈롱

수 박	**pastèque(f.)**	빠스떼끄
대추야자	**datte(f.)**	다뜨
무화과	**figue(f.)**	피그
아몬드	**amande(f.)**	아망드
밤	**marron(m.)**	마롱
땅 콩	**cacahouète(f.)**	까까웨뜨
피스타치오	**pistache(f.)**	삐슈따쓔
이집트콩	**pois chiche(m.)**	쁘와 쉬슈
호 두	**noix(m.)**	느와
개 암	**noisette(f.)**	느와제뜨
코코넛	**noix de coco(m.)**	느와 드 꼬꼬

■ **디저트**(Desserts 데쎄르)

소르베	**sorbet(m.)**	쏘르베 (*과즙·술·향료 등으로 만든 아이스크림)
선 디	**coupe glacée(f.)**	꾸쁘 글라쎄
	(*과일·과즙 등을 얹은 아이스크림)	
(바닐라/딸기) 아이스크림	**glace (à la vanille/aux fraises)(f.)**	
	글라쓰 (알 라 바니이으/오 프레즈)	
(산딸기/초콜릿) 무스	**mousse aux framboises/au chocolat(f.)**	

	무쓰 오 플랑브와즈/오 쇼꼴라 (*우유 · 달걀흰자 · 생크림 · 설탕 등으로 만든 디저트)
바바르와	**bavarois(m.)** 바바르와 (*우유 · 달걀 · 향료 · 젤라틴 · 생크림 등으로 만든 디저트)
일르 플로땅뜨	**île flottante(f.)** 일르 플로땅뜨 (*우유 · 달걀 · 꿀 · 설탕 · 레몬 등으로 만든 디저트)
푸 딩	**crème caramel(f.)** 푸딩
젤 리	**gelée(f.)** 쥴레
초콜릿 커스터드 푸딩	**flan au chocolat(m.)** 플랑 오 쇼꼴라
슈크림	**chou à la crème(m.)** 슈 알 라 크렘므
초콜릿 케이크	**gâteau au chocolat(m.)** 가또 오 쇼꼴라
레이어 케이크	**tourte(f.)** 뚜르뜨 (*여러 켜 사이에 크림 · 잼 등을 넣은 스펀지케이크)
아이스크림 케이크	**vacherin glacé(m.)** 바슈렝 글라쎄
오렌지 리큐어로 만든 수플레	**soufflé au Grand-Marnier(m.)** 쑤플레 오 그랑 마르니에 (*달걀흰자에 우유를 섞어 만든 것)
딸기 파이	**tarte aux fraises(f.)** 따르뜨 오 프레즈
사과 파이	**tarte aux pommes(f.)** 따르뜨 오 뽐므
밀푀이으	**mille(-)feuille(m.)** 밀르푀이으

■ 디제스티프 (Digestifs 디줴스띠프 : 식후에 마시는 소화촉진용 술)

브랜디	**eau-de-vie(f.)**	오 드 비
칼바도스	**calvados(m.)**	깔바도쓰 (*칼바도스산 사과주)
아르마냑	**armagnac(m.)**	아르마니약 (*아르마냑크산 브랜디)
코 냑	**cognac(m.)**	꼬니약
리큐어	**liqueur(f.)**	리뀌르
키르슈	**kirsch(m.)**	끼르슈 (*버찌술)

■ 무알콜 음료(Boissons non-alcoolisées 브와쏭 농 알콜리제)

물	**eau(f.)**	오
(냉/온)수	**eau (froide/chaude)**	오 (프르와드/쇼드)
미네랄워터	**eau minérale**	오 미네랄르
(탄산가스 들어있는/ 안 들어있는) 물	**eau (gazeuse/plate[non gazeuse])**	오 (가죄즈/쁠라뜨[농 가죄즈])
토닉 워터	**Schweppes(m.)**	스웹쓰
우 유	**lait(m.)**	레
(찬/따뜻한) 우유	**lait (froid/chaud)**	레 (프르와/쇼)
탈지우유	**lait maigre**	레 메그르

박하즙 넣은 우유	**lait à la menthe**	레 딸 라 망뜨
석류즙 넣은 우유	**lait à la grenade**	레 딸 라 그르나드
밀크쉐이크	**frappé(m.)**	프라뻬
과일주스	**jus de fruits(m.)**	쥐 드 프뤼
사과주스	**jus de pomme**	쥐 드 뽐므
오렌지주스	**jus d'orange**	쥐 도랑쥬
오렌지에이드	**orangeade(f.)**	오랑좌드
오렌지 즙	**orange pressé(f.)**	오랑쥬 프레쎄
왕귤주스	**jus de pamplemousse**	쥐 드 빵쁠르무쓰
토마토주스	**jus de tomate**	쥐 드 또마뜨
포도주스	**jus de raisin**	쥐 드 레젱
키위주스	**jus de kiwi**	쥐 드 끼위
레몬즙	**citron pressé(m.)**	씨트롱 프레쎄
레몬에이드	**limonade(f.)**	리모나드
커 피	**café(m.)**	까페
블랙커피	**café noir**	까페 느와르
크림커피	**café crème**	까페 크렘므

밀크커피	**café au lait** 까페 올 레
아이스커피	**café glacé** 까페 글라쎄
무(無)카페인 커피	**café décaféiné, déca** 까페 데까페이네, 데까
엑스프레쏘	**express(m.)** 엑쓰프레쓰
(핫) 코코아	**chocolat (chaud)** 쇼꼴라 (쇼)
홍 차	**thé(m.)** 떼
홍차티백	**sachet de thé(m.)** 싸쉐 드 떼
크림티	**thé crème** 떼 크렘므
레몬티	**thé au citron** 떼 오 씨트롱
밀크티	**thé au lait** 떼 올 레
아이스티	**thé glacé** 떼 글라쎄
민트차	**thé à la menthe** 떼 알 라 망뜨
카모마일꽃차	**camomille(f.)** 까모밀르
보리수꽃차	**tilleul(m.)** 띠이윌
티 잔	**tisane(f.)** 띠잔느 (*허브차의 일종)

가

가(街), 구역, 거리	**quartier(m.)** 까르띠예
가게, 상점	**magasin(m.)/boutique(f.)** 마가젱/부띠끄
가구	**meuble(m.)** 뫼블르
가난한, 초라한	**pauvre** 뽀브르
가내제조의, 집에서 만든	**fait(e) à la main** 훼(뜨) 알 라 멩
가능성	**possibilité(f.)** 뽀씨빌리떼
가능한	**possible** 뽀씨블르
가다	**aller** 알레
가득찬	**plein(e)** 쁠렝(렌느)
가르쳐주다	**enseigner** 앙세니예
가방	**sac(m.)** 싸끄
가벼운	**léger(ère)** 레줴(르)
가수	**chanteur(euse)(n.)** 샹뙤르(뙤즈)
가운, 여성용 실내복	**peignoir(m.)** 뻬니으와르
가위	**ciseaux(m.pl.)** 씨조 (*속어에서는 ciseau(sg.))
가을	**automne(m.)** 오뜐느
가이드, 가이드북	**guide(m.)** 기드
가정주부	**femme au foyer(f.)/ménagère(f.)** 횜므 오 프와이예/메나줴르
가족	**famille(f.)** 화미이으

391

가죽	cuir(m.) 뀌르
가죽[피혁]제품	maroquinerie(f.) 마로낀느리
가지고 오다	apporter 아뽀르떼
가지고 있다	avoir 아브와르
간단한	simple 쎙쁠르
간단한 식사, 간식	casse-croûte(m.) 까쓰 크루뜨
간판	enseigne(f.) 앙쎄니으
간호사	infirmier(ère)(n.) 엥피르미예(르)
갈아타기, 바꾸기, 변경하기	changement(m.) 샹쥬망
갈아타다, 바꾸다, 변경하다	changer 샹줴
감기	rhume(m.) 륌므
	(*독감은 grippe(f.) 그리쁘/influenza(f.) 엥플뤼엔자)
감기약	médicament contre le rhume(m.)
	메디까망 꽁트르 르 륌므
감사하다	remercier 르메르씨예
갑(담배 따위의)	paquet(m.) 빠께
갑(岬), 곶	cap(m.) 깝쁘
값, 가격	prix(m.) 프리
갓난아기, 젖먹이	bébé(m.) 베베
강/큰 강	rivière(f.)/fleuve(m.) 리비예르/플뢰브
강도(强盜)	cambrioleur(se)(n.)
	깡브리올뢰르(뢰즈)
강연, 회의	conférence(f.) 꽁훼랑쓰
강한	fort(e) 포르(뜨)
같은, 동일한	même/identique 멤므/이당띠끄
개	chien(m.) 쉬엥
개인적인	individuel(le)/personnel(le)
	엥디비뒤엘(르)/뻬르쏘넬

개인용품	**objet personnel(m.)**	오브줴 뻬르쏘넬
개찰구/플랫폼 통로	**contrôle(m.)/accès aux quais(m.)**	
	꽁트롤르/악쎄 조 께	
거리	**distance(f.)**	디스땅쓰
거스름돈	**change(m.)**	샹쥬
거주자	**habitant(e)**	아비땅(뜨)
거짓말	**mensonge(m.)**	망쏭쥬
건강	**santé(f.)**	쌍떼
건널목	**passage à niveau(m.)**	빠싸쥬 아 니보
건네주다(물건을), 지나가다, 통과하다	**passer**	빠쎄
건물	**bâtiment(m.)/immeuble(m.)/** **building(m.)**	바띠망/이뫼블르/빌딩
건설	**construction(f.)**	꽁스트뤽씨용
건전지	**pile (sèche)(f.)**	삘르 (쎄쓔)
건축, 건축술[학]	**architecture(f.)**	아르쉬떽뛰르
걷다	**marcher**	마르쉐
검소한, 수수한	**modeste**	모데스뜨
검역	**contrôle sanitaire(m.)**	꽁트롤 싸니떼르
겨울	**hiver(m.)**	이베르
견본	**échantillon(m.)**	에샹띠이용
결혼	**mariage(m.)**	마리아쥬
겸손한	**modeste**	모데스뜨
경기장	**stade(m.)**	스따드
경마	**course hippique(f.)**	꾸르쓰 이삐끄
경적	**klaxon(m.)**	끌락쏭
경제	**économie(f.)**	에꼬노미
경찰	**police(f.)**	뽈리쓰

경찰관	agent de police(m.)/policier(m.)
	아쟝 드 뽈리쓰/뽈리씨예
경찰서	commissariat de police(m.)
	꼬미싸리야 드 뽈리쓰
경축하다, 축하하다	fêter/célébrer 훼떼/쎌레브레
경치	paysage(m.) 뻬이자쥬
곁들임요리	garniture(f.) 가르니뛰르
계곡	vallée(f.) 발레
계단	escalier(m.) 에스깔리예
계산	calcul(m.)/compte(m.) 깔뀔/꽁뜨
계산대, 카운터	comptoir(m.)/caisse(f.) 꽁뜨와르/께쓰
계산서	addition(f.)/facture(f.)/note(f.)
	아디씨용/확뛰르/노뜨
계산하다	calculer 깔뀔레
계속하다	continuer 꽁띠뉘예
계약, 계약서	contrat(m.) 꽁트라
계좌	compte(m.) 꽁뜨
계좌번호	numéro de compte(m.) 뉘메로 드 꽁뜨
계획	projet(m.) 프로줴
고객, 손님	client(m.) 끌리양
고등학교	lycée(m.) 리쎄
고무줄, 고무띠	élastique(m.) 엘라스띠끄
고속도로, 자동차전용도로	route[voie] express(f.)/autoroute(f.)
	루뜨[브와] 엑쓰프레쓰/오또루뜨
고원	plateau(m.) 쁠라또
고장	panne(f.) 빤느
고전음악, 클래식 음악	musique classique(f.) 뮈지끄 끌라시끄
고향, 출신국	pays d'origine 뻬이 도리진느

골동품, 고미술품	**antiquités(f.pl.)** 앙띠끼떼
골동품가게	**antiquaire(m.)** 앙띠께르
골목	**ruelle(f.)** 뤼엘르
골절	**fracture(f.)** 프락뛰르
골판지	**carton ondulé(m.)** 까르똥 옹뒬레
골프	**golf(m.)** 골프
골프장	**terrain de golf(m.)** 떼렝 드 골프
공공의	**public** 쀠블릭
공식적인	**formel(le)** 포르멜(르)
공업	**industrie(f.)** 엥뒤스트리
공연, 상연	**représentation(f.)** 흐프레장따씨옹
공연장	**salle de concert(f.)** 쌀르 드 꽁쎄르
공원	**parc(m.)/jardin publique(m.)**
	빠흐끄/쟈르뎅 쀠블리끄
공장	**usine(f.)** 위진느
공중전화(부스)	**cabine téléphonique(f.)**
	까빈느 뗄레포니끄
공항	**aéroport(m.)** 아에로뽀르
공항세	**taxe d'aéroport(f.)** 딱쓰 다에로뽀르
공항터미널	**aérogare(f.)** 아에로가르
공화국	**république(f.)** 레쀠블리끄
공휴일	**jour férié(m.)** 쥬르 훼리예
과일	**fruit(m.)** 프뤼
과자, 케이크	**pâtisserie(f.)** 빠띠쓰리
	(*케이크·쿠키·빵과자 등을 포괄/생과자 또는 반생 과자는 gâteau(m.) 가또)
관광	**tourisme(m.)** 뚜리씀므
관광버스	**autocar du tourisme(m.)/autocar**

	d' excursion(m.)
	오또까르 뒤 뚜르씀므/오또까르 덱쓰뀌르씨용
관광버스 투어	**circuits d' autocars** 씨르뀌 도또까르
관광안내소	**bureau d' information touristique(m.)/ bureau de tourisme(m.)/office de tourisme(m.)**
	뷔로 뎅포르마씨용 뚜리스띠끄/뷔로 드 뚜리씀므/ 오피쓰 드 뚜리씀므
관광여행	**excursion(f.)** 엑쓰뀌르씨용
관세	**douane(f.)/tarif douanier(m.)**
	드완느/따리프 드와니예
관습, 습관	**coutume(f.)/habitude(f.)** 꾸뜀므/아비뛰드
광장	**place(f.)** 쁠라쓰
괘종시계, 벽시계	**horloge(f.)** 오흘로쥬
교과서	**livre de classe(m.)** 리브르 드 끌라쓰
교실	**salle de classe(f.)** 쌀르 드 끌라쓰
교외, 시외, 변두리	**banlieue(f.)** 방리외
교육	**éducation(f.)** 에뒤까씨용
교차점	**point d' intersection(m.)**
	쁘웽 뎅떼르쎅씨용
교통사고	**accident de voiture[circulation](m.)**
	악씨당 드 브와뛰르[씨르뀔라씨용]
교환하다, 바꾸다	**échanger** 에샹줴
교회당, 예배당	**temple (protestant)(m.)**
	땅쁠르 (프로떼스땅)
구급차, 앰블런스	**ambulance(f.)** 앙뷜랑쓰
구두	**soulier(m.)** 쏠리예
구름	**nuage(m.)** 뉘아쥬
구리	**cuivre(m.)** 뀌브르
구매	**achat(m.)** 아샤 (*구매물은 achats(m.pl.) 아샤)

구매하다	**acheter** 아슈떼	
구명조끼	**gilet de sauvetage(m.)** 질레 드 쏘브따쥬	
구석, 모퉁이	**coin(m.)** 꼬웽	
구역질	**mal de coeur(m.)/nausée(f.)** 말 드 꾀르/노제 (*(cf.)가슴앓이는 mal au coeur(m.) 말 오 꾀르)	
구청	**mairie d'arrondissement(f.)** 메리 다롱디쓰망	
구토	**nausée(f.)** 노제	
구토봉지	**sachet hygiénique(m.)** 싸쉐 이지예니끄	
국가, 나라	**pays(m.)** 뻬이	
국가의, 국립의, 국영의	**national(e)** 나씨요날(르)	
국경	**frontière(f.)** 프롱띠예르	
국경역	**gare frontière(f.)** 가르 프롱띠예르	
국경일	**jour de fête nationale(m.)** 쥬르 드 페뜨 나씨요날르	
국내선(비행기의)	**vol domestique(m.)/ligne intérieure(f.)** 볼 도메스띠끄/리니으 엥떼리외르	
국적	**nationalité(f.)** 나씨요날리떼	
국제선(비행기의)	**vol international(m.)/ligne internationale(f.)** 볼 엥떼르나씨요날/리니으 엥떼르나씨요날르	
궁, 궁전	**palais(m.)** 빨레	
권투	**boxe(f.)** 복쓰	
귀걸이	**boucles d'oreilles(f.pl.)** 부끌르 도레이으	
귀국하다	**rentrer à son pays/retourner dans son pays** 랑트레 아 쏭 뻬이/르뚜르네 당 쏭 뻬이	

한불사전

귀금속(貴金屬)	**métaux précieux(m.pl.)** 메또 프레씨외
귀금속(포괄적인 의미로), 보석, 패물	**bijou(m.)/joyau(m.)** 비쥬/쥬와이요
귀금속[보석]점	**bijouterie(f.)/joaillerie(f.)** 비쥬뜨리/죠아이으리
귀중품	**objet de valeur(m.)** 오브줴 드 발뢰르
그램	**gramme(m.)** 그람므
그림, 회화	**tableau(m.)/peinture(f.)** 따블로/뼁뛰르
그림엽서	**carte postale illustrée(f.)** 까르뜨 뽀스딸르 일뤼스트레
그림책	**livre d'images(m.)** 리브르 디마쥬
극장(공연·연극용)	**théâtre(m.)** 떼아트르
근로증명서, 노동증	**cerificat de travail(m.)** 쎄르띠피까 드 트라바이으
금고, 함, 궤	**coffre(-fort)(m.)** 꼬프르 (포르)
금연석	**place non fumeurs(f.)** 쁠라쓰 농 휘뫼르
금연칸(열차의)	**voiture non fumeurs(f.)** 브와뛰르 농 휘뫼르
급우	**camarade de classe(n,)** 까마라드 드 끌라쓰
급행열차	**express(m.)** 엑쓰프레쓰
기간	**période(f.)** 뻬리오드
기계	**machine(f.)** 마쉰느
기내반입 수하물	**bagage accompagné(m.)** 바가쥬 아꽁빠니에 (*휴대용)
기념비, 기념건축물	**monument(m.)** 모뉘망
기념일	**anniversaire(m.)** 아니베르쎄르
기념품	**souvenir(m.)** 쑤브니르
기념품점	**magasin de souvenirs(m.)/**

	boutique de souvenirs(f.) 마가젱 드 쑤브니르/부띠끄 드 쑤브니르
기다리다	**attendre** 아땅드르
기름, 식용유	**huile(f.)** 윌르
기사	**article(m.)** 아르띠끌르
기성복	**prêt-à-porter(m.)** 프레 따 뽀르떼
기억하다	**se souvenir de ~/se rappeler** 쓰 쑤부니르 드/쓰 라쁠레
기입하다, 가득 채우다	**remplir** 랑쁠리르
기입하다, 기재하다	**inscrire** 엥스크리르
기장(비행기의)	**commande(m.)** 꼬망드
기침	**toux(f.)** 뚜
기타(악기)	**guitare(f.)** 기따르
기혼의, 기혼자	**marié(e)** 마리예
기후	**climat(m.)** 끌리마
긴, 기다란	**long(ue)** 롱(그)
긴급(사항)	**urgence(f.)** 위르쟝쓰
긴급한	**urgent(e)** 위르쟝
길(街·路)	**rue(f.)/avenue(f.)/boulevard(m.)/** **route(f.)/chemin(m.)** 뤼/아브뉘/불르바르/루뜨/슈멩
깊은	**profond(e)** 프로퐁(드)
깡통따개	**ouver-boîte(s)(m.)** 우브르 브와뜨
깨지기 쉬운	**fragile** 프라질
꼭대기, 정상	**sommet(m.)** 쏘메
꽃병	**vase(f.)** 바즈
꽃장수	**fleuriste(m.)** 플뢰리스뜨
꾸러미, 소포	**colis(m.)/paquet(m.)** 꼴리/빠께
끽연실	**fumoir(m.)** 휘므와르

끽연칸(열차의)	**voiture fumeurs(f.)** 브와뛰르 휘뫼르

나누다, 분배하다	**partager** 빠르따줴
	(*(cf.)분할하다, 나누다 diviser 디비제)
나무	**arbre(m.)** 아르브르
나이트클럽	**boîte de nuit(f.)** 브와뜨 드 뉘이
나침반	**boussole(f.)** 부쏠르
낚시	**pêche(f.)** 뻬슈
난방	**chauffage(m.)** 쇼파쥬
날, 일, 하루, 낮	**jour(m.)** 쥬르
날(칼·면도칼 따위의)	**lame(f.)** 람므
날것의	**cru(e)** 크뤼
날짜	**date(f.)** 다뜨
남자, 남성	**homme(m.)** 옴므
낮 공연[마티네]	**matinée(f.)** 마띠네
낮 시간	**journée(f.)** 쥬르네
	(*정오에서 일몰까지, 또는 일출에서 일몰까지의 하루)
낮은	**bas(se)** 바(쓰)
내려가다, 내리다	**descendre** 데쌍드르
내일	**demain(m.)** 드멩
냄비	**casserole(f.)** 까쓰롤르
냅킨	**serviette (de table)(f.)**
	쎄르비예뜨 (드 따블르) (*종이 냅킨은 serviette en papier 쎄르비예뜨 앙 빠삐예)
냉난방(*특히 냉방)	**climatisation(f.)** 끌리마띠자씨옹
냉장고	**réfrigérateur(m.)/frigo(m. 비어(卑語))**
	레프리줴라뙤르/프리고
네글리제, 실내복	**négligé(m.)** 네글리줴

400

넥타이	**cravate(f.)** 크라바뜨
노래	**chanson(f.)** 샹쏭
	(*(cf.)가곡, 성악 chant(m.) 샹)
노래하다	**chanter(v.)** 샹떼
노인	**vieux(m.), vieille(f.)/personne âgée(f.)** 비외, 비에이으/뻬르쏜느 아줴
놀다	**jouer** 쥬웨
농구	**basket-ball(m.)** 바스께뜨 볼
농장	**ferme(f.)** 훼름므
높은	**haut(e)** 오(뜨)
놓다, 두다	**mettre/laisser** 메트르/레쎄
누군가	**quelqu'un(e)(n.)** 껠껑(뀐느)
눈[雪]	**neige(f.)** 네쥬
	(*가는 눈은 neige fine(f.) 네쥬 핀느)
눈사태	**avalanche(f.)** 아발랑슈
늦다	**être en retard** 에트르 앙 르따르
늦잠을 자다	**faire la grasse matinée** 훼르 라 그라쓰 마띠네

다른, 별개의	**autre/différent(e)** 오트르/디페랑(뜨)
다리, 교량	**pont(m.)** 뽕
다리미	**fer à repasser(m.)** 훼르 아 르빠쎄
다방, 찻집, 커피숍	**salon de thé(m.)/café(m.)** 쌀롱 드 떼/까페
다스(12개)	**douzaine(f.)** 두젠느
닫다	**fermer** 훼르메
달	**lune(f.)** 륀느

달력	**calendrier(m.)**	깔랑드리예
담배	**cigarette(f.)/tabac(m.)**	씨가레뜨/따바
담요, 모포	**couverture(f.)**	꾸베르뛰르
당뇨병	**diabète(m.)**	디야베뜨
당뇨병환자	**diabétique(n.)**	디야베띠끄
대답하다	**répondre**	레뽕드르
대리점	**agnece(f.)**	아쟝쓰
대사관	**ambassade(f.)**	앙바싸드 (*대한민국대사관은 l'Ambassade de la République de Corée 랑바싸드 들 라 레쀠블리끄 드 꼬레)
대성당	**cathédrale(f.)**	까떼드랄르
대수도원	**abbaye(f.)**	아베이
~대신에	**à la place de ~**	알 라 쁠라쓰 드 ~
대통령, 회장	**président(m.)**	프레지당
대학(교)	**faculté(f.)** (단과)**/université(f.)** (종합)	화뀔떼/위니베르씨떼
대합실, 대기실	**salle d'attente(f.)**	쌀르 다땅뜨
대화, 담화, 회화	**conversation(f.)**	꽁베르싸씨용
댄스홀	**dancing(m.)**	당씽 (*dancing house의 생략형)
더러운	**sale**	쌀르
덧붙다, 추가되다(~에)	**s'ajouter à ~**	싸쥬떼 아 ~
덧붙이다, 추가하다(~에)	**ajouter à ~**	아쥬떼 아 ~
도기(陶器)	**poterie(f.)**	뽀뜨리
도난증명서	**déclaration[attestation] de vol(f.)**	데끌라라씨용[아떼스따씨용] 드 볼
도둑	**voleur(euse)(n.)**	볼뢰르(뢰즈)
도로	**route(f.)**	루뜨
도로지도	**carte routière(f.)**	까르뜨 루띠예르

도마	**hachoir(m.)** 아쓔와르
도서관	**bibiliothèque(f.)** 비블리요떼끄
도시	**ville(f.)** 빌르
도시락	**panier repas(m.)** 빠니예 르빠
도와주다, 돕다	**aider** 에데
도자기(陶瓷器)	**faïence(f.)** 화이양쓰
도자기가게	**boutique de poteries et de porcelaines(f.)** 부띠끄 드 뽀뜨리 에 드 뽀르쓸렌느
도착하다	**arriver** 아리베
돈	**argent(m.)** 아르쟝
돌다, 돌리다	**tourner** 뚜르네
동거(실질적인 결혼생활)/동거하다	**concubinage(m.)/concubiner** 꽁뀌비나쥬/꽁뀌비네
동거(한집에 거주)/동거하다	**cohabitation(f.)/cohabiter** 꼬아비따씨용/꼬아비떼
동거인	**concubin(e)(n.)** 꽁뀌벵(빈느) (*실질적인 결혼생활을 하는)
동거인	**cohabitant(e)(n.)** 꼬아비땅(뜨) (*한집에 거주하며 공동생활하는)
동물원	**zoo(m.)** 조오
동봉하다	**joindre** 쥬웽드르
동전	**pièce(f.)/monnaie(f.)** 삐예쓰/모네
두드러기	**urticaire(f.)** 위르띠께르
드라이클리닝	**nettoyage à sec(m.)** 네뜨와이야쥬 아 쎄끄
듣다	**entendre**(음을 감지하다)**/écouter**(경청하다) 앙땅드르/에꾸떼
들어가다	**entrer** 앙트레

한불사전

등기로	**en recommandé** 앙 르꼬망데
등기우편	**lettre recommandée(f.)** 레트르 르꼬망데
등대	**phare(m.)** 파르
등산	**alpinism(m.)** 알삐니씀므
디스코장	**discothèque(f.)** 디스꼬떼끄
디자인	**modèle(m.)** 모델르
디저트, 후식	**dessert(m.)** 데쎄르
디지털 카메라	**caméra numérique[digital](f.)/ appareil photo numérique [digital](m.)** 까메라 뉘메리끄[디지딸]/ 아빠레이으 포또 뉘메리끄[디지딸]
따뜻한, 뜨거운	**chaud(e)** 쇼(드)
딱딱한, 단단한, 질긴	**dur(e)** 뒤르 (*(cf.)견고한, 튼튼한 solide 쏠리드)
땅, 대지, 육지, 지구	**terre(f.)** 떼르
떠나다, 출발하다	**partir** 빠르띠르

라

라디오	**radio(f.)** 라디오
라이터	**briquet(m.)** 브리께
러브호텔, 밀회 여관	**maison de rendez-vous(f.)** 메종 드 랑데부
럭비	**rugby(m.)** 뤼그비
레인코트, 우비	**imperméable(m.)** 엥뻬흐메아블르
레코드가게	**magasin de disques(m.)** 마가젱 드 디스끄
록 뮤직	**rock(m.)** 로끄
룸메이드	**femme de chambre(f.)** 홤므 드 샹브르
리무진버스	**autocar(m.)** 오또까르

리본	**ruban(m.)** 뤼방
리셉션	**réception(f.)** 레쎕씨옹
리프트(스키)	**télésiège(m.)/téléski(m.)/**
	remontée (mécanique)(f.)/
	remonte‑pente(f.)/monte‑pente(f.)
	뗄레씨예쥬/뗄레스끼/르몽떼 (메까니끄)/르몽뜨 빵뜨/
	몽뜨 빵뜨
리프트표	**billet de télésiège(m.)**
	비이예 드 뗄레씨예쥬
리허설	**répétition(f.)** 레뻬띠씨옹

마

마련해주다, 얻게 하다	**procurer** 프로뀌레
마시다	**boire** 브와르
마을	**village(m.)** 빌라쥬
마음에 들다(~의)	**plaire à ~/convenir à ~**
	쁠레르 아 ~/꽁브니르 아 ~
마지막 열차	**dernier train(m.)** 데르니예 트렝
마차	**voiture à cheval(f.)** 브와뛰르 아 슈발
마치다, 끝내다	**finir/terminer** 피니르/떼르미네
막간, 막간 휴식시간	**entracte(m.)** 앙트락뜨
만(灣)	**golfe(m.)**
	(*작은 만(灣)은 baie(f.) 베/anse(f.) 앙쓰)
만나다(우연히 ~을)	**rencontrer** 랑꽁트레
만날 약속, 데이트	**rendez‑vous(m.)** 랑데부
만날 약속을 하다(~와)	**prendre rendez‑vous avec ~**
	프랑드르 랑데부 자베끄 ~
만년필	**stylo(m.)** 스띨로
만들다, 제작하다	**faire/fabriquer** 훼르/화브리께

한불사전

만원(滿員)인, 만석 (滿席)인, 만차(滿車)인	complet(ète)	꽁쁠레(뜨)
만지다, 접촉하다	toucher	뚜쒜
말[馬]	cheval(m.)	슈발
말하다, 이야기하다	dire/parler	디르/빠흘레
맛	goût(m.)	구
맡기다	déposer	데뽀제
매니저, 지배인	manager(m.)/directeur(trice)(n.)/ gérant(e)(n.)	마나줴르/디렉뙤르(트리쓰)/줴랑(뜨)
매표소, 창구	guichet(m.)	기쉐
맥박	pouls(m.)	뿌
맨 위층 관람석(극장의)	poulailler(m.)(속어)	뿔라이예
먹다, 식사하다	manger	망줴
먹어보다, 시식(試食)하다	essayer	에쎄이예
멈추다, 정지시키다	arrêter	아레떼
메인 디쉬	plat principal(m.)	쁠라 프렝씨빨
메뉴판	carte(f.)	까르뜨
면도기	rasoir(m.)	라즈와르
면도날	lame de rasoir(f.)	람므 드 라즈와르
면세점	magasin hors taxe(m.)/ boutique hors taxe(f.)	마가쟁 오르 딱쓰/부띠끄 오르 딱쓰
면세품	article détaxé(m.)	아르띠끌 데딱쎄
명랑한, 쾌활한	gai(e)	게
명소(名所)	lieu célèbre(m.)	리외 쎌레브르
명승지	site pittoresque(m.)	씨뜨 삐또레스끄
모기	moustique(f.)	무스띠끄
모델(사람)	mannequin(m.)	마네껭

모두(pron.), 모든 (adj.), 매우(adv.)	tout(m.sg.)/tous(m.pl.)/toute(f.sg.) /toutes(f.pl.)	뚜/뚜쓰/뚜뜨/뚜뜨
모레	après-demain(m.)	아프레 드멩
모임, 회합, 회의	réunion(f.)	레위니용
모자	châpeau(m.)	샤뽀
모자가게	chapellerie(f.)	샤뻴르리
모텔	motel(m.)	모뗄
모퉁이, 구석	coin(m.)	끄웽
모피	fourrure(f.)	푸뤼르
목걸이	collier(m.)	꼴리예
목소리, 음성	voix(f.)	브와
목욕	bain(m.)	벵
목적	but(m.)	뷔
목적지	destination(f.)	데스띠나씨용
묘, 산소	tombe(f.)	똥브
묘지	cimetière(m.)	씨므띠예르
무거운	lourd(e)	루흐(드)
무게	poids(m.)	쁘와
무궤도 전차	trolley(m.)	트롤레
무대	scène(f.)	쎈느
무료의	gratuit(e)	그라뛰(뜨)
무효한	non valable	농 발라블르
문	porte(f.)	뽀르뜨
문방구점	papeterie(f.)	빠쁘뜨리
문학	littérature(f.)	리떼라뛰르
문화	culture(f.)	뀔뛰르
묻다, 질문하다	demander/interroger	드망데/엥떼로줴
물	eau(f.)	오

물품, 상품, 제품	**article(m.)** 아르띠끌르
뮤지컬	**comédie musicale(f.)** 꼬메디 뮈지깔르
뮤직박스	**boîte à musique(f.)** 브와뜨 아 뮈찌끄
미술관	**musée (des beaux-arts/d'art)(m.)** 뮈제 (데 보 자르/다르)
미용사	**coiffeur(se)(n.)** 꼬와피르(피즈)
미용실	**salon de coiffure(m.)** 쌀롱 드 꼬와퓌르
미터	**mètre(m.)** 메트르
미혼의, 독신자	**célibataire** 쎌리바떼르
민박, 홈스테이	**séjour dans une famille** 쎄쥬흐 당 쥔느 화미이으
민속무용	**danse folklorique(f.)** 당쓰 폴끄로리끄
민속음악	**musique folklorique(f.)** 뮈지끄 폴끄로리끄
민요	**folklore(m.)** 폴끌로르
밀다	**pousser** 뿌쎄
밀월(蜜月)	**lune de miel(f.)** 륀느 드 미엘

바

바	**bar(m.)** 바르
바꾸기, 변경하기, 갈아타기	**changement(m.)** 샹쥬망
바꾸다, 변경하다, 갈아타다	**changer** 샹줴
바늘	**aiguille(f.)** 에귀이으
바다	**mer(f.)** 메르
바닷가, 해변	**plage(f.)** 쁠라쥬
바람	**vent(m.)** 방
바른, 정확한	**correct(e)/juste** 꼬렉뜨/쥐스뜨
바지	**pantalon(m.)** 빵딸롱
박물관	**musée(m.)** 뮈제

반나절 관광	**voyage d'une demi-journée(m.)** 브와이야쥬 뒨느 드미 쥬르네	
반도	**péninsule(f.)** 뻬넹쒼르	
반맞춤복	**demi-mesure(f.)** 드미 므쥐르	
반지	**bague(f.)/anneau(m.)** 바그/아노	
받다	**recevoir** 르쓰브와르	
발견하다	**découvrir/trouver** 데꾸브리르/트루베	
발레	**ballet(m.)** 발레	
발착시간표	**tableau de départs et d'arrivées(m.)** 따블로 드 데빠르 에 다리베	
발코니, 발코니석(극장의)	**balcon(m.)** 발꽁	
발행하다	**publier/émettre** 쀠블리예/에메트르	
밤	**nuit(f.)** 뉘	
밤 공연	**soirée(f.)** 스와레	
방해하다	**déranger** 데랑줴	
방향	**direction(f.)** 디렉씨용	
배	**bateau(m.)** 바또 (*작은 배는 barque(f.) 바르끄)	
배구	**volley-ball(m.)** 볼레 볼	
배달하다	**livrer** 리브레	
배멀미	**mal de mer** 말 드 메르	
배우	**comédien(ne)(n.)/acteur(trice)(n.)** 꼬메디엥(엔느)/악뙤르(트리쓰) (*acteur는 직업적 · 비직업적을 불문하고 영화나 연극에 출연하는 배우. comédien은 직업적 배우)	
배우자	**époux(se)(n.)/conjoint(e)(n.)** 에뿌(즈)/꽁쥬웽(뜨)	
배터리	**batterie(f.)** 바뜨리	
배포하다	**distribuer** 디스트리뷔예	

백화점	grand magasin(m.) 그랑 마가젱
버스	autobus(m.) 오또뷔쓰
버스 정거장[승차장]	arrêt (d' autobus)(m.) 아레 (도또뷔쓰)
범선, 돛단배	bateau à voile(m.) 바또 아 브왈르
범죄	crime(m.) 크림므
법률	loi(f.) 르와
벗다	se déshabiller/enlever/ôter 쓰 데자비이예/앙르베/오떼
베개	oreiller(m.) 오레이예
베갯잇	taie d' oreiller(f.) 떼 도레이예
베레모	béret(m.) 베레
벤치	banc(m.) 방
벨트	ceinture(f.) 쎙뛰르
벼룩시장	marché aux puces(m.) 마르쉐 오 쀠쓰
벽	mur(m.) 뮈르
벽에 거는 융단, 벽걸이	tapisserie(f.) 따삐쓰리
벽지	papier peint(m.)/tenture(f.)/ papier à tapisser(m.) 빠삐예 뼁/땅뛰르/빠삐예 아 따삐쎄
변경하기, 바꾸기, 갈아타기	changement(m.) 샹쥬망
변경하다, 바꾸다, 갈아타다	changer 샹줴
변비	constipation(f.) 꽁스띠빠씨용
변비약	laxatif(m.) 락싸띠프
별	étoile(f.) 에뜨왈르
병	bouteille(f.) 부떼이으 (*수돗물을 담는 물병은 carafe(f.) 까라프)
병(病)	maladie(f.) 말라디
병마개따개	ouvre-bouteille(s)(m.) 우브르 부떼이으
병마개뽑이	tire-bouchon(m.)/décapsulateur(m.)

	/décapsuleur(m.) 띠르 부쏭/데깝쓀라뜨르/데깝쓀뢰르
병원(종합)	hôpital(m.) 오삐딸 (*개인병원, 클리닉, 진료소는 clinique(f.) 끌리니끄)
병자, 환자	malade(n.) 말라드
보내다	envoyer 앙브와이예
보다, 만나다	voir 브와르
보도(步道), 인도	trottoir(m.) 트로뜨와르
보석(寶石)	pierres précieuses(f.pl.) 삐예르 프레씨외즈
보여주다	montrer 몽트레
보증금	caution(f.) 꼬씨용
보증서	bon de garantie(f.) 봉 드 가랑띠
보험	assurance(f.) 아쒸랑쓰
보험회사	compagnie d'assurances(f.) 꽁빠니 다쒸랑쓰
볼링	bowling(m.) 볼링
볼펜	stylo à bille(m.)/bic(m.) 스띨로 아 빌르/빅끄
봄	printemps(m.) 프렝땅
봉사료, 서비스	service(m.) 쎄르비쓰
봉제인형	animal en peluche(m.) 아니말 앙 쁠뤼쓔
봉투	enveloppe(f.) 앙블롭쁘
부두	quai(m.) 께
부드러운, 무른, 연한	mou(molle) 무(몰르) (*(cf.)부드러운, 연한 tendre 땅드르))
부르다, 호출하다	appeler 아쁠레
부부	couple(m.)/mari et femme/

	mariés(m.pl.)/conjoints(m.pl.) 꾸쁠르/마리 에 훔므/마리예/꽁쥬웽
부상	**blessure(f.)** 블레쒸르
부유한, 풍부한	**riche** 리슈
분(시간의)	**minute(f.)** 미뉘뜨
분배	**distribution(f.)** 디스트리뷔씨용
분수	**fontaine(f.)** 퐁뗀느
분실물	**objet trouvé(m.)** 오브줴 트루베
분실물신고센터	**bureau des objets trouvés(m.)** 뷔로 데 조브줴 트루베
분실증명서	**déclaration[attestation] de perte(f.)** 데끌라라씨용[아떼스따씨용] 드 뻬흐뜨
불, 불빛, 광선	**lumière(f.)** 뤼미예르
불, 화염, 화재	**feu(m.)** 푀
불량품	**article défectueux(m.)** 아르띠끌르 데풱뛰외
붕대	**bandage(m.)/pansement(m.)** 방다쥬/빵쓰망 (*탄력붕대는 bandage élastique(m.) 방다쥬 엘라스띠끄)
붙잡다, 체포하다	**arrêter/attraper** 아레떼/아트라뻬
브래지어	**soutien-gorge(m.)** 쑤띠엥 고르쥬
브레이크	**frein(m.)** 프렝
브로치	**broche(f.)** 브로슈
블라우스	**blouse(f.)/chemise(f.)** 블루즈/슈미즈
블레이저코트	**blazer(m.)** 블레제르
블록	**bloc(m.)** 블록
블루진, 진	**blue-jean(s)(m.)/jean(s)(m.)** 블루진/진
비[雨]	**pluie(f.)** 쁠뤼
비거주자	**non-habitant(e)** 농 아비땅(뜨)

비교하다	**comparer**	꽁빠레
비누	**savon(m.)**	싸봉
비상구	**sortie de secours(f.)**	쏘르띠 드 스꾸르
비상열쇠[마스터 키]	**passe-partout(m.)**	빠쓰 빠흐뚜
비싼	**cher(ère)**	쉐르
비어 있음 (화장실문 등에 표시)	**libre**	리브르
비예약석	**place non réservée(f.)**	쁠라쓰 농 레제르베
비용, 운임, 요금	**frais(m.pl.)**	프레
비자, 사증	**visa(m.)**	비자
비정상적인	**anormal(e)**	아노르말(르)
비행기	**avion(m.)**	아비용
비행기표, 항공권	**billet d'avion(m.)**	비이예 다비용
비행기편번호[명]	**numéro de vol(m.)**	뉘메로 드 볼
빈 숙소[방]	**logement vacant(m.)**	로쥬망 바깡
빈 자리	**place libre(f.)**	쁠라쓸 리브르
빌리다	**emprunter**	앙프룅떼
빗	**peigne(m.)**	뻬니으
빵	**pain(m.)**	뻥
빵가게	**boulangerie(f.)**	불랑쥬리
빙하	**glacier(m.)**	글라씨예
삐기	**entorse(m.)**	앙또르쓰

사

사고	**accident(m.)**	악씨당
사거리, 십자로, 교차로	**carrefour(m.)**	까르푸르
사다	**acheter/prendre**	아슈떼/프랑드르

사막	**désert(m.)**	데제르
사무실	**bureau(m.)**	뷔로
사무장(여객선의)	**commissaire (du bord)(f.)**	꼬미쎄르(뒤 보르)
사용료, 납부금, 인세	**redevance(f.)**	르드방쓰
사용 중(화장실문 등에 표시)	**occupé**	오뀌뻬
사우나	**sauna(m.)**	쏘나
사원, 사찰	**temple(m.)**	땅쁠르
사이즈, 크기	**taille(f.)**	따이으
사장	**président(e)(n.)/directeur (trice)(n.)**	프레지당(뜨)/디렉뙤르(트리쓰)
사전	**dictionnaire(m.)**	딕씨요네르
사진	**photo(f.)/photographie(f.)**	포또/포또그라피
사진관	**atelier de photographe(m.)**	아뜰리예 드 포또그라프
사진기	**appareil (de) photo(m.)**	아빠레이으 (드) 포또
사진첩	**album photo(m.)**	알범 포또
사진현상	**développement(m.)**	데블로쁘망
산	**montagne(f.)**	몽따니으
산소마스크	**masque à oxygène(m.)**	마스끄 아 옥씨젠느
산지(産地)	**région productrice(f.)**	레지용 프로뒥트리쓰
산책	**promenade(f.)**	프로므나드
산책하다	**flâner/se promener**	플라네/스 프로므네
상(像), 입상	**statue(f.)**	스따뛰
상가, 상가지구	**quartier commerçant(m.)**	까르띠에 꼬메르쌍

상담하다	consulter 꽁쒸떼
상상하다	imaginer 이마지네
상의, 웃옷	veste(f.) 베스뜨
상인, 점원, 판매원	vendeur(se)(n.) 방되르(되즈)
상자	boîte(f.) 브와뜨
상품	marchandise(f.) 마르샹디즈
새로운	neuf(ve)/nouveau(velle) 뇌프(브)/누보(벨르)
색깔, 색채	couleur(f.) 꿀뢰르
샘[泉], 근원	source(f.) 쑤르쓰
샘플(화장품 등의)	échantillon(m.) 에샹띠이용
생각하다	penser 빵쎄
생년월일	date de naissance(f.) 다뜨 드 네쌍쓰
생리대	serviette hygiénique(f.) 쎄르비예뜨 이지예니끄
생선	poisson(m.) 쁘와쏭 (*독(毒) 'poison(m.) 쁘와종'과 구별할 것)
생선가게	poissonerie(f.) 쁘와쏜느리
생일	anniversaire(m.) 아니베르쎄르
생일파티	fête d'anniversaire(f.) 훼뜨 다니베르쎄르
샤워	douche(f.) 두슈
서두르다	se dépêcher 스 데뻬쒜
서랍	tiroir(m.) 띠르와르
서류	dossier(m.)/document(m.)/ papiers(m.pl.) 도씨예/도뀌망/빠삐예
서류가방	serviette(f.)/attaché-case(m.)/ porte-documents(m.) 쎄르비예뜨/아따쉐 께즈/뽀르뜨 도뀌망

서리	gelée(f.) 쥴레
서명	signature(f.) 씨냐뛰르
서점	librairie(f.) 리브레리
서커스	cirque(m.) 씨르끄
서핑	surf(m.) 쒸르프
선글라스	lunettes de soleil(f.pl.) 뤼네뜨 드 쏠레이으
선물	cadeau(m.)/présent(m.) 까도/프레장(문어(文語))
선불	paiement anticipé(m.) 뻬망 땅띠씨뻬
선불금	avance(f.) 아방쓰
선착장	embarcadère(m.)/débarcadère(m.) 앙바르까데르/데바르까데르
선택	choix(m.) 슈와
선택하다, 고르다	choisir 슈와지르
선편(으로)	par bateau 빠르 바또
설거지하다	faire[laver] la vaisselle 훼르[라베] 라 베쎌르
설명서	notice d'explication(f.)/brochure explicative(f.) 노띠쓰 덱쓰쁠리까씨용/브로쉬르 엑쓰쁠리까띠브
설명하다	expliquer 엑쓰쁠리께
설사	diarrhée(f.) 디아레
설사약, 지사제	remède contre la diarrhée(m.) 흐메드 꽁트르 라 디아레
섬	île(f.) 일르
성(姓)	nom de famille(m.) 농 드 화미이으
성(城)	château(m.) 샤또
성냥	allumette(f.) 알뤼메뜨

성당	**église(f.)** 에글리즈
성별(性別)	**sexe(m.)** 쎅스
성인(成人), 어른	**adulte(n.)** 아뒬뜨
성인(聖人), 성녀(聖女)	**saint(e)(m.)** 쎙(뜨)
세계	**monde(m.)** 몽드
세관	**douane(f.)** 드완느
세관검사	**fouille à la douane(f.)** 푸이으 알 라 드완느
세관신고서	**déclaration à la douane(f.)** 데끌라라씨용 알 라 드완느
세금	**impôt(m.)** 엥뽀
세면대	**lavabo(m.)** 라바보
세제	**détergent(m.)** 데떼르쟝
세탁기	**machine à laver(f.)** 마쉰느 알 라베
세탁소	**blanchisserie(f.)** 블랑쉬쓰리
센티미터	**centimètre(m.)** 쌍띠메트르
셔터(사진기의)	**déclencheur(m.)/obturateur(m.)** 데끌랑쉐르/옵뛰라뙤르
셔틀버스	**bus navette(m.)** 뷔쓰 나베뜨
소[牛]	**boeuf(m.)** 뵈프
소개하다	**présenter** 프레장떼
소독약	**désinfectant(m.)/antiseptique(m.)** 데쟁훽땅/앙띠쎕띠끄
소란스러운 소리	**brouhaha(m.)** 브루아아
소리	**son(m.)** 쏭
소매	**manche(f.)** 망슈
소매치기	**pickpocket(m.)** 삑뽀께
소방서	**poste de pompiers(m.)/caserne**

	de pompiers(f.)/poste d'incendie(m.) 뽀스뜨 드 뽕삐예/까제른느 드 뽕삐예/뽀스뜨 뎅쌍디
소방수	pompier(m.)/sapeur-pompier(m.) 뽕삐예/싸쀠르 뽕삐예
소방차	voiture de pompiers(f.) 브와뛰르 드 뽕삐예
소음	bruit(m.) 브뤼
소포, 꾸러미	colis(m.)/paquet(m.) 꼴리/빠께
속달(로)	par exprès 빠르 엑쓰프레
속달우편	lettre exprès(f.) 레트르 엑스프레
속옷, 내의	linge(de corps)(m.)/sous-vêtement(m.) 렝쥬(드 꼬르)/쑤 베뜨망
속하다(~에)	appartenir à ~ 아빠흐뜨니르 아 ~
손가방	sac à main(m.) 싹 까 멩
손목시계	montre(f.)/montre-bracelet(f.)/montre de poignet(f.) 몽트르/몽트르 브라쓸레/몽트르 드 쁘와니예
손수건	mouchoir(m.)/serviette(f.) 무쓔와르/쎄르비예뜨
손톱깎이	coupe-ongles(m.) 꾸쁘 옹글르
손해, 피해, 손실	dégâts(m.pl.)/dommages(m.pl.) 데가/도마쥬 (*보통 둘다 복수형으로 사용)
솔, 브러시	brosse(f.) 브로쓰
솜씨 좋은, 능란한	habile 아빌르
쇼, 구경거리, 흥행물, 공연	spectacle(m.) 스뻭따끌르
쇼핑, 물건 사러 다니기	courses(f.pl.) 꾸르쓰
쇼핑센터	centre commercial(m.) 쌍트르 꼬메르씨얄
쇼핑하다, 장을 보다	faire des courses 풰르 데 꾸르쓰

숄, 스카프	**écharpe(f.)** 에샤르쁘
숄더백	**sac en bandoulière(m.)** 싹 깡 방둘리예르
수(數)	**numéro(m.)** 뉘메로
수공품	**ouvrage manuel(m.)** 우브라쥬 마뉘엘
수도	**capitale(f.)** 까삐딸르
수도원	**monastère(m.)** 모나스떼르
수리하다	**réparer** 레빠레
수상스키	**ski nautique(m.)** 스끼 노띠끄
수수료	**commission(f.)** 꼬미씨용
수술	**opération(f.)** 오뻬라씨용
수영	**natation(f.)** 나따씨용
수영하다	**nager** 나줴
수영복	**maillot de bain(m.)** 마이요 드 벵
수영장	**piscine(f.)** 삐씬느 (*실내수영장 piscine couverte 삐씬느 꾸베르뜨/야외수영장 piscine en plein air 삐씬느 앙 쁠렝 네르)
수입하다	**importer** 엥뽀르떼
수정하다	**corriger/reviser** 꼬리줴/르비제
수제의, 손으로 만든	**fait(e) à la main** 훼(뜨) 알 라 멩
수족관, 어항	**aquarium(m.)** 아꾸와리옴
수채화	**aquarelle(f.)** 아꾸와렐르
수첩	**carnet(m.)** 까르네
수출하다	**exporter** 엑쓰뽀르떼
수표	**chèque(m.)** 쉐끄
수하물, 짐	**bagage(m.)** 바가쥬
수하물 보관소 (임시로 짐 맡기는 곳)	**consigne(f.)** 꽁씨느

한
불
사
전

419

수하물 상환증	**talon d'identification des baggages(m.)**	딸롱 디당띠피까씨용 데 바가쥬
수하물 탁송증	**bulletin de bagages(m.)/ étiquette de bagages(f.)**	뷜르뗑 드 바가쥬/에띠께뜨 드 바가쥬
숙박하다	**loger**	로줴
순찰대(경찰의)	**patrouille(f.)**	빠트루이으
숟갈	**cuillère(f.)**	뀌이예르
술, 주류, 알코올	**alcool(m.)**	알꼴
술집, 선술집	**bistro(t)(m.)**	비스트로
숲	**forêt(f.)**	포레
쉬운	**facile**	화씰
슈퍼마켓	**supermarché(m.)**	쒸뻬흐마르쉐
스모킹, 턱시도 (남성용 약식(略式) 야회복)	**smoking(m.)**	스모낑
스웨이드	**daim**	뎅
스웨터	**chandail(m.)/pull-over(m.)**	샹다이으/쀨 로베르
스위치	**interrupteur(m.)**	엥떼륍뙤르
스카프, 머플러	**foulard(m.)**	풀라르
스커트, 치마	**jupe(f.)**	쥐쁘
스케이트	**patinage(m.)**	빠띠나쥬
스케이트장	**patinoire(f.)**	빠띠느와르
스쿠버 다이빙	**plongée sous-marine(f.)**	쁠롱줴 쑤마린느
스키	**ski(m.)**	스끼
스키 대여	**location de ski(f.)**	로까씨용 드 스끼
스키스틱	**bâton de ski(m.)**	바똥 드 스끼

420

스키 슬로프	piste de ski(f.)	삐스뜨 드 스끼
스키 타다	skier/faire du ski	스끼예/풰르 뒤 스끼
스키화	chaussures de ski(m.)	쇼쒸르 드 스끼
스타일, 양식, 풍	style(m.)	스띨
스타킹	collant(m.)/bas(m.)	
	꼴랑(=팬티스타킹)/바(=판탈롱스타킹)	
스탬프를 찍다	estampiller	에스땅삐이예
스튜디오(원룸 아파트)	studio(m.)	스뛰디오
스튜디오 (영화·TV·라디오)	studio(m.)	스뛰디오
스튜디오(사진)	salon de pose(m.)	쌀롱 드 뽀즈
스튜어디스, 스튜어드	hôtesse de l'air(f.)/hôte de l'air(m.)	오떼쓰 드 레르/오뜨 드 레르
슬라이드	diapositive(f.)	디아뽀지띠브
슬로프, 비탈, 경사면	pente(f.)	빵뜨
습관, 관습	habitude(f.)/coutume(f.)	
	아비뛰드/꾸뜀므	
승객(배·비행기의)	passager(ère)(n.)	빠싸줴(르)
승마	équitation(f.)	에끼따씨용
승차권, 입장권, 표	billet(m.)/ticket(m.)	비이예/띠께
시가[여송연]	cigare(m.)	씨가르
시간, 시각	heure(f.)/temps(m.)	외르/땅
시간표(버스·열차의)	horaire(m.)	오레르
시골	campagne(f.)	깡빠니으
시내 지도	plan de ville(m.)	쁠랑 드 빌르
시냇물, 개울	ruisseau(m.)	뤼쏘
시놉시스, 개요, 일람표	synopsis(f.)	씨놉씨쓰
시사희극	revue(f.)	르뷔

시작하다	**commencer** 꼬망쎄
시장	**marché(m.)/halle(f.)** 마르쉐/알르 (*벼룩시장은 marché aux puces(m.) 마르쉐 오 쀠쓰)
시차	**décalage horaire(m.)** 데깔라쥬 오레르
시착실(試着室)	**cabine d'essayage(f.)** 까빈느 데쎄이야쥬
시청	**mairie(f.)/hôtel de ville(m.)** 메리/오뗄 드 빌르
시트	**drap(m.)** 드라
시합	**match(m.)** 마츄
시험, 검사	**examen(m.)** 에그자멩
시험해보다, 시도해 보다, 입어[신어]보다	**essayer** 에쎄이예
식기(특히 접시 종류)	**vaisselle(f.)** 베쎌르
식당	**salle à manger(f.)** 쌀르 아 망줴
식당차	**wagon-restaurant(m.)** 바공 레스또랑
식료품가게, 양념류	**épicerie(f.)** 에삐쓰리
식물원	**jardin botanique(m.)** 좌르뎅 보따니끄
식사	**repas(m.)** 르빠
식이요법	**régime(m.)/diète(f.)** 레짐므/디예뜨
식중독	**intoxication alimentaire(f.)** 엥똑씨까씨용 날리망떼르
식탁, 테이블, 책상	**table(f.)** 따블르
식탁보	**nappe(f.)** 나쁘
식탁용 식기류	**ustensile de table(m.)** 위스땅씰르 드 따블르 (*주방기구는 ustensile de cuisine(m.) 위스땅씰르 드 뀌진느/살림살이 도구는 ustensile de ménage(m.) 위스땅씰르 드 메나쥬)
신랑	**marié(m.)** 마리예
신문	**journal(m.)** 쥬르날

신발, 구두	**chaussure(f.)** 쇼쒸르
	(*신발[구두] 한 켤레는 une paire de chaussures
	윈느 뻬르 드 쇼쒸르)
신부	**mariée(f.)** 마리예
신분증명서	**carte d'identité(f.)** 까르뜨 디당띠떼
신용카드	**carte de crédit(f.)** 까르뜨 드 크레디
신장, 키	**taille(f.)** 따이으
신호등(교통)	**feu de circulation(m.)**
	푀 드 씨르뀔라씨용
신혼여행	**voyage de noces(m.)**
	브와이야쥬 드 노쓰
실	**fil(m.)** 필
실내화, 슬리퍼	**chausson(m.)** 쇼쏭
실수, 잘못	**erreur(f.)** 에러르
싫어하다	**détester** 데떼스떼
싼	**bon marché** 봉 마르쉐
쌀	**riz(m.)** 리
썩다, 부패하다	**pourrir** 뿌리르
쓰다	**écrire** 에크리르
쓰레기	**ordures(f.pl.)** 오르뒤르
쓰레기통	**poubelle(f.)** 뿌벨르
씻다, 세탁하다	**laver** 라베

아

아동복	**vêtements pour enfants**
	베뜨망 뿌르 앙팡
아름다운	**beau(belle)** 보(벨르)
아이스크림, 얼음	**glace(f.)** 글라쓰

아침, 오전	**matin(m.)** 마땡
아침 시간 (일출에서 정오까지)	**matinée(f.)** 마띠네
아침식사	**petit déjeuner(m.)** 쁘띠 데죄네
악어가죽	**peau de crocodile(f.)** 뽀 드 크로꼬딜르
악취를 풍기는	**puant(e)** 쀠양(뜨)
안개	**brume(f.)/brouillard(m.)** 브륌므/브루이야르
안경	**lunettes(f.pl.)** 뤼네뜨 (*잠수 안경은 lunettes de plongeur sous- marine(f.pl.) 뤼네뜨 드 쁠롱죄르 쑤마린느)
안내서, 가이드북	**guide(m.)** 기드 (*접어서 포개는 형태의 것은 dépliant(m.) 데쁠리양)
안내소	**bureau d'information(m.)/bureau de renseignement(m.)** 뷔로 뎅포르마씨용/뷔로 드 랑쎄니으망
안락한, 편안한	**confortable** 꽁포르따블르
안전금고	**coffre-fort(m.)** 꼬프르 포르
안전벨트	**ceinture de sécurité(f.)** 쎙뛰르 드 쎄뀌리떼
안전핀	**épingle de sûreté(f.)** 에뼁글르 드 쒸르떼
앉다	**s'asseoir** 싸쓰와르
알다	**savoir/connaître** 싸브와르/꼬네트르
알레르기	**allergie(f.)** 알레르지
암호	**mot de passe(m.)** 모 드 빠쓰
앞쪽(의)	**devant** 드방
액세서리	**accessoire(m.)** 악쎄쓰와르
액셀러레이터	**accélérateur(m.)** 악쎌레라뙤르
앨범	**album(m.)** 알범

야구	**base-ball(m.)** 베즈 볼
야회, 이브닝파티	**soirée(f.)** 스와레
야회복, 정장	**tenue de soirée(f.)/habit[costume] de soirée(m.)/robe de soirée (f. 여성용 이브닝드레스)** 뜨뉘 드 스와레/아비 [꼬스뜀므] 드 스와레/로브 드 스와레
약	**médicament(m.)** 메디까망
약국	**pharmacie(f.)** 화르마씨
약혼자	**fiancé(e)(n.)** 휘앙쎄
양(羊)	**mouton(m.)** 무똥
양(量)	**quantité(f.)** 깡띠떼
양념, 향료	**épice(f.)** 에삐쓰
양말	**chaussettes(f.pl.)** 쇼쎄뜨
양복 한 벌(남성용)	**costume(m.)/ensemble(m.)/ complet(m.)** 꼬스뜀므/앙쌍블르/꽁쁠레
양산	**parasol(m.)/ombrelle(f.)** 빠라쏠/옹브렐르
양재사	**tailleur(euse)(n.)** 따이외르(외즈)
양화점, 구두가게	**magasin de chaussures(m.)/ boutique de chaussures(f.)** 마가젱 드 쇼쒸르/부띠끄 드 쇼쒸르
어댑터	**adapteur(m.)** 아답뙤르
어려운	**difficile** 디피씰르
어린아이, 아동	**enfant(n.)** 앙팡
어학공부	**étude des langues(f.)** 에뛰드 데 랑그
언덕	**colline(f.)** 꼴린느
언어/언어학	**langue(f.)/linguistique(f.)** 랑그/렝귀스띠끄
얼음	**glace(f.)/glaçon(m.)** 글라쓰/글라쏭
업무차	**pour affaire** 뿌르 아페르

에스컬레이터	**escalier roulant(m.)/escalier mécanique(m.)** 에스깔리예 룰랑/에스깔리예 메까니끄
에어컨디셔너	**climatisateur(m.)** 끌리마띠자뙤르
엔진	**moteur(m.)** 모뙤르
엘리베이터	**ascenseur(m.)** 아쌍쐬르
여가	**loisir(m.)** 르와지르 (*여가를 즐기며 하는 일 [오락]은 loisirs(m.pl.) 르와지르)
여관, 여인숙	**auberge(f.)** 오베르쥬
여권	**passeport(m.)** 빠쓰뽀르
여권검사[입국검사]	**controle de passeports(m.)** 꽁트롤르 드 빠쓰뽀르
여권번호	**numéro de passeport(m.)** 뉘메로 드 빠쓰뽀르
여름	**été(m.)** 에떼
여자, 여성	**femme(f.)** 홤므
여행객, 승객	**voyageur(se)(n.)** 브와이야죄르(죄즈)
여행사	**agence de voyage(f.)/bureau des voyages(m.)** 아쟝쓰 드 브와이야쥬/뷔로 데 브와이야쥬
여행용 가방	**valise(f.)** 발리즈
여행자수표	**chèque de voyage(m.)** 쉐끄 드 브와이야쥬
역(열차·RER의)	**gare (de train/du RER)(f.)** 가르(드 트렝/뒤 에르으에르)
역(지하철의)	**station (de métro)(f.)** 스따씨용(드 메트로)
역사	**histoire(f.)** 이스뜨와르
연구하다, 공부하다	**étudier** 에뛰디예
연극	**théâtre(m. 전체적)/pièce(de théâtre)(f. 구체적 작품)**

떼아트르/뻬예쓰 (드 떼아트르)

연기(煙氣)	**fumée(f.)**	퓌메
연기하다	**retarder/ajourner**	르따르데/아쥬르네
연못	**étang(m.)**	에땅
연장하다	**prolonger**	프로롱줴
연출가(연극의)	**metteur en scène(m.)**	메뙤르 앙 쎈느
연필	**crayon(m.)**	크레이용
열(熱)	**fièvre(f.)**	피예브르
열다	**ouvrir**	우브리르
열쇠	**clé[clef](f.)**	끌레 (*열쇠로 잠그다 fermer à (la) clé[clef] 훼르메 아 (라) 끌레)
열차	**train(m.)**	트렝
염증	**inflammation(f.)**	엥플라마씨용
엽서	**carte postale(f.)**	까르뜨 뽀스딸르
영사관	**consulat(m.)**	꽁쓀라
영수증	**reçu(m.)/quittance(f.)/récépissé(m.)**	르쒸/끼땅쓰/레쎄삐쎄
영어	**anglais(m.)**	앙글레
영화	**film(m.)/cinéma(m.)**	필름/씨네마
영화감독	**réalisateur(m.)/metteur en scène(m.)**	레알리자뙤르/메뙤르 앙 쎈느
영화관	**cinéma(m.)**	씨네마
옆	**côté(m.)**	꼬떼
예금하다, 입금하다	**déposer**	데뽀제
예방접종증	**certificat de vaccination(m.)**	쎄르띠피까 드 박씨나씨용
예쁜	**jolie**	죨리
예술	**art(m.)**	아르

예약/예약하다	réservation(f.)/réserver
	레제르바씨옹/레제르베
예약석	place reservée(f.) 쁠라쓰 레제르베
예의범절	étiquette(f.)/manières(f.pl.)
	에띠께뜨/마니예르
예정, 스케줄	projet(m.) 프로줴
오늘	aujourd'hui 오쥬르뒤이
오다	venir 브니르
오래된, 낡은	vieux(vieille) 비외(비예이으)
오물	ordure(f.) 오르뒤르
오버코트, 외투	manteau(m.)/pardessus(m.)
	망토/빠흐드쒸
오전, 아침	matin(m.) 마뗑
오케스트라, 악단	orchestre(m.) 오르께스트르
오토바이	moto(f.)/motocyclette(f.)
	모또/모또씨끌레뜨
오페라	opéra(m.) 오뻬라
오후	après-midi(m.) 아프레 미디
온도	température(f.) 땅뻬라뛰르
온도계, 체온계	thermomètre(m.) 떼르모메트르
온천	eaux thermales(f.pl.) 오 떼르말르
온천장	station thermale(f.) 스따씨옹 떼르말르
올라가다	monter 몽떼
올바른, 정의로운	juste 쥐스뜨
옷, 의복, 의류	vêtements(m.pl.) 베뜨망
	(*흔히 복수형태로 사용됨)
옷걸이	cintre(m.) 쎙트르
옷장, 장롱	armoire(f.) 아르므와르
와이셔츠, 블라우스	chemise(f.) 슈미즈

왁스(스키에 바르는)	**fart(m.)** 화르(뜨)
완행열차	**omnibus(m.)** 옴니뷔쓰
왕복	**aller-retour(m.)** 알레 르뚜르
왕복표	**(billet d')aller-retour(m.)** (비이예 달)알레 르뚜르
왜냐하면	**parce que** 빠흐쓰 끄
외국의, 낯선	**étranger(ère)** 에트랑줴(르)
외무부	**Ministre des Affaires Etrangères(m.)** 미니스트르 데 자페르 제트랑줴르
외출	**sortie(f.)** 쏘르띠
외출복	**tenue de sortie(f.)** 뜨니 뒤 쏘르띠
외투, 오버코트	**manteau(m.)/pardessus(m.)** 망토/빠흐드쒸
외화	**monnaie étrangère(f.)** 모네 에트랑줴르
요구하다	**demander** 드망데
요금, 가격, 운임	**tarif(m.)** 따리프
요리, 음식	**plat(m.)/cuisine(f.)** 쁠라/뀌진느
요리책	**livre de cuisine(m.)** 리브르 드 뀌진느
요트	**yacht(m.)** 요트
욕실	**salle de bain(f.)** 쌀르 드 벵
욕조	**bain(m.)** 벵
용기	**courage(m.)** 꾸라쥬
용모, 얼굴	**figure(f.)** 피귀르
우산	**parapluie(m.)** 빠라쁠뤼
우송하다	**envoyer/expédier** 앙브와이예/엑쓰뻬디예
우아한, 고상한	**élégant(e)** 엘레강(뜨)
우체국	**poste(f.)/bureau de poste(m.)** 뽀스뜨/뷔로 드 뽀스뜨

우체통	**boîte à lettres(f.)** 브와뜨 아 레트르
우편요금	**tarif postal(m.)** 따리프 뽀스딸
우표	**timbre(m.)** 뗑브르 (*기념우표는 timbre de collection(m.) 뗑브르 드 꼴렉씨옹)
우표첩	**album de timbres** 알범 드 뗑브르
운임	**frais de transport(m.)** 프레 드 트랑쓰뽀르
운전기사(자동차의)	**chauffeur(euse)(n.)** 쇼피르(푀즈)
운전면허증	**permis de conduire(m.)** 뻬흐미 드 꽁뒤르 (*국제 (운전)면허증은 permis (de conduire) international 뻬흐미 (드 꽁뒤르) 엥떼르나씨요날)
운전사(지하철 · 열차 · 버스 · 전차의)	**conducteur(trice)(n.)** 꽁뒥띄르(트리쓰)
운하	**canal(m.)** 까날
웃다	**rire** 리르 (*미소짓다는 sourire 쑤리르)
원피스, 드레스	**robe(f.)** 로브
위반(법규의)	**contravention(f.)** 꽁트라방씨용
위쪽	**dessus(m.)** 드쒸
위치	**position(f.)/place(f.)** 뽀지씨용/쁠라쓰
위험	**danger(m.)** 당줴
윈드서핑	**planche à voile(f.)/wind-surf(m.)** 쁠랑쓔 아 브왈르/윈드 쐬르프
유람, 투어	**excursion(f.)** 엑쓰뀌르씨용
유람선	**bateau du tourisme/bateau d'excursion(m.)** 바또 뒤 뚜리씀므/바또 덱쓰뀌르씨용 (*특히 파리 세느 강 유람선은 bateau-mouche(m.) 바또 무쓔라고 함)
유료의	**payant(e)** 뻬이양(뜨)
유리, 유리컵	**verre(m.)** 베르

유리세공품	verroterie(f.) 베로뜨리
유리제품가게	magasin de verrerie(m.) 마가젱 드 베르리
유명한	fameux/célébre 화뫼/쎌레브르
유스호스텔	auberge de jeunesse(f.) 오베르쥬 드 죄네쓰
유원지	parc d'attractions(m.) 빠흐끄 다트락씨옹
유익한, 도움이 되는	utile 위띨르
유적, 폐허	ruines(f.pl.)/vestige(m.) 륀느/베스띠쥬
유행	mode(f.)/vogue(f.) 모드/보그
유효한	valable 발라블르
유흥가	lieux de divertissement 리외 드 디베르띠쓰망
육지, 땅, 대지, 지구	terre(f.) 떼르
은행	banque(f.) 방끄
음료(수), 마실 것	boisson(f.)/consommation (f. 카페에서 마시는) 브와쏭/꽁쏘마씨옹
음반, 레코드	disque(m.) 디스끄
음악	musique(f.) 뮈지끄
의견, 견해	avis(m.)/opinion(f.) 아비/오피니옹
의문, 질문	interrogation(f.)/question(f.) 엥떼로가씨옹/께스띠옹
의미하다	signifier/vouloir dire 씨니피예/불르와르 디르
의사	médecin(m.)/docteur(m. 속어) 메드쎙/독뙤르
의사당, 국회의사당	palais de parlement 빨레 드 빠흘르망
의자	chaise(f.) 쉐즈
의학	médecine(f.) 메드씬느

이, 치아	**dent(f.)**	당
이것	**ceci**	쓰씨 (*저것, 그것은 cela 쓸라)
이등석	**deuxième classe(f.)**	되지엠므 끌라쓰
이륙	**décollage(m.)**	데꼴라쥬
이름(성(姓)에 대해)	**prénom(m.)**	프레농
이미지, 영상(映像)	**image(f.)**	이마쥬
이발사	**barbier(m.)/coiffeur(se)(n.)**	
	바르비예/끄와피르(피즈)	
이발소	**salon de coiffure(m.)**	쌀롱 드 끄와퓌르
이불	**couverture (de lit)(f.)**	꾸베르뛰르 (드 리)
이상한	**étrange**	에트랑쥬
이슬람사원	**mosquée(f.)**	모스께
이쑤시개	**cure-dent(m.)**	뀌르 당
이어폰, 리시버	**écouteur(m.)/casque d'écoute(m.)**	
	에꾸뙤르/까스끄 데꾸뜨	
이유	**raison(f.)**	레종
이인실	**chambre pour deux personnes(f.)/chambre à deux lits(f.)**	
	샹브르 뿌르 되 뻬르쏜느/샹브르 아 되 리	
이코노미 클래스	**classe économique/classe touriste**	끌라쓰 에꼬노미끄/끌라쓰 뚜리스트
이해하다	**comprendre**	꽁프랑드르
인쇄물	**imprimé(m.)**	엥프리메
인터넷	**internet(m.)**	엥떼르넷
인형	**poupée(f.)**	뿌뻬
인형극	**marionnettes(f.pl.)**	마리요네뜨
	(* 'marionnette(f.sg.) 마리요네뜨'는 꼭두각시)	
일, 날, 하루, 낮	**jour(m.)**	쥬르
일, 노동	**travail(m.)**	트라바이으

일등석	**première classe(f.)**	프르미예르 끌라쓰
일몰, 해질 무렵	**chute du soeil(f.)**	쉬뜨 뒤 쏠레이으
일반적인, 보편적인	**général(e)**	줴네랄(르)
일방통행	**sens unique**	쌍쓰 위니끄
일수, 날수	**nombre de jours(m.)**	농브르 드 쥬르
일어나다	**se lever**	스 르베
일용잡화점	**drugstore(m.)/droguerie(f.)**	

드러그스또르/드로그리 (*약품 · 화장품류 외에 신문 · 잡지 · 문방구 · 담배 등 일용잡화를 파는 곳)

일용품	**articles d'usage courant(m.pl.)**	

아르띠끌르 뒤자유 꾸랑

일인실	**chambre pour une personne(f.)**

샹브르 뿌르 윈느 뻬르쏜느

일일권	**billet valable un jour(m.)**

비이예 발라블르 엉 쥬르

일출, 해돋이	**lever du soleil(m.)**	르베 뒤 쏠레이으
일회용 카메라	**caméra jetable(f.)**	까메라 쥬따블르
읽다	**lire**	리르
잃다	**perdre**	뻬흐드르
입구	**entrée(f.)**	앙트레
입국	**entrée en pays(f.)**	앙트레 앙 뻬이
입다 (옷을)	**mettre/porter**	메트르/뽀르떼
입석 (立席)	**place debout(f.)**	쁠라쓰 드부
입어보다, 시착(試着)하다	**essayer**	에쎄이예
입장권, 승차권, 표, 티켓	**billet(m.)/ticket(m.)**	비이예/띠께
입장료	**prix d'entrée(m.)**	프리 당트레

(*무료입장은 entrée gratuite 앙트레 그라뛰뜨)

잉크	**encre(f.)** (*만년필에 끼워쓰는 잉크든 원통은

cartouche d'encre(f.) 까르뚜슈 당크르)

자기(瓷器·磁器)	**porcelaine(f.)** 뽀르쓸렌느
자다	**dormir/se coucher** 도르미르/스 꾸쉐
자동차	**voiture(f.)/auto(f.)** 브와뛰르/오또
자동차 보험	**assurance contre l'accident automobile(f.)** 아쒸랑쓰 꽁트르 락씨당 또또모빌르
자러가다	**aller se coucher** 알레 스 꾸쉐
자료, 재료	**matériaux(m.pl.)** 마떼리요
자수	**broderie(f.)** 브로드리
자연	**nature(f.)** 나뛰르
자유로운, 한가한	**libre** 리브르
자전거	**bicyclette(f.)/vélo(m.)** 비씨끌레뜨/벨로
자전거 경기[여행]	**cyclisme(m.)** 씨끌리씀므
자전거 대여	**location de bicyclettes(f.)** 로까씨용 드 비씨끌레뜨
작은	**petit(e)** 쁘띠(뜨)
잔, 찻잔	**tasse(f.)** 따쓰
잔돈, 거스름돈	**(petite) monnaie(f.)** (쁘띠뜨) 모네
잘못, 실수	**erreur(f.)** 에뢰르
잘 어울리다 (~에게)(옷 등이)	**aller bien à ~** 알레 비영 아 ~
잠바(여성용의)	**chemisier(m.)** 슈미지예
잠옷, 파자마	**pyjama(m.)** 삐쟈마
잡지	**magazine(m.)** 마가진느
장갑	**gants(m.pl.)** 강
장난감	**jouet(m.)** 쥬웨
장난감가게	**magasin de jouets(m.)** 마가젱 드 쥬웨
재떨이	**cendrier(m.)** 쌍드리예
재미있는, 흥미로운	**intéressant(e)** 엥떼레쌍(뜨)

재발행하다	redélivrer/émettre de nouveau
	르델리브레/에메트르 드 누보
재즈	jazz(m.) 쟈즈
재채기(하기)	éternuement(m.) 에떼르뉘망
재확인하다	reconfirmer 르꽁피르메
쟁반	plateau(m.) 쁠라또
저녁	soir(m.) 쓰와르
저녁 시간 (일몰에서 취침까지)	soirée(f.) 스와레
저녁식사	dîner(m.) 디네
전등, 램프	lumière(f.)/lampe(f.) 뤼미예르/랑쁘
전망이 좋은	pittoresque 삐또레스끄
전문점	magasin spécialisé(m.)
	마가젱 스뻬시알리제
전보용지	formule de dépôt(f.) 포르뮐르 드 데뽀
전시회	exposition(f.) 엑스뽀지씨용
전염병	maladie infectieuse(f.)
	말라디 엥훽띠외즈
전쟁	guerre(f.) 게르
전차	tramway(m.) 트람웨
전체의	total(e) 또딸(르)
전통적인	traditionnel(le) 트라디씨요넬(르)
전화	téléphone(m.) 뗄레폰느
전화 도청기	table d'écoute(f.) 따블르 데꾸뜨
전화번호부	annuaire téléphonique(m.)/ annuaire du téléphone(m.)/ annuaire des téléphones(m.)
	아뉘예르 뗄레포니끄/아뉘예르 뒤 뗄레폰느/아뉘예르 데 뗄레폰느

점심식사	**déjeuner(m.)** 데죄네
점원, 판매원	**employé(e) de magasin(n.)/ vendeur(euse)(n.)** 앙쁠르와이예 드 마가젱/방되르(되즈)
점유된, 임자가 있는(좌석 등이)	**occupé(e)** 오뀌뻬
접시	**assiette(f.)** 아씨예뜨
접착제	**adhésif(m.)** 아데지프
접촉하다, 만지다	**toucher** 뚜쒜
젓가락	**baguettes(f.pl.)** 바게뜨
정기권(철도·극장의)	**carte d'abonnement(f.)** 까르뜨 다본느망
정돈하다, 알맞게 손질하다	**arranger** 아랑줴
정보잡지	**magazine d'information(m.)** 마가진느 뎅포르마씨용
정비소(자동차의), 차고	**garage(m.)** 가라쥬
정상, 꼭대기	**sommet(m.)** 쏘메
정식(定食)	**menu(m.)** 므뉘
정오	**midi(m.)** 미디
정원	**jardin(m.)** 좌르뎅
정육점	**boucherie(f.)** 부쒸리
정장(正裝:남성용 상하 한 벌)	**costume(m.)/ensemble(m.)/ complet(m.)** 꼬스뜀므/앙쌍블르/꽁쁠레
정치	**politique(f.)** 뽈리띠끄
정확한	**exact(e)** 에그자(작뜨)
제과점, 과자, 케이크	**pâtisserie(f.)** 빠띠쓰리
제설기	**chasse-neige(m.)** 샤쓰 네쥬
조각, 조각품	**sculpture(f.)** 스뀔뛰르
조개	**coquillage(m.)** 꼬끼야쥬

조금	**un peu** 엉 쀄
조끼	**gilet(m.)** 질레
조사하다, 검사하다	**examiner** 에그자미네
조종사(배·비행기의)	**pilote(m.)** 삘로뜨
종교	**religion(f.)** 를리지옹
종류	**sorte(f.)/genre(m.)** 쏘르뜨/쟝르
종이	**papier(m.)** 빠삐에
종점, 종착역	**terminus(m.)** 떼르미뉘쓰
좋은	**bon(ne)** 봉(본느)
좌석번호	**numéro de siège(m.)** 뉘메로 드 씨에쥬
주(週)	**semaine(f.)** 스멘느
주말	**week-end(m.)** 윅껜드
주문/주문하다	**commande(f.)/commander** 꼬망드/꼬망데
주방, 부엌	**cuisine(f.)** 뀌진느
주사	**piqûre(f.)** 삐뀌르
주소	**adresse(f.)** 아드레쓰
주유소	**station-service(f.)** 스따씨옹 쎄르비쓰
주인	**hôte(tesse)(n.)** 오뜨(떼쓰)
주차장	**parking(m.)** 빠흐낑
준비하다	**préparer** 프레빠레
즐거운, 명랑한	**joyeux(se)** 쥬와이외(즈)
증명서	**certificat(m.)** 쎄르띠피까
증상, 증세, 징후	**symptôme(m.)** 쎙똠므
지갑	**portefeuille(m.)** 뽀르뜨푀이으
	(*동전지갑은 porte-monnaie(m.) 뽀르뜨 모네)
지구, 땅, 대지, 육지	**terre(f.)** 떼르
지금	**maintenant** 멩뜨낭

지급전보	**télégramme d'urgence(m.)** 뗄레그람므 뒤르쟝쓰
지도	**plan(m.)/carte (géographique)(f.)** 쁠랑/까르뜨 줴오그라피끄
지방, 지역, 고장	**région(f.)** 레지용
지방, 시골	**pays(m.)/provence(f.)** 뻬이/프로방쓰
지불하다	**payer** 뻬이예
지우개	**gomme(f.)** 곰므
지폐	**billet (de banque)(m.)** 비이예 드 방끄
지하	**sous-sol(m.)** 쑤쏠
지하철	**métro(m.)** 메트로
지휘자(오케스트라의)	**chef d'orchestre(m.)** 쉐프 도르께스트르
직업	**profession(f.)/métier(m.)** 프로페씨용/메띠예
직접의, 직통의, 직행의	**direct(e)** 디렉뜨
진눈깨비	**neige cristalisée(f.)** 네쥬 크리스딸리제
진료소, 클리닉, 개인병원	**clinique(f.)** 끌리니끄
질(質), 품질	**qualité(f.)** 깔리떼
질문, 의문	**interrogation(f.)/question(f.)** 엥떼로가씨용/께스띠용
짐, 수하물	**bagage(m.)** 바가쥬
집	**maison(f.)** 메종
집시	**gitan(ne)(n.)** 지땅(딴느)
짧은	**court(e)** 꾸르(뜨)

차지하다, 선점[점유]하다	**occuper** 오뀌뻬
착륙	**atterrisage(m.)** 아떼리싸쥬

438

찬, 차가운	**froid(e)**	프르와(드)
참가[참여]하다(~에)	**participer à ~**	빠르띠씨뻬 아
찻집, 다방, 커피숍	**salon de thé(m.)/café(m.)**	
	쌀롱 드 떼/까페	
창, 창문	**fenêtre(f.)**	프네트르
창가쪽(에)	**à côté de la fenêtre**	
	아 꼬떼 들 라 프네트르	
창구, 매표소	**guichet(m.)**	기쉐
채식주의자, 채식주의의	**végétarien(enne)**	베줴따리엥(엔느)
책	**livre(m.)**	리브르
책상, 테이블, 식탁	**table(f.)**	따블르
	(*특히 사무용 책상은 bureau(m.) 뷔로)	
처방전	**ordonnance(f.)**	오흐도낭쓰
천문대	**planétarium(m.)**	쁠라네따리욤
철도	**chemin de fer(m.)**	슈멩 드 훼르
청구서	**note(f.)/facture(f.)**	노뜨/확뛰르
청구하다	**réclamer**	레끌라메
청소/청소하다	**nettoyag(m.)/nettoyer**	
	네뜨와이야쥬/네뜨와이예	
체류증명서	**carte de séjour(f.)/certificat de séjour(m.)**	
	까르뜨 드 쎄쥬흐/쎄르띠피까 드 세쥬흐	
체류하다, 체재하다	**séjourner**	쎄쥬흐네
체스	**échecs(m.pl.)/jeu d' échecs(m.)**	
	에쉐끄/죄 데쉐끄	
체온	**température(f.)**	땅뻬라뛰르
체온계, 온도계	**termomètre(m.)**	떼르모메트르
초, 양초	**bougie(f.)**	부지
초(시간의)	**seconde(f.)**	쓰꽁드

초대하다	**inviter** 엥비떼
최근에	**récemment** 레싸망
최대(의)	**maximum** 막씨멈
최소(의)	**minimum** 미니멈
최신 유행의	**à la mode** 알 라 모드
최신의[아주 새로운, 최근의, 최신유행의]	**tout(e) nouveau(nouvelle)** 뚜(뜨) 누보(누벨르)
최신의(기사 · 보도 따위가)	**de dernière heure** 드 데르니예르 외르
최초의	**premier(ère)** 프르미예(르)
최후의, 최근의	**dernier(ère)** 데르니예(르)
추가요금(열차·극장·식당)	**supplément(m.)** 쒸쁠레망
추가인화	**tirage supplémentaire(m.)** 띠라쥬 쒸쁠레망떼르
추가하다	**ajouter** 아쥬떼
축구	**football(m.)** 풋볼
축배, 건배	**toast(m.)** 또스뜨
축제	**fête(f.)** 페뜨
축하하다, 경축하다	**fêter/célébrer** 훼떼/쎌레브레
출구	**sortie(f.)** 쏘르띠
출국	**sortie du pays(f.)** 쏘르띠 뒤 뻬이
출금하다, 인출하다	**retirer** 르띠레
출납창구, 회계과	**caisse(f.)** 께쓰
출발시간	**heure de départ(f.)** 외르 드 데빠르
출발지	**lieu de départ(m.)** 리외 드 데빠르
출발하다, 떠나다	**partir** 빠르띠르
출생국	**pays natal(m.)** 뻬이 나딸
출생지	**lieu de naissance(m.)** 리외 드 네쌍쓰

출석하다	**assister à ~**	아씨스떼 아 ~
출혈	**hémorragie(f.)**	에모라지
출혈하다, 피를 흘리다	**saigner**	쎄니예
춤추다	**danser**	당쎄
충전하다	**recharger**	르샤르줴
취급하다, 받아들이다	**accepter**	악쎕떼
취미	**passe-temps(m.)**	빠쓰 땅
취소하다	**annuler**	아뉠레
취하다, 도취하다	**s'enivrer**	쌍니브레
층	**étage(m.)**	에따쥬
치료를 받다	**se faire traiter/se faire soigner**	
	쓰 훼르 트레떼/쓰 훼르 스와니예	
치마	**jupe(f.)**	쥐쁘
치수(길이·넓이·높이·깊이의/특히 인체의)	**mesure(f.)** 므쥐르 (*칼라의 치수는 **encolure(f.)** 앙꼴뤼르)	
치약	**dentifrice(f.)**	당띠프리쓰
친구	**ami(e)(n.)** 아미(으) (*원래 ami(e)는 남·여성 동일발음이나 흔히 구분을 위해 달리 발음)	
친구(단짝)	**copin(e)(n. 속어)**	꼬뼁(쁸느)
침대	**lit(m.)**	리
침대(배·열차의)	**couchette(f.)**	꾸쉐뜨
침대차	**couchette(f.)/wagon-lit(m.)/ compartiment à couchettes(m.)** 꾸쉐뜨/바공 리/꽁빠르띠망 아 꾸쉐뜨	
칫솔	**brosse à dents(f.)**	브로쓰 아 당

한불사전

카드	**carte(f.)**	까르뜨
카드 키	**carte magnetique**	까르뜨 마니예띠끄

카메라	caméra(f.) 까메라
카메라가게	magasin de caméra(m.)
	마가젱 드 까메라
카메라 폰	téléphone caméra(m.)/téléphone appareil photo(m.)
	뗄레폰느 까메라/뗄레폰 나빠레이오 포또
카바레	cabaret(m.) 까바레
카세트테이프	cassette(f.) 까세뜨
카운터, 계산대	comptoir(m.)/caisse(f.) 꽁뜨와르/께쓰
카지노	casino(m.) 까지노
카톨릭교	catholicisme(m.) 까똘리씨씀므
칸, 실(室)(열차의)	compartiment(m.) 꽁빠르띠망
칼, 나이프	couteau(m.) 꾸또
커튼	rideau(m.) 리도
커플, 남녀 한 쌍	couple(m.) 꾸쁠르
커피숍, 다방, 찻집	salon de thé(m.)/café(m.)
	쌀롱 드 떼/까페
컨디션이 나쁘다	se sentir mal 스 쌍띠르 말
컴퓨터	ordinateur(m.) 오르디나뙤르
컵(유리)	verre(m.) 베르
케이블카	téléphérique(m.)/télécabine(f.)/télébenne(f.)
	뗄레훼리끄/뗄레까빈느/뗄레벤느
코인 라커	consigne automatique(f.)
	꽁씨니으 오또마띠끄 (*동전 넣는 자동 라커)
콘돔	préservatif(m.) 프레제르바띠프
콘서트	concert(m.) 꽁쎄르
콘센트	prise(f.)/prise de courant(f.)/prise éléctrique(f.)
	프리즈/프리즈 드 꾸랑/프리즈 엘렉트릭끄

콤비네이션	**combinaison (de femme)(f.)**
	꽁비네종 (드 홤므) (*여성용 속옷)
크기, 사이즈	**taille(f.)** 따이으
크레바스(빙하의)	**crevasse(f.)** 크르바쓰
크리스마스	**Noël(m.)** 노엘
큰	**grand(e)/large** 그랑(드)/라르쥬
클래식 음악, 고전음악	**musique classique(f.)** 뮈지끄 끌라시끄
클리넥스	**kleenex(m.)** 끌리넥쓰
클리닉, 진료소, 개인병원	**clinique(f.)** 끌리니끄
키, 신장	**taille(f.)** 따이으
킬로미터	**kilomètre(m.)** 킬로메트르

타

타다	**monter/prendre** 몽떼/프랑드르
타월	**serviette (de toilette)(f.)** 쎄르비예뜨
	(드 드왈레뜨) (*긴 보풀의 타월은 serviette(−)
	éponge 쎄르비예뜨 에뽕쥬/목욕타월은 serviette
	(de bain) 쎄르비예뜨 (드 벵))
타이어	**pneu(m.)** 쁘뉘
탈의실	**cabine(f.)** 까빈느
탑	**tour(f.)** 뚜르
탑승구	**porte d'embarquement(m.)**
	뽀르뜨 당바르끄망
탑승권	**billet d'embarquement(m.)/carte d'embarquement(f.)/carte d'accès à bord(f.)** 비이예 당바르끄망/
	까르뜨 당바르끄망/까르뜨 닥쎄 아 보르
태양, 해	**soleil(m.)** 쏠레이으
태풍	**typhon(m.)** 띠퐁

한불사전

443

택시	**taxi(m.)**	딱씨
택시미터	**taximètre(m.)**	딱씨메트르
택시 정류장[승차장]	**station (de taxi)(f.)**	스따씨용 (드 딱씨)
터미널(열차·버스의)	**terminus(m.)**	떼르미뉘쓰
털	**poil(m.)**	쁘왈
테니스	**tennis(m.)**	떼니쓰
테니스장, 테니스코트	**terrain de tennis(m.)/court de tennis(m.)**	떼렝 드 떼니쓰/꾸르 드 떼니쓰
테이블, 식탁, 책상	**table(f.)**	따블르
텔레비전	**télévision(f.)**	뗄레비지용
톨게이트, 통행료 징수소(고속도로의)	**péage(m.)**	뻬아쥬
통과증	**passe de transit(f.)**	빠쓰 드 트랑지뜨
통과하다	**passer**	빠쎄
통로측(에)	**à coté du couloir**	아 꼬떼 뒤 꿀르와르
통속희극	**vaudeville(f.)**	보드빌르
통역사	**interprète(n.)**	엥떼르프레뜨
통증	**douleur(f.)**	둘뢰르
통행료, 사용료 (유료고속도로의)	**péage(m.)**	뻬아쥬
통화중인(전화선이)	**occupé(e)**	오뀌뻬
통화화폐	**monnaie courante(f.)**	모네 꾸랑뜨
트럼프	**carte (à jouer)(f.)**	까르뜨 아 쥬웨
트렁크(자동차의)	**coffre(m.)**	꼬프르
특급열차	**rapide(m.)/train rapide(m.)**	라삐드/트렝 라삐드
특석, 칸 막은 좌석(극장의)	**loge(f.)**	로쥬
티셔츠	**T(ee)-shirt(m.)**	떼 쉬르뜨[티셔트]

티슈	**mouchoir en papier(m.)**
	므쓔와르 앙 빠삐예
티켓, 표, 승차권, 입장권	**billet(m.)/ticket(m.)** 비이예/띠께
팁	**pourboire(m.)** 뿌르브와르

파리	**mouche(f.)** 무쓔
파이	**tarte(f.)** 따르뜨
파이프	**pipe(f.)** 삐쁘
파자마, 잠옷	**pyjama(m.)** 삐쟈마
파출부, 가정부	**femme de ménage(f.)** 홤므 드 메나쥬
파출소	**poste de police(m.)** 뽀스뜨 드 뽈리쓰
파티	**partie(f.)** 빠르띠 (*깜짝파티는 surprise-partie(f.) 쒸흐프리즈 빠르띠/생일파티는 fête d'anniversaire(f.) 훼뜨 다니베르쎄르/이브닝파티, 야회는 soirée(f.) 스와레/리셉션은 réception(f.) 레쎕씨옹/대학생들의 파티는 boum[boom](m.) 붐)
판매원, 점원	**employé(e) de magasin(n.)/vendeur(euse)(n.)**
	앙쁠르와이예 드 마가젱/방되르(되즈)
팔다	**vendre** 방드르
팔찌	**bracelet(m.)** 브라쓸레
팜플렛	**brochure(f.)** 브로쉬르
패션	**mode(f.)** 모드
팬던트	**pendentif(m.)** 빵당띠프
팬츠(속옷)	**slip(m.)/caleçon(m.)** 슬리쁘/꺌르쏭
팬티	**culotte(f.)** 뀔로뜨
편도	**aller-simple(m.)** 알레 쎙쁠르
편도표	**(billet d')aller-simple(m.)**
	(비이예 달)알레 쎙쁠르

편리한	**commode**	꼬모드
편안한, 안락한	**confortable**	꽁포르따블르
편지	**lettre(f.)**	레트르
편지지	**papier à lettres(m.)**	빠삐예 아 레트르
평원, 평야, 벌판	**plaine(f.)**	쁠렌느
평일	**jour ouvrable(m.)**	쥬르 우브라블르
평화	**paix(f.)**	뻬
페이퍼나이프	**coupe-papier(m.)**	꾸쁘 빠삐예
페티코트	**jupon(m.)**	쥐뽕
폐허	**ruines(f.pl.)**	뤼느
포장/포장하다	**emballage(m.)/emballer** 앙발라쥬/앙발레	
포함된	**inclu(e)/compris(e)**	엥끌뤼/꽁프리(즈)
포함하다	**inclure/comprendre**	엥끌뤼르/꽁프랑드르
포크	**fourchette(f.)**	푸르쉐뜨
폭포	**cascade(f.)/chute (d'eau)(f.)** 까스까드/쉬뜨 (도)	
폴로셔츠	**polo(m.)**	뽈로
표, 티켓, 승차권, 입장권	**billet(m.)/ticket(m.)**	비이예/띠께
표시, 지시	**indication(f.)**	엥디까씨용
풀, 아교	**colle(f.)**	꼴르
품질, 질(質)	**qualité(f.)**	깔리떼
풍차	**moulin à vent(m.)**	물렝 아 방
프라이팬	**poêle(f.)**	쁘왈르
프런트(호텔 등의)	**réception(f.)**	레쎕씨용
프로그램	**programme(m.)**	프로그람므
플래시(사진기의)	**flash(m.)**	플라쓔
플랫폼	**quai(m.)**	께

피서지(避暑地)	station estivale(f.)	스따씨용 에스띠발르
피임약(경구)	pillule(f.)	삘륄르
피임제	contraceptif(m.)	꽁트라쎕띠프
피크닉	pique-nique(m.)	삐끄니끄
피한지(避寒地)	station hivernale(f.)	스따씨용 이베르날르
피혁[가죽]제품	maroquinerie(f.)	마로낀느리
필름	film(m.)/pellicule(f.)	필름/뻴리뀔르

(*흑백/컬러 필름 pellicule (en) noir et blanc/
pellicule (en) couleur(s) 뻴리뀔르 (엉) 느와르 에
블랑/뻴리뀔르 (엉) 꿀뢰르)

하

하늘	ciel(m.)	씨엘
하루, 날	jour(m.)	쥬르
하루[당일] 관광	voyage d'une journée(m.)	브와이아쥬 뒨느 쥬르네
하이킹	excursion à pied(f.)	엑스뀌르씨용 아 삐예
학교	école(f.)	에꼴르
학부(대학의)	faculté(f.)	화뀔떼
학생/학생증	étudiant(e)/carte d'étudiant	에뛰디양(뜨)/까르뜨 데뛰디양
한가한, 자유로운	libre	리브르
한 쌍의, 한 벌의	une paire de ~	윈느 뻬르 드 ~
할인	réduction(f.)/remise(f.)	레뒥씨용/르미즈
할인표	billet de réduction(m.)	비이예 드 레뒥씨용
할인하다, 값을 깎아주다	faire un prix[une réduction], baisser le prix	훼르 엉 프리[윈느 레뒥씨용], 베쎄 르 프리
합류하다, 합쳐지다(~에)	se joindre à ~	스 쥬웽드르 아 ~

항공권, 비행기표	**billet d'avion(m.)** 비이예 다비용
항공우편	**aérogramme(m.)** 아에로그람므
항공편(으로)	**par avion** 빠르 아비용
항공회사	**compagnie aérienne(f.)/ compagnie d'aviation(f.)** 꽁빠니 아에리엔느/꽁빠니 다비아씨용
항구	**port(m.)** 뽀르
항상, 늘, 언제나	**toujours** 뚜쥬르
해변, 바닷가	**plage(f.)** 쁠라쥬
해산물	**fruit de mer(m.)** 프뤼 드 메르
핸드백	**sac à main(m.)** 싹 까 멩
행복한	**heureux(se)** 외뢰(즈)
향수(香水)	**parfum(m.)** 빠르핑 (*오드뜨왈렛은 eau de toilette(f.) 오 드 뜨왈레뜨/오데코롱은 eau de cologne(f.) 오 드 꼴로니으)
향수(鄕愁)	**nostalgie(f.)/mal du pays(m.)** 노스딸지/말 뒤 뻬이
허가	**permission(f.)** 뻬흐미씨용
헤드폰	**casque (à écouteurs)(m.)** 까스끄 (아 에꾸뙤르)
헤어스타일	**coiffure(f.)** 끄와퓌르
현금	**espèce(f.)/liquide(m.)/argent comptant(m.)** 에스뻬쓰/리끼드/아르쟝 꽁땅
현금으로	**en espèce/en liquide/au comptant/cash** 앙 네스뻬쓰/앙 리끼드/오 꽁땅/까쓔
현기증	**vertige(m.)** 베르띠쥬
현대의	**moderne** 모데르느
현지시간	**heure locale(f.)** 외르 로깔르
현지의	**local(e)** 로깔(르)

혈압	**tension (artérielle)(f.)**	
	땅시용 (아흐떼리엘르)	
형태	**forme(f.)** 포름므	
호수	**lac(m.)** 라끄	
호텔	**hôtel(m.)** 오뗄	
화산	**volcan(m.)** 볼깡	
화상	**brûlure(f.)** 브뤼뤼르	
화장실/공중화장실	**toilettes(f.pl.)/toilettes publiques (f.pl.)** 뜨왈레뜨/뜨왈레뜨 쀠블리끄	
화장품	**produit de beauté(m.)** 프로뒤 드 보떼	
화장품점	**parfumerie(f.)** 빠르휨므리	
화재	**incendie(m.)** 엥쌍디	
확실한	**sûr(e)** 쒸르	
확인하다	**comfirmer** 꽁피르메	
환경	**environnement(m.)** 앙비론느망	
환불/환불하다	**remboursement(m.)/rembourser** 랑부르쓰망/랑부르쎄	
환승/환승하다	**changement(m.)/changer** 샹쥬망/샹줴	
환영	**bienvenue(f.)** 비엥브뉘	
환율	**taux de change(m.)/cours du change(m.)** 또 드 샹쥬/꾸르 뒤 샹쥬	
환자, 수술을 받는 사람	**patient(e)(n.)** 빠씨양(뜨)	
환전소	**bureau de change(m.)** 뷔로 드 샹쥬	
활주로	**piste d'envol(f.)** 삐스뜨 당볼	
회계과, 출납창구	**caisse(f.)** 께쓰	
회교사원	**mosquée(f.)** 모스께	
회사	**compagnie(f.)/société(f.)** 꽁빠니/쏘씨예떼	

한불사전

449

회수권(버스·지하철 등의)	carnet (de tickets)(m.) 까르네 (드 띠께) (*보통 carnet라고 하면 10장짜리 회수권을 말함)
회원증	carte de membre(f.) 까르뜨 드 망브르
회의, 강연	conférence(f.) 꽁훼랑쓰
회합, 회의, 모임	réunion(f.) 레위니옹
회화, 대화, 담화	conversation(f.) 꽁베르싸씨옹
효과	effet(m.) 에훼
휘발유	essense(f.)/gas-oil(m.) 에쌍쓰/가조일
휴무일	jour de congé(m.) 쥬르 드 꽁줴
휴가	vacances(f.pl.) 바깡쓰
휴가차	pour les vacances 뿌르 레 바깡쓰
휴대용[기내반입] 수하물	bagage accompagné(m.) 바가쥬 아꽁빠니예
휴대전화	téléphone portable(m.)/ téléphone mobile(m.) 뗄레폰느 뽀르따블르/뗄레폰느 모빌르
휴대품 보관소	vestiaire(m.) 베스띠예르
휴식	repos(m.) 르뽀
흐릿한, 희미한	flou(e) 플루
흡연석	place fumeurs(f.) 쁠라쓰 휘뫼르
흥미로운, 재미있는	intéressant(e) 엥떼레쌍(뜨)
희곡	pièce (de théâtre)(f.) 삐예쓰 (드 떼아트르)
희극	comédie(f.) 꼬메디
희망하다	espérer 에스뻬레
히터	chauffage(m.) 쇼파쥬

조명애의
한 권으로 끝내는 프랑스어 회화

2006년 4월 15일 1판 1쇄
2010년 1월 15일 1판 2쇄

저 자 : 조명애
펴낸이 : 이정일

펴낸곳 : 도서출판 **일진사**
www.iljinsa.com

140-896 서울시 용산구 효창동 5-104
대표전화 : 704-1616 팩스 : 715-3536
등록번호 : 제 3-40호(1979. 4. 2)

값 **18,000원**

ⓒ 조명애, 2006

ISBN : 978-89-429-0898-1

MANUEL DE LA CONVERSATION FRANÇAISE